KB266124

마음의 고통을
이해하는 철학

IMH
경희대학교 인문학연구원
HK+통합의료인문학연구단
통합의료인문학번역총서 04

마음의 고통을 이해하는 철학

하이데거와 정신질환

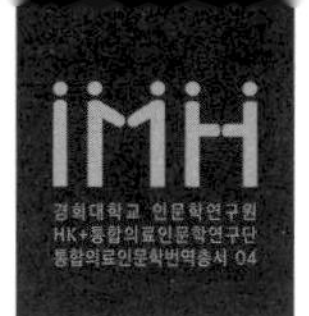

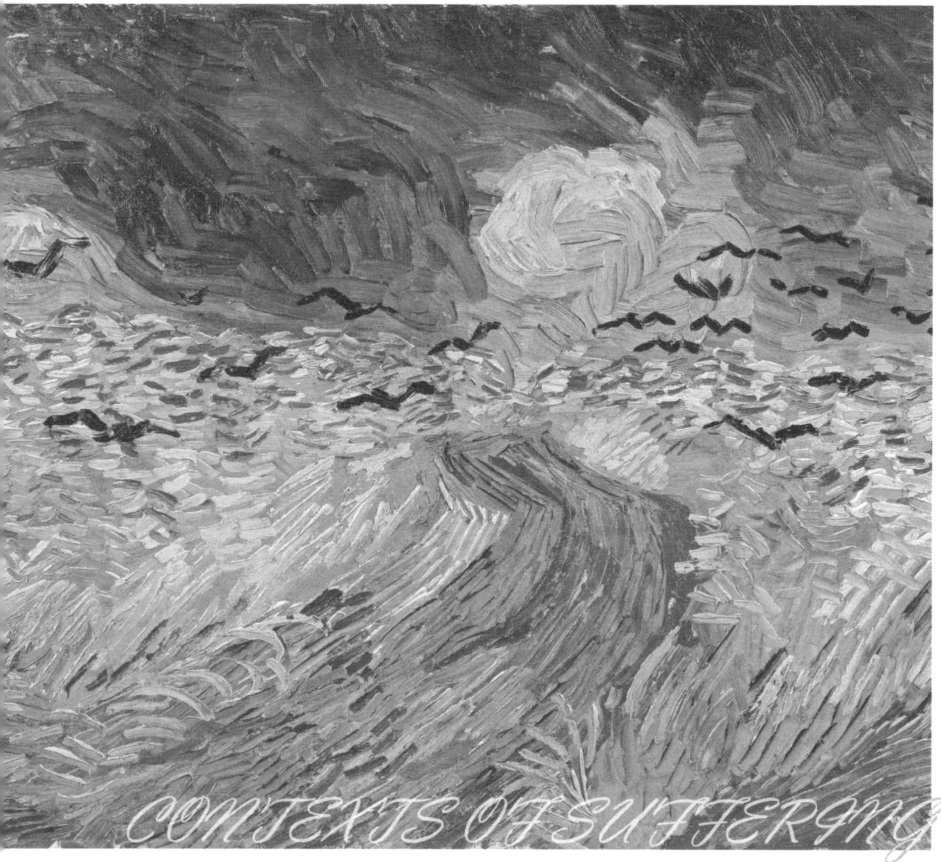

Kevin Aho 지음
최우석 옮김

도서출판 모시는사람들

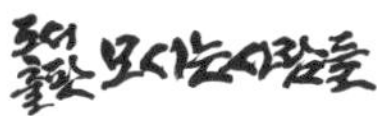

감사의 글

이 연구는 Florida Gulf Coast University의 동료들—Mo Al-Hakim, Carolyn Culbertson, Julia Frank, Bob Gregerson, Miles Hentrup, Joanne Muller, Rebecca Totaro, Glenn Whitehouse—의 지원이 없었다면 완성될 수 없었을 것입니다. 특히 제 부모님 Jim과 Margaret Aho, 그리고 저의 스승 Charles Guignon께 깊은 감사를 드립니다. 이분들은 원고의 여러 발전 단계에서 읽어주시고, 편집해 주시고, 의견을 주셨습니다. 또한 Rowman & Littlefield International의 훌륭한 편집진 Frankie Mace, Rebecca Anastasi, 그리고 다른 모든 분들께 빚을 지고 있습니다. 그리고 New Heidegger Research Series의 시리즈 편집자인 Richard Polt와 Greg Fried에게도 이 연구를 지지해주신 것에 감사드립니다. 아울러 다음 출판사들이 아래의 글과 장 일부를 재수록할 수 있도록 허락해 주신 것에도 감사의 뜻을 표합니다.

"Affectivity and Its Disorders," *Oxford Handbook of Phenomenological Psychopathology*, G. Stanghellini, M. Broome, P. Fusar-Poli, A. Raballo, R. Rosfort, A. Fernandez(eds.), Oxford University Press, 2018. doi: 10.1093/oxfordhb/9780198803157.013.51

"Depression and Embodiment: Phenomenological Reflections on Motility, Affectivity, and Transcendence," *Medicine, Healthcare, and Philosophy*, vol. 16(4), pp. 55-63, 2014.

"A Hermeneutics of the Body and Place in Health and Illness," *Place, Space, and Hermeneutics*, B. Janz(ed.), Dordrecht: Springer, pp. 115-126, 2017.

"Guignon on Self-Surrender and Homelessness in Dostoevsky and Heidegger," *Horizons of Authenticity in Existentialism, Phenomenology, and Moral Psychology*, M. Altman & H. Pedersen(eds.), Dordrecht: Springer, pp. 63-74, 2014.

"Heidegger, Ontological Death, and the Healing Professions," *Medicine, Healthcare, and Philosophy*, vol. 19(1), pp. 751-759, 2016.

"Medicalized Psychiatry and the Talking Cure: A Hermeneutic Intervention," with Charles Guignon, *Human Studies*, vol. 34(3), pp. 293-308, 2011.

"Medicalizing Mental Health: A Phenomenological Alternative," *Journal of Medical Humanities*, vol. 29(4), pp. 243-259, 2008.

"The Psychopathology of American Shyness: A Hermeneutic Reading," *Journal for the Theory of Social Behavior*, vol. 40(4), pp. 190-206, 2010.

"Temporal Experience in Anxiety: Embodiment, Selfhood, and the Collapse of Meaning," *Phenomenology and the Cognitive Sciences*, 2018. doi: 10.1007/s11097-018-9559-x

"Neurasthenia Revisited: On Medically Unexplained Syndromes and the Value of Hermeneutic Medicine," *Journal of Applied Hermeneutics*, 2018.

doi: 10.11575/jah.v0i0.53334.g40666

"Notes from a Heart Attack: A Phenomenology of an Altered Body,"
Phenomenology of a Broken Body, E. Dahl, C. Falke, E. Erikson(eds.),
London: Routledge, pp. 188-201, 2018.

이 책의 여러 아이디어를 다듬는 데 도움을 준 의미 있는 대화와 글들에도 감사드립니다. 특히 Havi Carel, Anthony Fernandez, Kirsten Jacobson, Drew Leder, Mo Mandic, MaryCatherine McDonald, Nicole Piemonte, Matthew Ratcliffe, Phil Sinaikin, Jenny Slatman, Robert Stolorow, Fredrik Svenaeus, Dylan Trigg, Kristin Zeiler에게 고마움을 전합니다. 또한 2014년 가을 방문학자로 머물며 연구를 공유할 수 있도록 해준 텍사스 의과대학(University of Texas Medical Branch) 의료인문학연구소의 교수진과 학생들에게도 감사드립니다. 더불어 2018년과 2019년 여름에 버팔로대학 간호대학의 해석학적 현상학 연구소(Institute for Hermeneutic Phenomenology)에 초청해 주신 Suzanne Dickerson과 Roxanne Vandermause에게도 감사드립니다.

마지막으로, 변함없는 지지와 따뜻함, 사랑을 보여준 저의 동반자 Jane Kayser에게 말로 표현할 수 없는 깊은 감사를 드립니다. 이 책은 그녀에게 바칩니다.

『마음의 고통을 이해하는 철학: 하이데거와 정신질환』(원제: *Contexts of Suffering: A Heideggerian Approach to Psychopathology*)이 한국어로 번역되어 출간되는 것은 큰 영광입니다. 하이데거의 사상은 동아시아 사상 전반에 걸쳐 지속적이고 깊은 영향을 미쳐 왔다는 점은 잘 알려져 있습니다. 실제로 『존재와 시간』의 최초 번역은 영어판이나 프랑스어판이 공식적으로 출간되기 10여 년 전인 1951년에 일본어로 이루어졌습니다. 또한 1959년 이래로 『존재와 시간』은 한국어로도 세 차례 완역본이 출간되었습니다. 그러나 이러한 영향 관계는 일방적인 것이 아닙니다. 하이데거 역시 동아시아 사상이 자신의 사유에 미친 영향을 반복적으로 인정해 왔습니다. 그는 1954년 뮌헨 강연 「과학과 숙고」(Wissenschaft und Besinnung)에서, 전 지구를 관통하는 기술이라는 파괴적 지배에서 벗어나기 위한 '전제 조건'이 동아시아 세계와의 대화에 있다고까지 말합니다.

또한 독일에서 하이데거 철학을 적극적으로 연구해 온 한국 철학자 조가경(1927-2022), 성태규(1930-2022), 그리고 한병철(1959-)을 비롯하여, 하이데거 사상과 깊이 있게 대화해 온 여러 저명한 한국 학자들이 있습니다. 특히 한병철의 사유는 정신병리의 사회 · 역사적 결정 요인에 관한 제 연구에도 큰 영향을 주었으며, 저는 그의 『피로사회』와 '성과사회' (*Leistungsgesselschaft*)에 대한 그의 비판을 이 책, 『마음의 고통을 이해하는 철학: 하이데거와 정신질환』 제8장에서 직접 인용하고 있습니다. 이 번역을 가능하게 해 준 경희대학교 HK+ 통합의료인문학연구단의 최우석 박사께 깊이 감사드립니다. 감사합니다.

2025년 12월 9일

케빈 아호

　"GA"는 *Gesamtausgabe*(전집, Frankfurt am Main: Vittorio Klostermann)의 권수를 의미한다. 가능한 경우 독일어 제목 뒤에 강의/출판 연도가 명시된다. 별도의 언급이 없으면 모든 참고는 영어 번역본과 해당 페이지를 따른다.

BP　　*Die Grundprobleme der Phänomenologie*. 1927. (GA 24). *The Basic Problems of Phenomenology*. Translated by Albert Hofstadter. Bloomington: Indiana niversity Press, 1982.

BT　　*Sein und Zeit*. 1927. (GA 2). Being and Time. Translated by John Macquarrie & Edward Robinson. New York: Harper and Row, 1978. (독일어 쪽수 기준)

CP　　*Beiträge zur Philosophie (Vom Ereignis)*. 1936-1938. (GA 65). Contributions to Philosophy (From Enowning). Translated by Parvis Emad & Kenneth Maly Bloomington: Indiana University Press, 1999.

CT　　*Der Begriff der Zeit*. 1924. (GA 64). *The Concept of Time*.

Translated by William McNeill. Oxford: Blackwell, 1992.

EG "Der Satz vom Grund." 1928. (GA 9). "On the Essence of Ground." Translated by William McNeill, *Pathmarks*. Cambridge: Cambridge University Press, 1998.

FCM *Die Grundbegriffe der Metaphysik: Welt, Endlichkeit, Einsamkeit.* 1929-1930.(GA 29/30). *Fundamental Concepts of Metaphysics: World, Finitude, Solitude.* Translated by William McNeill & Nicholas Walker. Bloomington: Indiana University Press, 1995.

HCT *Prolegomena zur Geschichte des Zeitbegriffs.* 1925. (GA 20). *History of the Concept of Time: Prolegomena.* Translated by Theodore Kisiel. Bloomington: Indiana University Press, 1985.

LH "Brief über den Humanismus." 1947. (GA 9). "Letter on Humanism." Translated by Frank Capuzzi & J. Glenn Gray, *Basic Writings*. New York: HarperCollins, 1993.

LW *"Mein liebes Seelchen!" Briefe Martin Heideggers an seine Frau Elfride 1915-1970. Martin Heidegger, Letters to his Wife: 1915-1970.* Translated by Rupert Glasgow. Cambridge: Polity, 2008.

MFL *Metaphysische Anfangsgründe der Logik im Ausgang von Leibniz.* 1928. (GA 26). *Metaphysical Foundations of Logic.* Translated by Michael Heim. Bloomington: Indiana University Press, 1984.

MSC "700 Jahre Messkirch." 1961. (GA 16). "Messkirch's Seventh Centennial." Translated by Thomas Sheehen. *Listening: Journal of Religion and Culture* 8 (1-3): 40-57, 1973.

N   *Der Wille zur Macht als Kunst*. 1936-1937. (GA 6). "The Will to Power as Art." In *Nietzsche* Vol. 1. Translated by David F. Krell. New York: Harper and Row, 1979.

OWA   "Der Ursprung des Kunstwerkes." 1935. (GA 5). "The Origin of the Work of Art." Translated by Albert Hofstadte, *Basic Writings*. New York: HarperCollins, 1993.

PS   *Platon: Sophistes*. 1924-1925. (GA 19). Plato's Sophist. Translated by Richard Rojcewicz & André Schuwer. Bloomington: Indiana University Press, 2003.

TT   "Das Ding." 1951. (GA 7). "The Thing." Translated by Albert Hofstadter, *Poetry, Language, Thought*. New York: Harper and Row, 1971.

ZS 1   *Zollikoner Seminare: Protokolle-Gespräche-Briefe*. 1959-1971. (GA 89). *Zollikon Seminars: Protocols-Conversations-Letters*. Translated by Franz Mayr & Richard Askey. Evanston, IL: Northwestern University Press, 2001.

ZS 2   *Zollikoner Seminare* (Abteilung: Hinweise und Aufzeichnungen). 1959-1969. (GA 89).

마음의 고통을
이해하는 철학

감사의 글 —— 5

한국 독자를 위한 감사의 글 —— 8

하이데거 저작(약어) —— 10

서론

하이데거와 정신의학 —— 19

각 장의 개요 —— 28

1부 현상학적 정신병리학

1장 정신 건강의 의료화: 하이데거적 대안 —— 35

의료화의 대두 —— 37

정신병리학에 대한 하이데거의 기여 —— 51

기분 —— 53

체현 —— 57

공간성 —— 60

관계성 —— 62

시간성 —— 64

이해 —— 66

2장 우울증: 신체, 기분, 자기의 붕괴 ——————————— 71

운동과 살아 있는 공간 —— 75

깊은 권태로서 우울증 —— 79

초월의 문제 —— 86

3장 불안: 시간의 파괴와 의미의 붕괴 ——————————— 95

체화와 인지 방해 —— 99

서사적 붕괴로서 불안 —— 107

4장 정신질환, 존재론적 죽음, 그리고 치유의 가능성 —————— 115

왜 현존재는 죽지 않는가? —— 120

현존재의 죽음 —— 125

존재론적 죽음과 질병 서사 —— 132

2부 해석학적 정신의학

5장 정신질환의 맥락적 이해: 해석학적 정신의학의 가치에 대하여 — 143

인식론적, 존재론적 해석학 —— 149

정신질환을 해석학으로 보기 —— 155

6장 수줍음의 맥락적 이해 ——————————————— 165

외향성의 특권과 미국적 자아 —— 167

DSM과 수줍음의 의료화 —— 170

해석학적 정신의학과 외향성 이상 —— 177

7장 스트레스의 맥락적 이해 ——————————————————————— 189

신경쇠약과 의학적으로 설명되지 않는 증후군들 —— 191

신경쇠약과 자연주의: 간략한 역사 —— 194

신경쇠약, 정신의학, 그리고 타당성의 위기 —— 199

해석학, 신체화, 그리고 의학적으로 설명 불가능한증후군들 —— 202

8장 분노의 맥락적 이해 ——————————————————————— 215

소외, 개인주의, 그리고 미국적 진정성 —— 217

허무주의와 고향상실 상태 —— 220

미국적 분노와 진정성의 숭배 —— 227

후기 —— 241

참고문헌 —— 262

찾아보기 —— 277

일러두기

- 이 책은 Kevin Aho의 *Contexts of Suffering: A Heideggerian Approach to Psychopathology* (Rowman & Littlefield, 2019)를 완역한 것이다. 본서에서는 독자의 편의를 위해 본문의 각주 위치를 수정했다.
- 이 책에서 참조되는 각 저서나 논문 등은 국역본에 상관없이 직역을 원칙으로 기술했다.
- 이 책에서 참조되는 저서나 논문 중 국역본이 있는 경우 저서 명은 겹낫표(『 』) 표기와 함께 표기했으며 논문의 경우 홑낫표(「 」)로 표기했다.
- 인명은 외래어 표기법을 크게 벗어나지 않는 범위에서 원어 발음에 가깝게 표기했다. 단, 이미 널리 쓰이는 인명이 있다면 그에 따라 표기했다.
- 별도의 표기가 없는 주석은 원저자의 주석이며, 옮긴이의 주석은 '(옮긴이)'라고 표기했다.
- 이 책의 원저서의 내용에 있는 이탤릭체, 강조, 대괄호([ ]), 작은따옴표와 큰따옴표 표기는 그대로 표기되었다.

서론

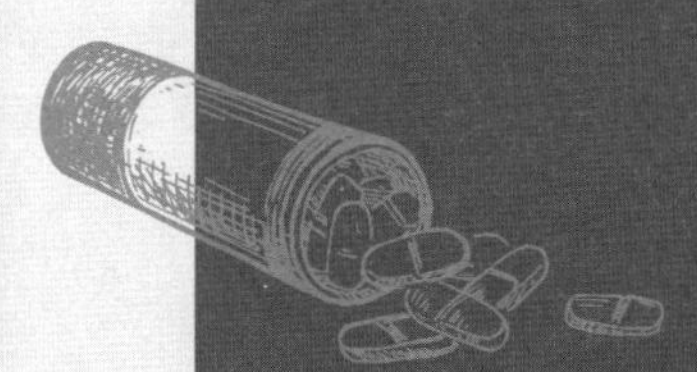

하이데거와 정신의학

현대 정신의학은 위기에 처해 있다. 지난 수십 년 동안 약물치료와 심리치료에서 수많은 혁신이 있었지만, 우울증과 불안의 비율은 날이 갈수록 증가하고 있으며, 미국인들은 거의 모든 지표에서 과거 어느 때보다 삶에 만족하지 못한 채 불행하다고 생각한다. 이러한 문제의 원인 중 하나가 정신질환 대부분이 직접적인 원인조차 규명되지 못하고 있다는 데에 있다. 이런 사정은 정신과의 의학적 진단을 과연 신뢰할 수 있을지 의심하게 만든다. 사실, 정신질환이 뇌의 '화학적 불균형'에서 비롯된다는 통상적인 관점은 비판적으로 검토되고 있으며, 정신의학과 제약 산업 간의 밀접한 이해관계에서 비롯되는 상황도 의심받고 있다. 전문 학회와 제약 회사의 연관성은 물론, 산업 후원 연구와 보조금 등 제약 산업의 영향력은 오늘날 정신의학 전반에 스며들어 있다. 현재 『정신질환의 진단 및 통계 편람』(이하, DSM)이 다섯 번째 판으로 나오면서 365개가 넘는 질환을 포함하게 되자, 비대해진 진단 규모와 비인간적인 분류 체계에 대한 우려가 제기되고 있다. 카페인 금단에서 수줍음, 슬픔에 이르기까지 거의 모든 인간적 고통이 의료화될 가능성을 드러내고 있기 때문이다. 소아 정신 건강 영역으로 정신의학이 급격하게 확장되면서, "다중약물치료"(*polypharmacy*)가 증가하고 있다는 점도 심각한 문제이다. 두 살짜리 어린아이들조차 여러 정신질환 진단을 받고 강력한 정신과 약물을 다중으로 처방받는 사례가 늘고 있다. 하지만 이러한 약물들이 발달 중인 뇌에 미치는 영향을 다룬 연구 논문은 단 한 편도 발표되지 않은 실정이다.

이러한 상황은 미국정신의학회(APA)가 교육·연구·지원 전반에서 강조해 온 뇌 화학 변화에 주목하는 생물학적 치료 중심의 관점에 기반한다. 즉, 지나치게 생물학적 치료만을 강조하는 현재의 경향은 뇌의 화학적 변화에만 집중하는 협소하고 환원적인 패러다임에서 비롯된 것이다. 생물학적 정신의학은 사람을 관계적 맥락에서 분리해 신경전달물질로 축소하는 방식의 학문인데, 수많은 저명한 정신과 의사들은 자신의 전문 영역이 이러한 흐름에 무비판적으로 노출되는 사태에 저항해 왔다. 가장 유명한 사례는 로렌 모셔(Loren Mosher) 박사[전 미국 국립정신건강연구소(National Institute Mental Health) 소장]가 1998년 미국정신의학회에서 공개적으로 탈퇴한 사건이다. 그의 탈퇴 서한에는 다음과 같은 내용이 있다:

거의 30년 동안 회원으로 있으면서, 기쁨과 실망이 뒤섞인 마음으로 APA에서의 탈퇴 서한을 제출합니다. 제가 실제로 탈퇴하는 이유는 '미국 정신 약리학회'라고 믿기 때문입니다. 다행인 것은 이 조직의 진짜 정체성은 미국 정신의학회를 미국 정신 약리학회로 바꾸길 원치 않는다는 것입니다. …

제 생각에 현시점에서 정신의학은 제약 회사에 완전히 매수된 상태입니다. APA는 회의, 심포지엄, 워크숍, 학술지 광고, 그랜드 라운드 점심, 무제한 교육 보조금 등 제약 회사의 지원 없이는 존재할 수 없습니다. 정신과 의사들은 제약 회사 홍보의 하수인이 되어 버렸습니다. …

이러한 정신 약리학적 변화는 온전한 의사가 될 수 있는 능력뿐 아니라 우리의 지적 지평을 제한합니다. 더 이상 우리는 사회적 맥락 속의 '총체적 인간'을 이해하려 하지 않습니다. 그 대신 우리는 환자의 신경전달물질을 재정렬하는 데 집중합니다. 문제가 무엇이든 간에 그것이 신경전달물질과 관계를 맺는다고만 보기는 어렵습니다(Sinai-kin 2010, 244-245).

이 책은 하이데거(Martin Heidegger, 1889-1976)의 실존적 · 해석학적 현상학을 바탕으로 앞서 언급한 문제들, 즉 모서 박사의 탈퇴를 촉발한 정신의학과 관련된 근본적 우려를 다룬다. 하이데거의 현존재(Dasein) 혹은 인간 분석은 생물학적 정신의학의 가정들을 해체할 뿐 아니라, 치유의 만남 안으로 총체적 인간과 인간을 둘러싼 다양한 맥락을 되돌아보게 한다. 하이데거에 따르면, 인간은 무엇보다 생화학적 객체 혹은 대상물이 아니라 상황 속에 놓인 해석적 · 실천적 *존재 방식*으로 있는 자이다. 이러한 관점에 따라 정신병리의 경험을 이해하기 위해서는 인간과 세계의 관계, 그리고 이 관계가 정신질환으로 인해 어떻게 소외되고 붕괴되는지를 우선으로 살펴야 한다. 이를 통해 정신과 의사는 환자의 일인칭 경험으로부터 통찰을 얻을 수 있으며, 일인칭 경험이 이미 의미 맥락 속에 자리 잡고 있다는 사실을 확인할 수 있다. 하이데거적 접근으로 정신질환을 맥락화하는 것은 정신과 의사로 하여금 생의학적 연구가 취하는 삼인칭 관찰자 시각을 잠시 유보하게 하며, 그 대신 환자가 자신의 고통을 어떻게 느끼고, 이해하며, 의미화하는지를 주목하게 한다.

정신의학 이론에 미친 하이데거의 영향은 매우 크다. 그의 정신과와 의 직접적 관계도 깊으며 지속적인데, 대표적인 예는 정신과 의사이자 철학자인 칼 야스퍼스(Karl Jaspers)와의 오랜 우정이다. 야스퍼스의 『세계관의 심리학』(1919)과 키에르케고르(Søren Aabye Kierkegaard, 1813-1855)로부터 영감을 얻은 "실존"(Existenz)과 "한계상황"(Grenzsituation)에 관한 그의 이해는 하이데거의 초기 기획에 큰 영향을 주었고, 둘은 독일 사회 전반에 퍼진 과학주의에 대항하는 "투쟁적 동맹"을 형성했다[1](Safranski 1998, 127). 또한 하이데거는 스위스의 저명한 정신과 의사 루드비히 빈스방거(Ludwig Binswanger, 1881-1966)와 교류했는데, 그는 하이데거의 『존재와 시간』(1927)의 "현존재 분석"(Daseinsanalytik)을 기반으로 정신과의 "현존재 분석"(Daseinanalysis)이라는 접근을 발전시켰다.[2] 당시 프로이트(Sigmund Freud)의

---

1 1920년에 하이데거는 야스퍼스의 『세계관의 심리학』에 대해 긴 서평을 썼으며, 『존재와 시간』 곳곳에서는 이 책에 대한 언급과 함께 "실존"과 "한계상황" 개념에 대한 참조가 나온다. 두 사람의 우정은 결국 1933년 하이데거가 나치즘을 지지했다는 사실을 야스퍼스가 직면하면서 붕괴하였다. 더욱이 야스퍼스는 유대인 아내 게르트루트 마이어(Gertrud Mayer)와의 결혼 때문에 1937년 하이델베르크 대학에서 교수직과 연구 활동이 금지되었다(Safranski 1998, 339).

2 빈스방어의 "현존재 분석"(Daseinsanalysis)을 하이데거가 『존재와 시간』에서 전개한 "실존론적 분석"(existenziale Analytik) 또는 "현존재의 분석"(Daseinsanalytik)과 혼동해서는 안 된다. 정신의학적 의미에서의 현존재 분석은, 하이데거의 현존재 해석을 토대로 개별적 정신병리 전반에 대한 일반적 결론을 도출한다는 점에서 존재론적(ontological)이라기보다는 존재자적(ontic) 탐구에 속한다. 반면, 하이데거의 기획은 존재 일반의 의미라는 문제에 관련된 기초 존재론(fundamental ontology)이다. 따라서 그의 실존론적 분석은 특정 개인의 정동(affects)이나 행동을 탐구하려는 것이 아니라, 어떤 것이 의미를 갖고, 즉 의미 있는 방식으로 혹은 이해 가능한 방식으로 존재하게 되는

정신역동 모델은 정신질환을 본능적 충동이나 자아·초자아 구조 간의 무의식적 갈등의 기계적 산물로 보았지만, 빈스방거는 인간 실존은 본질적으로 전체적이며 관계적이기 때문에 기계적 원리로 환원될 수 없다고 비판했다. 그는 다음과 같이 말했다:

> 자연과학자 프로이트는 … 삶의 다양성을 단순한 원리로 설명하려 한다. 그러나 인간존재는 단일한 기계적 필연성으로 이해될 수 없다. … 인간존재는 오직 세계-내-존재(being-in-the-world)로서, 세계를 향해 나아가고 세계를 드러내는 존재로서만 이해될 수 있다(Frie 1997, 27).

빈스방거는 정신질환을 환자의 세계가 경험적으로 축소되는 과정으로 이해했고, 치유의 목표를 세계의 재개방, 즉 새로운 가능성과 관계의 빛을 다시 비추는 것이라고 보았다. 빈스방거가 볼 때, 이러한 공감적 '나와 너의 만남'은 인간 건강의 핵심이며, 건강의 결핍은 『존재와 시간』에서 하이데거가 제시한 냉정한 비인격적인 "일상인"(*das Man*) 분석에서 드러난다고 보았다.

흥미롭게도, 하이데거는 1946년 "탈-나치화 청문회"로 인해 교수직을 박탈당하고 일시적으로 강의가 금지된 후, 실제로 현존재 분석 치료를 받았다.[3] 그는 바덴바일러(Badenweiler)에 있는 요양원에 입원해 빈스방거의 제

것을 가능케 하는 본질적 구조들을 밝히는 데 초점을 둔다(ZS2, 574). 이러한 이유로 하이데거는 "현존재 분석은 존재론적(ontological)이다"(ZS1, 124)라고 말한다.

3 하이데거의 강의 금지는 1949년까지 지속되었다. 그는 이후 정년 퇴임한 명예교수

자인 빅토르 게프자텔(Victor von Gebsattel, 1883-1976)에게 치료를 받았다.[4] 게프자텔의 철학·신학·현상학 이해에 따른 온정적인 치료는 하이데거의 회복에 큰 영향을 주었다. 하이데거는 아내 엘프리데(Elfride Heidegger)에게 보낸 편지에서 다음과 같이 적었다. "여기에 오기를 잘했어. 프라이부르크와 관련된 모든 것으로부터 거리를 둔 것뿐 아니라, 게프자텔 선생의 다정한 인간성과 친절함이 나에게 큰 도움이 돼"(LW, 192; Mitchell 2016, 86). 1947년 요양원에서 돌아온 직후, 하이데거는 또 다른 스위스의 저명한 정신과 의사 메다드 보스(Medard Boss, 1903-1990)로부터 편지를 받았다. 보스는 『존재와 시간』을 읽고, 이 책 속에서 제안한 인간존재 분석이 기계적인 의학 패러다임을 해체하는 데 도움이 될 것이라고 보았다. 보스의 편지는 1949년 토트나우베르크(Totnauberg)에 있는 하이데거의 오두막에서의 만남으로 이어졌고, 1959~1969년 동안 스위스에 있는 졸리콘(Zollikon)에서의 의사 및 정신과 의사가 함께하는 세미나로 연결되는 소중한 우정의 출발점이 되었다.

졸리콘 세미나는 처음에는 취리히대학교의 정신과 클리닉인 "부르크횔츨리"(Burghölzli)에서 개최되었으나, 하이데거는 이곳의 새 강당이 쓸데없이 기술적이고 비인간적인 분위기를 풍긴다며 불편함을 느꼈고, 매 학기

(ordinary emeritus professor)의 지위를 부여받았으며, 1950-1951년 겨울 학기에 프라이부르크 대학에서 강의할 수 있도록 복귀가 허용되었다(Safranski 1998, 390).
4   요양원에서 하이데거가 게프자텔(Gebsattel)에게서 받은 치료는 하이데거가 보고한 3주가 아니라 최장 6개월 동안 지속되었다. 또한 이 치료에는 잦은 포도당 주사와 같은 생의학적 개입(biomedical interventions)이 포함되어 있었는데, 하이데거에 따르면 이러한 주사는 "전반적인 건강에 유익한 효과가 있다"(LW, 192; Mitchell 2016, 85)라고 한다.

일주일씩 취리히에 머무르는 동안 친밀해진 공간인 보스의 자택에서 세미나를 진행해 달라고 요청했다(Boss 2001). 졸리콘 세미나는 생의학의 핵심 전제들을 전면적으로 비판하고, 정신치료와 정신질환에 대한 실존적·현상학적 해석을 제시했다는 점에서 정신의학 이론사에서 하나의 분기점을 이룬다.[5] 세미나의 핵심 통찰은 의료 과학의 자연주의적 관점이 인간으로 *존재한다는 게* 무엇인지를 묻는 근본적인 행위를 간과한다는 데 있다. 하이데거에 따르면, 인간존재를 인과법칙에 의해 결정되는 물리적 유기체로 환원함으로써, 정신의학은 우리의 경험을 "화학적인 어떤 것, 화학적 개입을 통해 영향을 받을 수 있는 어떤 것으로 오해하고 있다"(ZS1, 155). 하이데거는 환자란 봉합된 물체나 인과적으로 결정된 대상이 아니라, 정서적(affective)이며 역사적인 존재이자, 체험하는 실존적 *존재 방식*으로 있는 자임을 분명히 한다. 따라서 정신질환을 올바르게 이해하기 위해서는 환자의 경험을 세계-내-존재의 맥락 속에서 파악해야 한다. 이러한 관점은

---

5 졸리콘 세미나는 하이데거 『전집』의 제89권에 해당한다. 89권은 두 개의 상이한 텍스트로 구성되어 있다. 첫 번째 텍스트(ZS1)인 Zollikoner Seminare: Protokolle—Gespräch—Briefe는 보스가 편집하여 1987년 Vittorio Klostermann에서 출판되었으며, 프란츠 마이어(Franz Mayr)와 리처드 아스케이(Richard Askay)에 의해 Zollikon Seminars: Protocols—Conversations—Letters라는 제목으로 번역되어 2001년 노스웨스턴대학교 출판부에서 출간되었다. 두 번째 텍스트(ZS2)인 Zollikoner Seminare (Abteilung: Hinweise und Aufzeichnungen)는 페터 트라브니(Peter Trawny)가 편집하여 2018년 비토리오 클로스터만에서 출판되었다. 두 번째 텍스트는 첫 번째 텍스트와 상당 부분 주제가 중첩되지만, 초기 부르크횔츨리(Burghölzli) 세션의 기록, '지루함'에 관한 논의, 공간성·시간성·신체성에 대한 추가 해설, 사이버네틱스와 의료기술에 관한 논의, 정신의학적 현존재분석(Daseinsanalyse)에 있어 세계-내-존재의 중요성에 관한 새로운 자료, 그리고 1964년 7월부터 1966년 3월까지의 추가 세미나 노트 등 훨씬 방대한 추가 자료를 포함한다. 이 두 번째 텍스트는 아직 영어로 번역되지 않았다.

인간의 세계와의 관계 방식 및 주체성을 구성하는 구조 자체가 질병의 발현 과정에서 어떻게 교란되고 붕괴되는지를 볼 수 있게 한다. 졸리콘 세미나는 세계-내-존재 속에서 인간이 세계와 관계 맺는 구조적 붕괴가 공간적 지향성과 신체적 움직임, 시간적 통합과 일관성, 일상적 대인 관계, 나아가 자신이 겪는 고통을 해석하고 의미화하는 능력에 이르기까지 다양한 경험의 양상에서 어떤 변화를 낳는지를 밝힌다.

이와 같은 맥락을 주의 깊게 살피는 일은 오늘날 미국 정신의학이 지닌 문제를 적나라하게 드러낸다. 정신과 의사들과의 대화에서 하이데거는, 약리학·신경과학·분자유전학에 대한 이해가 아무리 정교해지더라도 개인의 고통이 지닌 경험적 의미에는 결코 접근할 수 없다고 지적했다. 이는 인간 경험이 뇌 속에 존재하는 것이 아니라 세계-내-존재라는 실존적 상황 속에서 이루어지기 때문이다. 우리의 경험은 오직 우리의 실존적 상황 및 그것을 구성하는 관계적 구조들에 주의를 기울일 때만 파악될 수 있다. 그러나 중요하게 짚어야 할 점은 하이데거가 생의학이나 그에 수반되는 약리학적 개입을 전면적으로 거부하는 것은 아니라는 사실이다. 그는 "문제는 과학 자체에 대한 적대가 아니라, 과학이 스스로에 대해 성찰하지 않는 현행의 태도에 있다"라고 명확히 밝혔다(ZS1, 95). 하이데거가 문제 삼는 것은 현대 정신의학에 스며든 과학주의, 즉 인간을 단순한 신경 화학적 존재로 축소하는 비판적 성찰의 결여이다. 그는 정신의학자들이 "모든 과학적 지식은 [이미] 세계-내-존재의 하나의 방식으로서 확립되어 있다"(ZS1, 94)는 사실을 깨닫길 원했다. 즉, 우리는 이미 의미의 그물망 속에 놓여 있으며, 그 그물망은 우리가 정신적 고통을 경험하고 이해하는 방식을 형성하고 있다.

이 책은 현상학적 방법을 통해 생물학적 정신의학의 전제를 비판하고, 정신병리의 일인칭 경험과 의미에 대한 이해를 심화시키려는 최근의 방대한 연구 흐름을 확장한다. 매튜 브룸(Matthew Broome), 토마스 푹스(Thomas Fuchs), 매튜 랫클리프(Matthew Ratcliffe), 프레드릭 스베뉴스(Fredrik Svenaeus), 르네 로스포르(René Rosfort), 지오반니 스탄겔리니(Giovanni Stanghellini) 등 최근 여러 연구자들이 많은 이바지를 해 왔다.[6] 본 저서의 독자적인 특징은, 단지 하이데거적 접근을 정신병리에 적용하는 데 그치지 않고, 미국 정신의학의 역사적 전개 과정과 그 배후에 자리한 사회·문화적 힘을 직접적으로 드러낸다는 데 있다. 이를 위해 DSM에서 진단 기준을 조작함으로써 새로운 정신질환이 탄생한 방식, 제약 산업이 이러한 질환 생성에 편승하여 신약을 개발한 과정, 그리고 자율적이고 강인한 개인으로서의 자아를 강조하는 미국적 자아관이 형성되어 온 역사적 변동과 그것이 오늘날의 정신 건강 및 정상성 개념에 미친 영향을 체계적으로 검토한다.

이 책의 일차적 목표는 여전히 현상학적이다. 현상학적 탐구를 통해, 인간 경험의 구성적 구조를 면밀히 분석하고, 그러한 구조들이 정신질환 에피소드에서 어떻게 교란되고 붕괴되는지를 밝히며, 이 구조적 붕괴가 이미 미국적 생활 세계에 고유하게 얽혀 있음을, 그러한 얽힘이 우리의 경험을 해석하는 방식에서 어떻게 채색되는지를 드러낸다. 이러한 정신병리학적 접근은 정신질환의 의미와 환자의 관점에서 정신질환이 어떤 느낌으로

---

6 최근 현상학적 정신병리학의 주요 기여들을 풍부하고 포괄적으로 정리한 연구로는 G. Stangellini, M. Broome, A.V. Fernandez, P. Fusar-Poli, A. Raballo, R. Rosfort가 편집한 *The Oxford Handbook of Phenomenological Psychopathology* (2019)이 있다.

주어지는가를 다룬다. 그리고 환자를 신경전달물질의 기계적 발화로 환원할 때 종종 간과되는 경험적·질적 차원을 되살려 낸다.

각 장의 개요

이 책은 두 부분으로 구성되어 있는데, 첫 번째는 현상학적 부분이며, 두 번째는 해석학적 부분이다. 1부인 '현상학적 정신병리학'에서는 미국에서 생물학적 정신의학이 부상하게 된 배경과 인간 조건을 의료화하는 데 DSM이 수행한 역할을 개관하고, 정신질환의 경험적 의미를 탐구하기 위한 하이데거 현상학의 고유한 기여, 특히 그의 현존재 분석을 소개한다. 1장에서는 생물학적 정신의학에 대한 하이데거의 비판을 살피고,『존재와 시간』과 당대의 강의들, 그리고 후기의『졸리콘 세미나』를 바탕으로 현존재를 구성하는 본질적 구조들(혹은 실존론적 구조들)과 이러한 구조들이 정신질환의 발현 속에서 어떻게 교란되거나 심지어 완전히 붕괴될 수 있는지를 제시한다. 2장과 3장에서는 각각 우울과 불안이라는 관점에서 구조적 교란의 경험을 탐구하며, 구체적으로는 신체 및 공간, 정서, 시간 그리고 자기 이해의 구조에 초점을 둔다. 4장에서는 현상학적 분석을 확장하여, 구조적 붕괴로서 정체성(혹은 존재)의 상실을, 하이데거가 "죽음"(*Sterben*)이라 부르는 "*할 수 없음*"(inability-to-be)의 상태에 적용하여 고찰한다. 이어지는 논의는 생의학적 개입이 죽음의 현상 자체를 다루는 데 거의 무력하다는 점을 검토하고, 정신질환 이후 서사를 재구성하거나 존재의 정체성을 재형성하기 위한 치료적 대안으로서 하이데거의 본래성과 초월 개념을 활용하는 방안을 제안한다.

여기서 강조하고 싶은 점은, 필자가 제시하는 현상학적 정신병리학 논의가 조현병이나 양극성 우울증과 같은 주요 정신병적 장애들을 다루지 않는다는 사실이다. 이는 이러한 장애들이 현상학적 탐구의 가치가 없어서가 아니라(Fuchs 2007; Ratcliffe 2017; Sass & Parnas 2007 참조), 대체로 뇌의 실제적 질환 가능성을 강하게 시사하기 때문이다. 화학적 불균형이나 신경학적 결함을 직접적으로 증명하는 자료는 아직 없지만, 특정 약물군에만 반응하며, 문화적 맥락이 달라도 증상이 대체로 일관되게 나타난다는 점은 이러한 장애들이 DSM의 최근 판들에서 추가된 비-정신병적(구 '신경증적') 상태들, 예컨대 우울장애, 불안장애, 강박장애와는 다른 범주임을 시사한다. 이 책의 중심 목표 중 하나는 하이데거의 현존재 분석을 활용하여 인간의 일상적 고통을 지나치게 질병으로 규정하고 약물로 치료하는 미국 정신의학의 의료화 현상을 비판적으로 검토하는 것이다. 이 책에서 문제 삼는 것은 조현병과 양극성 장애처럼 명확한 의학적 근거가 있는 주요 정신병적 장애가 아니다. 일상적 삶에서 나타나는 신경증적 상태들은 하이데거적 관점에서 비판적으로 볼 수 있는 반면, 조현병과 양극성 장애는 그렇지 않다. 임상적 보고에 따르면, 두 정신병적 장애는 증상 양상·가족력·발병 연령·유전적 요소 등에서 실제적 의학적 질환의 존재가 강하게 지시된다.

이 책의 2부인 '해석학적 정신의학'에서는 하이데거의 존재론적 해석학을 바탕으로, 정신 건강과 질병에 대한 문화적 이해와 경험을 형성하는 데 "역사"(*Geschichte*)가 수행하는 결정적 역할을 조명한다. 인간존재를 이미 역사적 의미의 그물망 속에서 스스로를 해석하는 존재로 봄으로써, 하이데거의 초기 철학적 기획은 생물학적 설명이 지닌 한계를 드러낸다. 이뿐만 아니라 그의 초기 기획은 정신과 의사가 환자로 하여금 환자의 경험을 구성하는 관계적 의미 속에 위치시킴으로써 환자의 세계에 공감적으로 진입할 수 있는 이론적 틀을 제공한다.

2부의 5장에서는 해석학적 정신의학의 개념적 토대를 제시하고, 과학적 "설명"(*Erklärung*)과 해석학적 "이해"(*Verstehen*)의 핵심적 차이를 논증하며, 미국 정신의학이 응용 "자연과학"(*Naturwissenschaft*)이 아니라 해석적 "인문과학"(*Geisteswissenschaft*)으로서 스스로를 재정립할 필요성을 제시한다. 6·7·8장에서는 미국 문화의 광범위한 의미 구조를 검토하면서, 이러한 구조들이 암묵적으로 정서적·행동적 정상성의 기준을 설정하고, 이러한 기준에 부합하지 못하는 경우 정신의학적 진단으로 이어지는 과정을 분석한다. 6장에서는 미국적 자아가 사교적이며 자기주장을 강하게 내세우는 외향적 성격으로 규범화된 역사적 조건을 다루며, 이러한 조건이 수줍음이나 내향성과 같은 성향들을 정신의학적인 의료화의 대상으로 보게 만드는 과정을 분석한다. 7장에서는 미국 정신의학에서 신경쇠약이 지니는 독특한 역사적 전개를 검토하면서, 세기가 변하는 사회적 격변이 긴장·소진·스트레스라는 경험을 어떻게 심화시켰는지, 그리고 이를 설명하기 위한 진단 용어의 의미가 어떻게 달라졌는지를 탐구한다. 나아가 이 장에서는 사라졌던 진단명이 오늘날 섬유근육통·만성피로증후군과 같은 기능성 신체질환의 형태로 부활하는 과정과 이러한 상태들이 이미 우리 경험과 이해 방식을 규정하는 특정 맥락에 어떻게 내재해 있는지 논한다. 마지막 장에서는 DSM에서 분노의 의료화를 중심으로, 미국의 개인주의와 본래성 개념을 형성해 온 특수한 의미를 분석하고, 이러한 문화적 개념들이 도덕적 혼란 · 고립 · 분노의 확산에 어떤 방식으로 기여해 왔는지를 논한다. 이러한 해석학적 성찰의 목적은 고통스럽거나 바람직하지 않은 감정과 행동에 진단명을 부여함으로써 인간 조건을 의료화하려는 정신의학의 시도가 실제로는 뇌의 화학적 불균형을 반영하기보다는 오늘날 미국 사회에서 우리가 자아를 어떻게 해석하고 의미화하는지를 훨씬 더 잘 드러낸다는 사실을 밝히는 데 있다.

　이러한 논의와 함께, 필자는 이 책이 정신병리학에 대한 하나의 접근법을 제시할 뿐이며, 그것이 유일한 접근법이라고 주장하지 않는다는 점을 강조하고자 한다. 오늘날까지 이어지는 하이데거의 유산 중 하나는 그의 사유가 "길"을 제시한다는 인식이다.[7] 하이데거 철학을 "길"(Weg)로 비유하는 것은 그것이 본질적으로 잠정적이고 개방적이며 미완성적이라는 사실을 뜻한다. 또한 인간 경험에 주어지는 것을 접근하고 해석하는 방식이 무수히 많다는 점을 함축한다. 이 책은 이러한 "길"과 같다. 정신질환의 일인칭 경험에 대한 진입로를 마련하기 위해, 그리고 우리가 오직 공유된 역사적 세계를 배경으로 해서만 그러한 경험을 이해하고 의미화할 수 있음을 탐색하기 위해, 인간 상황에 대한 현상학적 · 해석학적 분석을 제공한다. 그러나 하이데거가 『존재와 시간』의 끝에서 말하듯, "이 길이 유일한 길인지, 혹은 올바른 길이기나 한 것인지 여부는, 실제로 그 길을 걸어 본 후에야 비로소 결정될 수 있다"(BT, 437, 수정 번역).

7　M. Heidegger (1978), *Frühe Schriften* (GA 1), ed. F.-W. von Hermann (Frankfurt am Main: Vittorio Klostermann), 437.

현상학적 정신병리학

1장 정신 건강의 의료화: 하이데거적 대안

2장 우울증: 신체, 기분, 자기의 붕괴

3장 불안: 시간의 파괴와 의미의 붕괴

4장 정신질환, 존재론적 죽음, 그리고 치유의 가능성

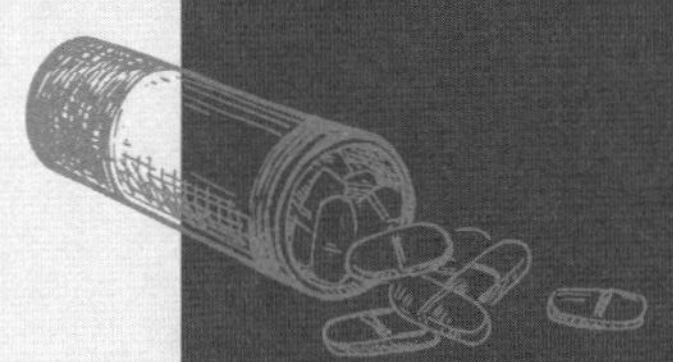

정신 건강의 의료화

: 하이데거적 대안

CONTEXTS OF SUFFERING

의료화의 대두

과학적으로 정신질환을 연구하는 학문인 정신병리학은 주로 정신질환의 원인을 규명하고, 이를 분류하기 위한 진단 기준을 수립하며, 치료를 용이하게 하는 데 관심을 둔다. 최근 인지신경과학·뇌 영상 기술·약리학·분자유전학의 발전과 함께, 생물학적 설명에 대한 의존은 날로 증가하고 있다. 이러한 설명은 관계적·사회 역사적 요인을 경시하는 경향이 있으며, 원인론(etiology)을 대체로 유전적 소인이나 세로토닌·노르에피네프린·도파민과 같은 신경전달물질의 화학적 불균형으로 이해하려 한다. 그 결과, 교육·연구·임상에서 중심적 위치를 차지하는 것은 뇌 화학을 변화시키기 위한 약물치료에 주로 의존하는 생물학적 접근법인데, 이는 흔히 "의학 모델 정신의학", "생물학적 정신의학" 혹은 간단히 "생물정신의학"(biopsychiatry)이라고 불린다. 물론, 이러한 의학 모델의 지배력은 단지 과학적 성과만으로 설명되지는 않는다. 비판자들은 제약 산업과 미국정신의학회(APA) 사이의 날로 증가하는 밀접한 관계를 지적하며, 정신과 약물에 대한 소비자 광고의 폭발적 증가, 제약 회사의 정신의학 연구 자금 지원, 그리고 학술대회·전문회의에 대한 업계의 광범위한 영향력을 문제

삼아 왔다(Breggin 1994; Kutchins and Kirk 1997; Sinaikin 2010 참조).

오늘날 생물정신의학이 이렇게 지배적 위치를 차지하고 있는 상황은 심리치료(psychotherapy)와 정신분석이 폭발적으로 유행했던 1960~1970년대와 비교하면 실로 놀라운 일이다. 여기서 "심리치료"란 넓은 의미에서 프로이트가 "대화치료"[1]라고 부른 정서 · 행동 문제 치료를 의미한다. 이러한 정의에 따르면, 전통적 정신분석은 물론 다양한 심층심리학과 인간주의 심리학 · 집단치료 · 역할극 치료 · 저널링 그리고 내담자의 자기표현을 치료 효과의 중심에 두는 모든 치료 방식이 심리치료에 해당한다. 당시 심리치료는 대중문화 곳곳에 등장했다. 필립 로스(Philip Roth)의 『포트노이의 불평』과 같은 소설, 피터 셰퍼(Peter Shafer)의 〈*Equus*〉와 같은 연극, 〈*The Bob Newhart Show*〉 같은 텔레비전 프로그램, 우디 앨런(Woody Allen) 영화 및 『뉴요커(The New Yorker)』의 만평 등, 수많은 영역에서 광범위하게 나타났다. 이런 분위기 속에서 유명 인사나 부유층이 오랜 시간을 다양한 종류의 심리치료에 쏟았음에도 별다른 효과가 없었다는 이야기가 하나의 농담처럼 자리 잡기도 했다. 실제로 1970년대에는 서로 다른 이론과 기법을 내세우는 치료 방식이 130개가 넘었다(Hale 1995, 335; Shorter 1997, 306). 대화치료가 서로 맞지 않는 이론들의 집합으로 변화함에 따라 진단이든 방법론이든 여러 문제가 드러났다.

우선, 대화치료의 연구들은 특정 치료법이 다른 치료법보다 우월하다

1　프로이트는 자신이 하는 작업을 처음에는 "정신치료"(Psychotherapie)라고 불렀으며, 이후 이를 "정신분석"(Psychoanalyse)이라는 명칭으로 대체하였다. 이후 이를 수행하는 자를 "정신분석가"(Psychoanalytiker)라고 명명하였다(Groth 2019).

는 증거를 거의 보여주지 못했고, 심리치료를 받은 환자들의 회복률이 심리치료를 받지 않은 환자들의 자연 회복률을 넘지 못하는 경우가 많았다(Horwitz 2002, 196-197). 더 나아가, 대화치료는 조현병, 양극성 장애, 주요우울증과 같은 중중 정신질환에는 거의 효과가 없는 것으로 나타났다.[2] 이러한 사실은 1980년대 버지니아의 체스넛 로지(Chestnut Lodge) 병원과 라파엘 오서로프(Rafael Osheroff)를 둘러싼 유명한 법정 사례에서 극적으로 드러났다. 주요 우울증을 앓고 있던 의사 오서로프는 정신분석에 입각한 치료만을 7개월간 강도 높게 받았는데, 약물치료 접근을 차단한 체스넛 로지 병원을 상대로 의료과실로 고소했다. 그는 결국 다른 병원으로 옮겨 항우울제 치료를 받고 얼마 지나지 않아 퇴원할 수 있었다.

오서로프와 체스넛 로지 병원 간의 사건은 정신과 공동체 내에서 정신분석의 의학적 정당성에 대한 불신을 확대시켰으며, 주요 정신질환을 대화치료만으로 치료하는 것이 의료과실로 간주될 수 있다는 인식을 낳았다(Shorter 1997, 309-310; Klerman 1990, 1991). 실제로 대화치료가 환자의 회복을 촉진하지 못할 가능성이 점점 분명해졌다. 특히 정신병적 장애의 경우, 대화치료를 받은 환자들이 오히려 정신분석 치료를 받지 않은 환자들보다 상태가 더 악화하는 사례도 관찰되었다(Shorter 1997, 303, 313). 이러한 문제를 더욱 복잡하게 만든 것은, 유사한 증상을 보이는 환자들을 진단할

---

2   프로이트는 대화 치료가 조현병과 같은 정신질환을 성공적으로 치료할 수 없다는 사실을 인지하고 있었다. 그는 1936년 보스에게 보낸 편지에서 다음과 같이 적고 있다: "나는 조현병의 분석적 치료에서 거의 성공을 보지 못한 것이 사실입니다. 이러한 방법을 개인 개업의에게 사용하지 말라고 조언한 것은 실용적 이유에서입니다. 실패 사례들은 분석 보고서에 기록되어 그 명성을 해치기 때문입니다"(Boss 2019, 177).

때 정신과 의사들 사이에서 일관된 합의가 이루어지지 않는 현상이었다. 비판자들은 종종 필립 애쉬(Philip Ash)의 1949년 연구를 언급하는데, 이 연구는 한 임상 현장에서 52명의 환자를 진찰한 세 명의 정신과 의사 중 단 20%만이 같은 진단 결론에 도달했다는 사실을 보여주었다(Ash 1949; Speigel 2005). 명확한 행동 지침이 없이 진단을 정당화하려 하는 상황에서, 정신과 의사들은 누가 병을 앓고 있으며 그 질환이 무엇인지에 대해 합의하는 데 어려움을 겪었다. 어떤 정신과 의사는 환자를 전형적인 히스테리 환자로 진단할 수 있는 반면, 다른 이는 동일한 환자를 건강염려성 우울증 환자로 진단할 수도 있었다.

이러한 진단상의 불분명함은 전통적인 프로이트식 모델의 과학적 타당성과 효능에 대한 태도에 극적인 변화를 촉발했고, 이는 1980년 미국정신의학회(APA)가 『정신질환의 진단 및 통계 편람』의 제3판(DSM-III)을 출판하면서 절정에 이르렀다. 오늘날 미국의 정신 건강 전문가들에게 DSM의 중요성은 아무리 강조해도 지나치지 않다. 의료가 관리되는 시대에 보험사가 보상을 위해 DSM 코드를 요구하기 때문에 이 참고서는 사실상 필수적이다. DSM-III는 이전 판본[DSM-I (1952), DSM-II (1968)]과는 확연히 결별하는 작업이었다. 이전 판본들은 여전히 정신분석 사상에 깊이 뿌리내리고 있었다. 정신과 의사 로버트 스피처(Robert Spitzer)가 이끄는 새 판본은 뉴턴(Isaac Newton)식의 방법론적 기준에 따라, 이론적으로 중립적인 질병분류학(nosology)을 제시하고자 했다. 정신분석이 개인의 행동을 무의식적 갈등이나 내적 심리 과정의 외형으로 간주하여 이를 정신분석 이론의 틀 속에서 설명해야 한다고 보았던 반면, DSM-III와 그 후속 판본들은 모든 이론을 배제하고, 행동과 진단 사이의 객관적으로 식별 가능한 상관관계를 규명하는 데만 초점을 맞추었다. 국립정신건강연구소(NIMH) 성인 정신의학과의 전(前) 소장인 리처드 와이어트(Richard Wyatt)가 말했듯이, "좋은 정신의학은 이론으로 미화되지 않은, 신중한 관찰과 기술을 요구한다." DSM-III는 이전 판들과 달리 "사물을 있는 그대로 기술하려고" 했으며, 해석과 관찰의 뒤섞임을 제거하고자 했다. 이는 "장애를 특징짓는 데 필요한 최소 수준의 추론만을 [사용함으로써] 객관성, 신뢰도, 예후의 타당성을 더하게 될 것"이었다(Wyatt 1985, 218; Lewis 2006, 4에서 재인용).

다시 말해, 나는 가설을 만들지 않는다(*hypotheses non fingo*)는 뉴턴의 말처럼, 새로운 DSM의 과학성은 정신병의 원인을 찾는 것과 관련해 형이상학적 가설을 세우지 않는다는 점에서 비롯된다. DSM은 "기술적 접근을 제공하며 [게다가] 병인의 이론들에 대해 중립적이고자 한다"(APA 1994, xvii-xviii 참조). 병인적 중립성을 지향함에도 DSM은 결과적으로 인간을 기계화되고 원자화된 존재로 구성하는 독특한 관점을 만들었다. 즉, 고통받는 이는 맥락에서 분리된 증상들의 집합으로 이해되며, 이 증상들은 미리 확립된 진단 범주와의 상관관계 속에서 파악된다(Cushman 2003; Sinaikin 2010). 오이디푸스 콤플렉스, 투사, 억압된 성적 충동, 승화 등과 같은 경험적으로 입증되지 않은 정신분석적 개념들은 배제된다. 목표는 대화치료의 이론적 부담에 오염되지 않은, 그러니까 이데올로기적으로 편향되지 않은 객관적인 정신의학을 정립하는 데 있다. 그러나 연구·자금·임상 현장에서 생물학적 설명이 미국 정신의학을 지배하고 있는 현재 상황을 고려하면, DSM의 병인적 중립성 주장은 다소 오해를 불러일으킬 수 있다(Horwitz 2002, 132-157; Kaiser 1996). 의학적 과학을 모방하려는 야심 속에서 정신의학이 더 환원적인 생물학적 설명으로 전환되는 일은 놀랍지 않다. 과학주의를 표방한 정신의학은 의학적 정당성이 거의 없는 "연성 과학"(soft science)에 불과하다는 의심을 약화하는 데 성공한다. 더구나 최근 유전학·약리학·신경과학의 발전은 생물학적 패러다임을 더욱 강화했고, 오늘날 이러한 패러다임에서 정신질환을 뇌의 화학적 불균형이라고 해석하는 것은 당연한 일이 되어 버렸다. 정신과 의사이자 DSM 작업에 참여한 낸시 안드레아슨(Nancy Andreasen)은 다음과 같이 이야기한다:

> *주요 정신질환들은 질병이다.* ··· 이들은 당뇨병·심장병·암과 마찬가지로 질병으로 간주하여야 하며, 주로 *생물학적 요인에 의해 일어나고 대부분 뇌에 자리 잡고 있다.* ··· 뇌는 신체의 다른 기능을 감시하고 조절할 뿐 아니라 사고, 기억, 감정, 성격 등의 모든 심리적 기능의 원천이자 저장고이다. *과학적 학문으로서 정신의학은 정신질환을 일으키는 생물학적 요인을 규명하고자 한다.* 이 모델은 각기 다른 유형의 질환이 서로 다른 원인을 갖는다고 가정한다.(1985, 29-30)

미국 공중보건국장(US Surgeon General) 데이비드 새처(David Satcher)는 더욱 권위적인 어조로 안드레아슨의 견해를 반복한다. "정신질환의 기초는 뇌의 화학적 변화이다. ··· 마음과 몸, 혹은 정신질환과 물리적 질환을 구분할 어떠한 근거도 더 이상 없다. 정신질환은 물리적 질환이다"(Stossel 2015, 179 재인용). 이러한 관점의 결론은, 정신질환이 의학적 모델에 따라 "개인 내부"에 위치한 물리적 질환의 하나로 간주되며, "증상적 행동을 야기하는 명확한 내부 병리"를 가진 것으로 이해된다(Kutchins & Kirk 1997, 31). 따라서 당뇨병이나 심장병과 마찬가지로, 정신질환 역시 건강 유지와 재발 방지를 위해 평생 약물치료가 요구될 수 있다.

　의학적 모델에 기반한 정신의학 자체에는 원칙적으로 아무런 문제가 없다. 진단의 관점에서 보자면, 정신질환을 물리적 질환으로 보는 것은 조현병이나 양극성 장애와 같은 정신병적(psychiotic) 장애에는 적합할 수 있다(참조: APA 2013, 87-154). 다만, 이러한 질환들은 뇌의 화학적 불균형이나 신경학적 결함을 직접적으로 입증할 증거가 있기 때문이 *아니라*, 클로자핀이나 리튬과 같은 특정 계열의 약물에 환자들이 대체로 긍정적으로 반응한다는 것에 주목해야 한다. 망상 · 환각 · 와해된 사고 · 현저하게 비정상적인 운동 행동(긴장증 포함) 등의 증상이 문화와 사회적 맥락을 초월하여 유사한 양상을 보이기 때문에, 공통된 질병 실체를 드러내는 경향이 있다(Horwitz 2002, 190). 반면, DSM에 수록된 비-정신병적(nonpsychotic) 장애(과거에는 "신경증"이라 불림) 목록은 맥락에 따라 매우 다양하게 나타나는데, 이를 치료하기 위해 처방되는 항우울제나 항불안제 계열 약물은 특정 질병에만 효과를 내는 처방약이 전혀 아니다. 이러한 약물들은 공황 불안, 공포증, 불면증, 강박장애, 그리고 우울장애를 포함한 매우 다양한 증상군을 치료하는 데 사용된다(Horwitz 2002, 191; Healy 2006).

　실제로 이러한 정신장애들은 직접적인 생물학적 또는 신경학적 증거가 없어서, 증상 자체와 동일시된다. 다시 말해, 환자가 일정 기간 정해진 수의 증상을 보이면, 그 증상의 유기적 원인이 완전히 알려지지 않았음에도 불구하고 그 장애가 있는 것으로 간주된다(Kaiser 1996). 심지어 더 큰 문제는 DSM을 만든 자들이 정신적 고통의 다양한 표현을 구분하고 분리하는 과정에서 새로운 장애들을 계속해서 *만들어 냈다*는 점이며, 그 결과 DSM은 점점 비대해졌다(Kutchins and Kirk 1997; Horwitz 2002; Szasz 2007; Conrad

2007). 예를 들어, DSM-I은 106개의 장애를 수록한 130쪽 분량에 불과했으나, DSM-V는 365개의 장애를 포함하며 거의 1,000쪽에 달한다. 여기에는 저장 장애(APA 2013, 247), 카페인 및 대마 사용 중단 장애(506, 509), 폭식 장애(350), 억제되지 않은 사회적 참여 장애(268)와 같이 정의가 모호한 상태들도 포함된다. 존스 홉킨스(Johns Hopkins) 대학의 전 정신과 소장인 폴 맥휴(Paul McHugh, 1999)는 다음과 같이 지적했다: "이 수백 쪽 안에는 실제로 존재하는 장애 범주도 있고, 단지 예민한 사람들의 정상적인 반응을 정신과적 '실체'로 취급한 듯한 의심스러운 범주들도 있으며, DSM 제작에 참여한 자들이 순전히 만들어 낸 범주들도 들어 있다." DSM-V에서 가장 논쟁적인 의료화 사례는 중증 우울장애로서 "애도 배제" 삭제였다. 이전 판에서는 사랑하는 사람의 죽음을 경험한 지 얼마 되지 않은 개인에게 우울증 진단을 내리지 말라고 권고했는데, 이는 슬픔이 정상적이며 오히려 건강한 정서적 반응으로 간주되었기 때문이다. 비평가들은 애도 배제 조항의 삭제가 슬픔의 치료적 가치를 약화하고, 인간적 상실 반응을 의료화하며, 그 결과 불필요한 항우울제 과다 처방을 초래한다고 지적했다(참조: Gallagher 2018).

의료화의 물결은 일상생활의 상당 부분에 깊숙이 침투해 있다. 예를 들어 오늘날 미국인들의 거의 절반은 어느 시점에서나 정신장애를 가지고 있는 것으로 진단될 수 있다(Rosenberg 2013). 잠을 잘 이루지 못하면 불면증, 지나치게 수줍고 내향적이면 사회공포증, 직장에서 지속적인 배경 불안을 느끼면 범불안장애, 느리게 움직이는 교통에 갇혀 다른 운전자에게 고함을 지르면 간헐적 폭발성 장애, 배우자에게 충실하지 못하면 과다성욕 장애, 가만히 있지 못하고 집중하지 못하면 주의력결핍 과잉행동장애

등으로 분류되는 식이다. 실제로 장애의 수가 늘어나고 증상의 범주가 확장되면서, 정신과 약물을 필요로 하는 장애로 진단되는 사람의 수가 증가할 뿐 아니라, 여러 장애를 동시에 진단받아 여러 약물을 동시에 복용하는 사람들도 늘고 있다. 정신과 의사 필 시나이킨(Phil Sinaikin)은 자신의 임상 경험에서 "다중약물처방"(polypharmacy) 즉, 한 번에 둘 이상의 정신과 약물을 처방하는 관행을 소개한다. 어느 날 36세 환자가 자신의 정신과 주치의가 부재한 상태에서 약물 처방전을 다시 받기 위해 시나이킨을 찾았다. 그 환자는 하루에 총 16가지의 정신과 약물을 복용하고 있었는데, 그 목록은 다음과 같다: 토프라닐(Tofranil, 항우울제) 50mg씩 하루 3회; 케프라(Keppra, 항경련제이지만 기분안정제로 사용) 500mg씩 하루 2회; 인데랄(Inderal, 혈압약이지만 불안치료제로 사용) 10mg씩 하루 3회; 웰부트린(Wellbutrin, 항우울제) 150mg씩 하루 1회; 아빌리파이(Abilify, 항정신병제이자 양극성 장애 I형 치료에 승인된 약물) 15mg 하루 1회; 에스칼리스(Eskalith, 리튬 제제, 기분안정제) 450mg씩 하루 2회; 클로나제팜(Klonopin, 진정제) 0.5mg씩 하루 2회; 애더럴(Adderall, ADHD 치료용 암페타민) 20mg씩 하루 2회 등이다. 시나이킨을 특히 충격에 빠뜨린 것은, 환자를 면담하고 의학적 병력을 면밀히 검토한 결과 실패한 결혼에서 오는 정서적 충격과 과도하게 통제적인 어머니로 인한 스트레스 외에는 정신의학적으로 특별한 문제가 전혀 없었다는 점이었다(Sinaikin 2010, 1-6).

이러한 양상은 아동 정신의학 분야에서 가장 우려스럽게 나타난다. 예를 들어 오늘날 미국 아동의 12%가 주의력결핍 과잉행동장애(ADHD) 진단을 받고 있으며, 아동기 양극성 장애 진단은 40배 증가했다. 실제로 전체 아동과 청소년의 4분의 1이 정기적으로 정신과 약물을 복용하고 있다

(Khullar 2018). 또한 다중약물처방의 증가 속에서 아이들은 정서적 · 행동적 문제를 치료하기 위해 단일 약이 아니라 강력하고 때로는 위험한 약물들로 구성된 약물 "칵테일"을 복용하게 된다(Harris 2006). 최근 연구에 따르면 160만 명 이상의 아동 · 청소년이 최소 두 가지 이상의 정신과 약물 조합을 처방받았으며, 그중 16만 명 이상은 네 가지 이상의 약물을 동시에 처방받았다. 예를 들어, 어떤 아이는 학교에서 집중력을 높이기 위해 리탈린(Ritalin)을, 기분 변동을 조절하기 위해 강력한 항경련제 데파코트(Depakote)를, 수면 유도를 위해 최면제 앰비엔(Ambien)을, 분노 조절을 위해 항정신병제 리스페달(Risperdal)을 복용하기도 한다(Benedict 2006). 더 섬뜩한 사실은, 강력한 항정신병제 리스페달을 제조하는 존슨앤존슨(Johnson & Johnson)이 소아정신과 대기실에서 아이들이 갖고 놀 수 있도록 "Risperdal"이라고 새겨진 레고 블록을 제공한다는 점이다. 따라서 2000년에서 2007년 사이, 민간 보험 가입 아동(2~5세)의 항정신병약 사용량이 두 배로 증가했음에도, 이들 중 단 40%만이 적절한 정신 건강 평가를 받았다는 것도 전혀 놀랄 일이 아니다. 여기에 더해 의사들은 종종 부모에게 "이것은 생물학적 질환이므로 아이는 평생 정신과 약물 칵테일을 복용해야 한다"라고 설명하는데, 정신과 약물이 발달 중인 아동의 뇌에 어떤 영향을 미치는지에 관한 연구는 단 한 건도 존재하지 않는다(van der Kolk 2014, 228).

의학적 관점에서 보았을 때 핵심 문제는 정신질환이 실제로 의학적 질환이라는 것을 직접적으로 입증할 증거가 없다는 점이다. 따라서 생물학적 정신의학이 주장하는 과학적 정당성은 매우 의심스럽다. 다른 의학 분야와 달리 정신의학은 환자의 비정상적 행동이나 정서적 고통을 유발하는 생물학적 요인을 지목할 수 없다.[3] 물론 신경 영상 기술, 분자유전학, 뇌 해부학 연구의 발달로 상황이 변할 가능성은 있으나, 현재로서는 명확한 생물학적 근거가 없으므로, 정신과 의사는 특정 질병 실체의 존재를 입증할 방법이 없다. 정신질환이 신경화학적 요인과 관련이 있다는 점은 아마 사실일 것이나, 인지과학자들과 정신과 의사들은 그 관계가 어떻게 작동하는지 전혀 알지 못한다. 의학적 모델은 적어도 현재까지는 심리철학자들이 말하는 "의식의 어려운 문제"(Chalmers 1996)를 해결하지 못했다. 이는 의학적 모델이, 주관적 경험을 구성하는 사고·지각·정서가 수십억 개의 뉴런이 전기적 신호를 발화하는 결과라는 전혀 입증되지 않은 가정 위에서 있기 때문이다. 또한 가령 신경 영상 기술이 뇌에서 세로토닌 수치가 낮음을 분명히 보여준다고 해도, 이러한 영상은 그 결핍이 질환의 원인인지 결과인지를 설명하지 못한다. 즉, 환자가 세로토닌이 낮아서 우울한 것인지, 아니면 우울해서 세로토닌 수치가 낮아진 것인지는 여전히 불명확하다(Davis 2008, 27).

비평가들이 제기하는 두 번째 문제는, 의학적 모델이 관리의료의 기대 속에서 약물치료가 더 효율적이고, 빠르며, 비용 면에서도 효과적이라는 사실에 맞추어 작동한다는 데 있다. 실제로 보험사들은 비용 문제 때문에

---

3 실제로, 미국 공중보건국의 정신건강 보고서는 다음과 같이 밝히고 있다: "대부분 정신질환의 정확한 원인(병인)은 알려지지 않았다 … 너무도 자주, 뇌의 생물학적 변화(병변)가 정신질환의 '원인'이라고 주장되곤 하는데, 이는 병변과 특정 정신질환 사이의 연관성이 발견되었다는 사실에 근거한 것이다. 그러나 단순한 연관성—즉 상관관계—만으로는 인과관계를 의미할 수도, 의미하지도 않는다"(Surgeon General 1999, chapter 2, sec. 5, para. 1, 9).

환자가 받을 수 있는 치료 시간에 엄격한 제한을 두고 있으며, 약물 처방도 표준화되었기에, 정신과 의사들은 정신 건강에 대한 전문적 훈련을 거의 받지 않은 1차 진료 의사들로 대체되고 있다(Conrad 2007; Cushman and Gilford 2000). 그리고 여전히 남아 있는 정신과 의사들조차 예전처럼 환자 한 명당 주 1~2회 45분간의 심층 치료를 제공하지 않는다. 관리의료 시대에 생존하기 위해 이들은 하루에 최대 20명의 환자를 12~15분짜리 빠른 상담으로 연속적으로 진료하는 조립라인식 치료 방식 즉, 약물 복용 여부와 처방 조정에 관한 질문 정도만 나눌 수 있는 방식을 수행하고 있다. 환자의 맥락적 위기나 삶의 내적 서사에 관한 깊은 질문들은 거의 탐색되지 않은 채 남는다. 어떤 정신과 의사는 다음과 같이 한탄한다: "나는 심리치료가 지닌 신비와 흥미를 그리워한다. 지금 나는 마치 훌륭한 폭스바겐 정비사가 된 것 같다"(Harris 2006).

마지막으로, 비평가들은 정신의학과 제약 산업 사이의 논쟁적 관계를 지적해 왔다. 1997년 미국 식품의약국(FDA)이 「산업계 지침: 소비자 대상 방송 광고(Guidance to Industry: Consumer Directed Broadcast Advertising)」를 발표하여 텔레비전과 라디오에서 의약품의 직접광고를 허용하면서, 특정 진단과 그에 따른 치료 약물을 동시에 홍보하기가 훨씬 쉬워졌다(Mogull 2008). 의학 사회학자 피터 콘래드(Peter Conrad)가 지적하듯, "'당신에게 [비아그라 · 팍실 · 졸로푸트 등]이 적합한지 의사에게 물어보십시오'라는 문구는 제약 회사 · 소비자 · 의사들 간의 새로운 관계를 반영하고 있다"(2007, 154). 그 결과, 약물 중심의 마케팅이 폭발적으로 증가했고, 많은 정신과 의사들이 제약 회사와 재정적 연계를 맺으며 이른바 "핵심 의견 선도자"(key opinion leaders) 역할을 맡고 있다(Elliott 2010). 이는 DSM의 진단 기준을 만드는 당사자들이 제약 회사 돈을 받는 명백한 이해 충돌을 야기한다. 과학 저널리스트 샹카르 베단탐(Shankar Vedantam)은 이러한 문제의 심각성을 다음과 같이 설명했다(2006):

> 우울증이나 조현병과 같은 장애의 표준 진단 기준을 작성하는 데 참여한 모든 정신의학 전문가들은 해당 질환의 약물을 판매하는 제약 회사들과 재정적 관계를 맺고 있었다. 성격장애에서 약물중독에 이르는 장애들을 규정하는 DSM-IV 제작에 이바지한 170명의 전문가 가운데 절반 이상이 그러한 연계를 하고 있었으며, 특히 기분장애와 정신병적 장애 작업반의 전문가들은 100%가 제약 회사와 재정적으로 연결되어 있었다.

미국 정신의학이 의료화에 공모해 온 사실, 초대형 제약 회사와의 문제가 있는 동맹, 대다수 정신질환에서 생물학적 근거를 식별하지 못한 점, 그리고 DSM의 비인간적인 분류에 대한 의존 등, 이 모든 상황은 정신과 의사들이 자신들의 전문직에 대한 과학적 신뢰성, 치료적 효용성, 도덕적 정당성을 점점 더 비판적으로 보게 만들었다(예: Blazer 2005; Bracken and Thomas 2005; Breggin 1994; Glenmullen 2001; Healy 2006; Lewis 2006; Sinaikin 2010).

이러한 비판을 수용한다고 해서 이 책의 목적이 정신질환의 생물학적 · 유전적 측면이나, 이후 약물치료의 가치를 부정하려는 데 있다고 오해해서는 안 된다. 오히려 이 책에서 염려하는 것은 생물학적 의료 모델이 지닌 헤게모니가 자아에 대한 이해를 지나치게 환원론적 · 기계론적 · 탈맥락적(decontextualized)인 방식에서 이루어지게 하여, 정신질환이 지닌 상황에 따른 복잡한 경험적 차원을 포착하지 못하게 된다는 점이다. 이 책은 하이데거의 실존적 · 해석학적 현상학이 이러한 염려와 관련해서 특별한 가치를 지닌다고 제안한다. 그 이유는 하이데거 철학의 주요 목표가 생물 정신의학이 핵심적으로 전제하는 존재론적 가정 즉, 인간은 근본적으로 일종의 물리적 실체이며, 본질상 다른 생명체와 다를 바 없는 유기체라는 가정을 해체하는 데 있기 때문이다. 이러한 자연주의적 관점에서는 정신 현상을 포함한 모든 존재가 물리적 실체로 환원되며, 자연의 인과법칙에 호소하여 설명될 수 있다고 본다.

자연주의적 관점에 대해 하이데거는 다음과 같이 말했다. "신체적 인간 존재는 화학적 존재로서 화학적 개입에 의해 영향을 받을 수 있는 자로 이해되며, 그 결과 생리적 화학이 인간 정신적인 것의 근거이자 원인이라는 결론에 이르게 된다"(ZS1, 155). 하이데거의 현상학은 "사태 자체로" 돌아가기 위해 이러한 자연주의적 전제를 정지시키거나 괄호 치는 것을 목표로 둔다. 그에 따르면, 현상학은 "스스로 드러나는 방식 그대로, 자신으로부터 드러나는 것을 보이도록 [허용하는] 것"(BT, 58)이다. 이런 의미에서 인간 존재(또는 현존재)에 대한 하이데거의 분석은 "과학적 대상의 물질적 내용에 대해 말하는 게 아니라, 단지 인간존재가 *어떻게*, 어떤 방식으로 존재하는지를 말한다"(HCT, 85). 현상들이 "구체적"(*konkret*) 경험 속에서 경험적으로 드러나거나 주어지는 *방식*에 집중함으로써, 현상학자는 경험을 구성하는 근본 조건이나 구조에 접근한다. 이 책은 정신질환이 어떻게 정신질환을 이해하는 경험적 구조를 교란하고 변형시키는지, 그리고 이러한 구조적 교란이 이미 역사적인 맥락 속에 어떻게 자리 잡고 있는지를 하이데거의 철학적 방법으로 드러내고자 한다. 이와 같은 방식으로 정신질환을 배치하면, 정신의학은 의료 모델이 전제하는 탈관여적·삼인칭 관찰자의 관점에서 벗어나 질병 그 자체, 즉 고통받는 당사자의 일인칭 관점으로 우리의 시선을 전환할 수 있다. 그리고 이것은 정신질환을 겪는다는 것이 무엇을 *의미하며*, 어떤 감각으로 체험되는지에 대한 풍부한 질적 기술로 나아가는 길을 열어 준다. 더 나아가, 이는 정신 건강을 돌보는 데 더욱 섬세한 인간적 접근을 가능하게 한다.

정신병리학에 대한 하이데거의 기여

하이데거 현상학이 오늘날 정신병리학 이해에 미치는 영향은 무엇보다도 정신질환에 대한 전통적 관점 자체를 근본적으로 약화하는 데 있다. 예컨대 DSM-V는 정신질환을 "개인의 인지·감정 조절 또는 행동에 임상적으로 유의미한 장애가 나타나는 증후군으로서, 이는 … 기저의 정신적 기능의 역기능을 반영한다"(APA 2013, 20)라고 정의한다. 이러한 정의는 인지·지각·감정 등을 (1) 개인의 마음 혹은 뇌 속에 "내재하는" 주관적 정신 상태로 가정하며, (2) 언어 사용·자세·움직임·정서 표현·식이 및 수면 습관과 같은 "외재하는" 증상이나 행동을 통해 관찰 가능한 증거를 산출한다고 전제한다. 하이데거의 철학이 지대한 영향을 미친 지점은 이러한 내재적/외재적 이분법을 해체하면서, 인간존재를 어떤 실체–예컨대 인지 심리나 신경화학적 실체–가 아니라 세계-내-존재라는 상황적 활동으로 해석한 데 있다. 하이데거에게 현존재는 "우리가 *무엇(what)*인가?"가 아니라 "우리가 *어떻게(how)* 존재하는가?"라는 방식으로 파악되어야 한다.

하이데거가 "'현존재'라는 용어로 존재자를 지칭할 때, 그것은 현존재의 '무엇'(마치 그것이 책상이나 집, 나무인 것처럼)을 말하는 것이 아니라 현존재를 어떻게 표현하고 있느냐 이다"(BT, 42). 이에 대해 그는 다음과 같이 설명했다:

> [현존재]가 물리적 · 심리적 · 정신적 실재로 "구성되어 있는지" 그리고 이러한 실재들이 어떻게 규정되어야 하는지는 여기서 전혀 문제가 되지 않는다. … 규정해야 할 것은 이 존재자의 외적 현상이 아니라, *처음부터 끝까지 그 존재 방식이며, 그것이 무엇으로 구성되는가가 아니라 그 존재 방식의 성격들*이다(HCT, 154, 강조 추가).

이러한 관점에서 보면, 현존재는 예를 들면, 심리적 · 물질적 구성, 관찰 가능한 행동, 신경학적 혹은 유전적 구조 등과 같은 성격을 지닌 무엇으로서 객관적으로 현존하는 실체가 아니다. 오히려 이미 사회적 · 역사적 의미 맥락 속에 있으면서, 관계적 맥락에서 "존재하는 것"으로 이해되며, 자기 존재에 대한 암묵적 심려와 배려를 체험해 나가는 자기-해석적 활동 혹은 존재 방식이다.

하이데거의 현상학적 방법이란 우리의 일상적 존재 방식, 즉 존재에 대한 일인칭적, "실존적"(*existentiell*) 이해에서 출발하는 것이다. 그에 따르면, "실존의 문제는 오직 실존하고 있음 그 자체를 빼고서는 파악될 수 없다. 이러한 방식의 자기 이해를 우리는 '실존적'이라고 부른다"(BT, 33). 이러한 실존적 탐구의 일차적 목적은, *어떠한* 존재 이해도 성립할 수 있게 하는 본질적인 구성의 구조(혹은 *실존구조*)를 밝혀내는 데 있다. 이는 인간존재와 우리의 일상적 이해 · 해석 활동이 "심려"(*Sorge*)에 의해 구조화되며, 통일된 심려-구조에 의해 가능해진다는 것을 뜻한다. 따라서 "구조적 총체로서 세계-내-존재의 총체성은 심려로서 드러난다"(BT, 231). 하이데거에게 이러한 구조들은 사물들이 의미를 지니며 이해 가능한 방식으로 스스로 드러나는 조건을 마련하는 매개적 지평을 이룬다. 우리의 자기 이해가 어떤 방식으로 구성되고 구조화되는지를 밝히는 일은 정신병리의 주관적 경험을 조명하는 데 필수적이다. 정신질환을 이해하기 위해서는 인간이 세계와 자신을 이해하는 심층적 구조(존재론적 구조)를 먼저 밝혀야 한다. 왜냐하면 정신질환이 발생하면 이러한 구조들이 흔들리거나 붕괴하며, 이 때문에 존재 자체에 대한 우리의 근원적인 이해가 손상되는 양상이 드러나기 때문이다. 이제 하이데거가 생각하는 우리의 구조적 구성과 그 구성이 정신병리와 어떠한 연관이 있는지에 대해 간략히 살펴볼 수 있다.

기분

하이데거가 정신병리학에 기여한 가장 독창적이며 영향력 있는 것은 "기분"(*Stimmungen*)에 대한 분석이다. 하이데거는 우리가 세계와 정서적으로 얽혀 있는 방식을 드러내는 현상이 곧 기분이라는 사실을 통해, 전통적인 내면/외면의 구분을 해체했다. 그는 『존재와 시간』에서 다음과 같이 이야기했다. "기분은 우리를 엄습한다. 기분은 '밖'에서 오지도 '안'에서 오지도 않으며, 세계-내-존재로부터 솟아난다… … 기분을 갖는다는 것은 심리적인 것과 관련되지 않으며 … 어떤 내적 상태가 수수께끼 같은 방식으로 밖으로 뻗어나가 사물과 사람들 위에 흔적을 남기는 것이 아니다"(BT, 137). 하이데거에게 기분은 우리 내부에서 일어나는 개별적 감각이나 느낌으로 이해되는 것이 아니다. 기분은 세계-내-존재의 체화된 방식으로서 우리는 이미 세계 속에서 바깥을 향해 열려 있고, 함께 살아가는 삶이라는 맥락 속에 자리하며 얽히고설켜 있다. 기분에는 그 어떤 안/밖의 구분도 성립하지 않는다.

> 기분은 단순히 자신의 내면에서 생기는 감정이 아니다. 기분은 무엇보다 이러저러한 방식으로 기분에 맞춰짐이며, 기분은 우리가 세계와 조화되거나 조율된 방식으로 있다. 우리가 항상 이미 자기 밖에 있음, 즉 세계 속에 열려 있음을 드러내는 존재론적 구조이다(N 99).

이러한 관점에서 보면 기분은 인간 경험과 관련된 우연한 것, 덧없는 것이 아니다. 오히려 기분은 인간존재를 구성하는 조건이며, 우리는 구조적으로 세계에 대해 언제나 어떤 방식으로든 "기분"으로 "분위기에 따르는"(*stimmungsmässigen*) 방식으로 있다.[4] 하이데거는 이 구조를 처해 있음(*Befindlichkeit*)이라 부르는데, 이는 번역이 쉽지 않은 용어로, 때로는 "정황성", "처소성", "심적 상태" 등으로 옮겨지지만, 인간이 세계 속에서 언제나 어떤 상황에 놓여 있음, 다시 말해 우리가 늘 어떤 세계-상황 속에서 자신

---

4 바로 이 사실이 하이데거가 다음과 같이 말한 이유이다: "기분이 악화하거나 시간이 지나면서 변화할 수 있다는 사실은 모든 경우에 현존재가 언제나 어떤 기분을 가지고 있다는 것을 의미할 뿐이다"(BT, 134).

을 "발견한다"(*finden*)는 의미에서 "상황적 처해 있음"으로 번역하는 것이 가장 적절하다. 이 상황적 처해 있음 속에서 사람·문화적 관행·자연현상·도구 등은 특정한 방식으로 우리에게 정서적으로 "의미 있게 다가오며"(*angehen*) 영향을 미친다.[5] 폭풍우에 *두려움*을, 긴 강의에 *무료함*을, 다가오는 스키 여행에 *기대*를 하는 것처럼 우리는 이미 의미 세계 속에 복잡하게 얽힌 존재로서 기분 없이 존재할 수 없다.

그러나 바로 여기서 하이데거의 논의가 지니는 하나의 한계가 드러난다. 그 한계란 다양한 기분 상태, 즉 그가 "처해 있음의 양상"(*Modi der Befindlichkeit*)이라 부르는 것들의 세부적 차이와 다양성을 충분히 설명하지 못했다는 것이다. 실제로 하이데거는 『존재와 시간』에서 이러한 문제를 거의 우회하며 다음과 같이 말했다. "처해 있음의 다양한 모습들과 그것들이 근본적으로 서로 어떻게 얽혀 있는가는 현재의 탐구 문제 틀에서는 해석될 수 없다"(BT, 138, 번역 수정). 이는 정신병리학적 관점에서 볼 때 문제가 있다. 왜냐하면 기분 상태들 사이에는 중요한 질적·경험적 차이가 존재하기 때문이다(Ratcliffe 2013 참조). 특히 감정과 기분을 구분할 때 이

---

5 처해있음(*Befindlichkeit*)은 *befinden*("어떤 상태나 상황에 처해 있다/자신이 어디에 있는지를 파악하다")에서 파생된 말로, 일상적인 표현인 "Wie befinden Sie sich?"—즉 "잘 지내십니까?" 혹은 문자 그대로는 "당신은 자신을 어떻게(*finden*) 발견하고 있습니까?"—에서 볼 수 있다. 이 개념은 다양한 방식으로 번역됐는데, 예를 들어 "마음 상태(state-of-mind)," "영향받음(affectedness)"(Dreyfus 1991), "성향(disposition)"(Wrathall 2001), "발견됨/발견성(findingness)"(Haugeland 2013) 등이 있다. 여기서는 나는 Guignon(1984)의 번역을 따라 "상황성(situatedness)"이라 옮기는데, 이는 세계적 맥락이나 상황 속에 정서적으로 얽혀 있는 상태를 가장 잘 포착한다고 생각하기 때문이다. 이 용어의 다양한 사용과 번역에 관한 훌륭한 논의는 Elpidourou & Freeman(2015)를 참고할 것.

러한 문제가 두드러진다. 감정은 대체로 지향성이 있는데, 특정 대상·사건·상황을 향해 "~의" 혹은 "~에 대한" 것이라는 성격을 지닌다. 감정에는 비교적 명확한 원인이 있으며, 강렬하고, 집중적이며, 지속 시간도 짧다. 반면 기분은 더 지속적이고, 확산적이며, 비규정적이다. 기분은 특정한 대상에 지향되지 않고 *세계 전체*를 향한다. 기분은 분위기·전반적인 정서 상태에 가깝기에, 우리의 지각 또는 인식의 지평 전체를 물들이고 열어젖히는 방식으로 작용한다(Stanghellini & Rosfort 2013). 기분은 미세하고 확산적이며 분위기와 같은 심층적인 정서적 상태에 가깝다. 이 때문에 하이데거는 다음과 같이 말했다. "기분은 부차적인 것이 아니라, 우리에 앞서서 서로-함께-존재를 규정하는 것이다. 기분은 마치 언제나 이미 거기에 '있는' 것처럼 보인다. … 우리가 매번 자신을 잠기게 되는 분위기와 같으며, 그 분위기가 우리 전체를 계속해서 조율한다"(FCM, 67). 따라서 정신병리의 본성을 탐구할 때는 서로 다른 정서적 상태들을 구분하는 데 주의해야 한다. 예를 들어, 무언가에 대해 우울하거나 불안한 사람과, *전체적으로* 우울하고 불안한 사람은 근본적으로 다르다. 후자의 우울이나 불안은 어떤 특정한 감정이 아니라, 정서적으로 경험할 수 있게 만드는 선험적 배경, 즉 선험적 지평을 이루는 것이다. 이런 의미에서 기분은 단순히 일반화된 또는 확산된 감정이 아니라, 감정이 성립할 수 있는 조건이며, 무엇인가를 정서적으로 느끼게 하는 근원적 토대이다(Fuchs 2013a).[6] 이후의 장들에서 보겠

6 건강한 상태에서 일상생활을 하고 있을 때, 우리는 이러한 "문제가 되는" 배경적 감각을 너무 가깝고 친숙한 나머지, 의식하지 못할 정도로 느끼지 못한다. 이는 심리학자와 정신과 의사들에게 흥미로운 주제라고 할 수 있는데, 기분이 일반적으로 선 반성적

지만, 정신질환에서 드러나는 것은 종종 감정이 아니라 바로 기분이다.

체현

하이데거의 처해 있음(*Befindlichkeit*) 개념이 어떻게 내적/외적 구분을 해체하는지를 이해하는 하나의 방법은 래트클리프(Matthew Ratcliffe)가 "실존적 감정"(existential feeling)이라고 부르는 것, 즉 "신체적 느낌"이면서 동시에 "세계 속에서 자신을 발견하는 방식"(2008, 2)을 파악하는 것이다. 기분과 마찬가지로 실존적 감정은 세계의 특정 대상이나 특정 상황을 향해 있는 것이 아니며, 오히려 경험을 구조화하는 배경적 지향성 또는 움켜쥠(grip)으로 기능한다. 우리가 건강할 때는 이러한 매개적 움켜쥠은 은폐된 채 드러나지 않는데, 이는 우리가 배경적 지향성 혹은 움켜쥠을 의식적으로 자각하지 못한다는 의미이다. 건강이라는 실존적 감정은 건강할 때는 드러나지 않는다. 그것은 세계와의 눈에 띄지 않는 연결인데, 우리는 건강할 때 막힘없이 생활하고, 도구를 다루며, 타자와 관계 맺고, 일상적 과업을 수행한다. 이 상태에서 나의 몸은 눈에 띄는 "물리적 신체"(*Körper*)로 두드

(prereflective) 방식, 즉 "모든 인지와 의지에 앞서, 그리고 그것들이 드러낼 수 있는 범위를 넘어"(BT, 136) 우리에게 개시되기 때문이다. 우리는 기분의 배후로 돌아가 기분을 분리된 객관적 관점에서 검토할 수 없다. 왜냐하면 이러한 무정서적이고 거리를 둔 관점 자체가 이미 하나의 기분이기 때문이다. 따라서 정신병리(psychopathology)의 생활세계적 경험과 그 의미에 접근하는 최선의 방법은, 방법론적으로 이탈하는 태도를 취하는 것이 아니라, 현상학적 접근, 즉 처해 있음의 정서적 · 지향적 구조가 어떻게 교란되거나 붕괴되는지를 보여주는 일인칭 서술에 주의를 기울이는 것이다.

러지지 않는다. 오히려 나의 몸은 "살아 있는 몸"(*Leib*)이자, 세계에 관여하고 체험하는 살아 있는 매개이지만, 이러한 자발적 수행과 흐름 속에서 그런 몸은 마치 보이지 않은 상태로 있다(Aho & Aho 2008; Gadamer 1996; Leder 1990; Sveneaus 2000).

사실, 하이데거는 『존재와 시간』에서 체현된 현존재에 대한 깊이 있는 분석을 제공하지 않았다. 하이데거는 "[현존재의] '신체성'(*Leiblichkeit*)이 자신의 총체적인 문제를 감추고 있다"는 사실을 알고 있었지만, 그는 『존재와 시간』에서 그러한 "신체성을 깊이 있게 다루지 않을 것이다"(BT, 108; cf. Aho 2009)라고 말했다. 하지만 다른 저술들, 특히 『졸리콘 세미나』(1959-1969)에 기반한 글들을 보면, 하이데거가 체화된 신체성을 인간존재의 구성적 구조로 파악하고 있음이 분명하다. 이 세미나에서 그는 "모든 존재, 우리의 모든 행동은 필연적으로 신체적(*leiblich*) 행위이며", "신체적으로 행위함(*leiben*)이라는 것은 세계-내-존재의 구성에 속한다"(ZS1, 206, 200)고 명확히 강조했다.

"생명"(*Leben*)과 "체험"(*Erlebnis*)이라는 독일어와 어원을 공유하는 "살아 있는 몸"(*Leib*)은 우리가 "소유"할 수 있는, 즉 방법론적으로 떨어져 관찰할 수 있는 대상이 아니다. 그래서 하이데거는 "몸의 문제"(*Leibproblem*)는 무엇보다 방법의 문제'라고 말한다(ZS2, 472). "살아 있는 몸(*Leib*), 그런 신체는 항상 *나의 몸이다*"(ZS2, 409). 나의 몸은 인식 주체의 이론적 응시로 충족되는 하나의 객체가 아니라, 이미 실천적인 생활 세계 속에 얽혀 있는 것이다. 이러한 감각적 얽힘 때문에, 우리는 이미 몸에 기초해 세계 속에서 지각적으로 자리하며 방향 지어진 존재로 실존한다. 자기 몸을 세계와 분리된 하나의 객체로 파악하기란 어려운 일이다. 그래서 하이데거는 다음과 같이 말한다. "우리는 칼을 칼집에 넣어서 다니듯이 몸을 '가지고 있지' 않다. 몸은 단순히 우리를 따라다니는 자연적 신체도 아니다. … 우리는 몸을 '가지고 있지' 않고, 오히려 '몸으로서 존재한다' … 우리는 살아 있는 존재이다"(N, 99). 자기 몸의 질적 경험을 이해하기 위해, 하이데거는 정신과 의사들이 "우리의 실존적 신체 존재(*existenzielles Leiblichsein*)를 무생물적으로 단순하게 있는 신체적 대상(*Körperhaftigkeit*)으로 혼동해서는 안 된다"라고 강조했다(ZS1, 233). 자연주의적·과학적 설명이 나를 "육체적 사물"로 규정하기에 앞서, 나는 이미 상황적이고 정서적이며 체현된 방식으로 세계-내-존재의 방식으로 *실존한다*. 따라서 "마지막 근육 섬유와 가장 은밀한 호르몬 분자에 이르기까지 우리가 '신체성'이라 부르는 모든 것은 [이미] 실존함에 속한다"(ZS1, 232). 이런 관점에서, 나의 몸은 책상이나 의자처럼 특정한 시간·공간을 점유하며 "여기" 있는 것이 아니다. 객관적 대상으로서 물리적인 몸(*Körper*)과 달리, 살아 있는 몸(*Leib*)은 "피부에서 멈추지 않는다"(ZS1, 86). 나의 몸은 이미 *바깥으로 뻗어* 있으며, 나를 둘러싼 환경에서 원활하게 활동하는 한, 이 몸은 공유된 세계 속으로 확장된 신체로 있다.

그러나 정신질환 삽화에서 살아 있는 몸의 매개적 활동은 종종 붕괴하거나 파괴되며, 일상을 유지하는 것이 어려워진다. 예컨대 우울증에 대한 일인칭 관점은 대체로 "움직일 수 없음," "얼어붙음," "굳어짐," "마비됨"을 느낀다고 드러난다(Fuchs 2005a; Karp 1996). 손쉽게 이어 가던 일상이 무너지면, 나의 몸은 장애물이나 짐처럼 느껴지며, 서툴고 무기력한 무거운 대상으로 나타난다. 이 상태에서 고통을 경험하는 자는 일상적 흐름 속에서는 감춰져 있던 신체 현상들—숨 쉴 때 가슴의 조임, 심장박동의 가속, 메스

꺼움, 관절의 통증, 머리의 압박감이나 둔한 통증–에 예민하게 반응하게
된다(Ratcliffe 2015). 심할 때는 몸이 "이인증"(depersonalization) 혹은 "비현실
감"(derealization) 상태로 묘사되어, 자기 자신에게 속하지 않는 것처럼 느껴
지고, "비현실적이고," "낯설고" 심지어 "죽은 것처럼" 느껴지기도 한다. 공
황 불안처럼, 환자는 자기 몸이나 미각 · 후각 · 촉각 같은 감각을 더 이상
느끼지 못할 수 있다(APA 2013, 214). 이러한 상태로 우리가 자신의 신체성
을 경험할 때, 지각과 감각 운동 기능, 그리고 몸의 움직임은 점점 억제되
고 제한되며, 생활공간도 붕괴하기 시작하며, 그 결과 말하는 것이 어눌해
지며, 머리를 숙임, 어깨를 떨어뜨림, 느리고 무거운 보행과 같은 자세 변
화도 나타난다(Fuchs 2005a).

공간성

우리의 몸이 체험하는 실존이라는 관점에서 볼 때, 세계는 단순히 공간
을 차지하는 상자와 같은 것으로 이해될 수 없다. 세계란 오히려 "사실적
현존재가 그 자체로 '살고 있는' 그 '안'"(BT, 65)을 뜻한다. 따라서 현존재가
세계-내-존재로 이해된다는 것은 그런 현존재가 단순히 물리적 공간과 같
은 상자 속에 있는 대상을 뜻하는 것이 아니다. 하이데거는 삶이라는 의미
맥락 속에서 이루어지는 일상적 친숙함과 관계를 강조했다. 상황에 따라
관계를 맺는 방식으로 존재하는 나는 물리적 사물처럼 단순히 공간을 점
유하는 존재로 있지 않다. 내가 지향하는 방향과 움직임은 경험의 지각 범
위이자 지평(horizon)으로서 공간을 구성한다. 이와 관련하여 하이데거는

다음과 같이 설명했다.

> 나는 공간을 점유함으로써 걷는다. 탁자는 나와 같은 방식으로 공간을 점유하지 않는다. 인간은 자신을 위해 공간을 만든다. 인간은 공간이 있게 한다. 예를 들면, 내가 움직일 때, 지평은 물러난다. 인간존재는 지평과 함께 움직인다(ZS1, 16).

하이데거의 관점을 따를 때 살아 있는 몸은 세계-내의 사물들을 접하고 다루는 경험적 지평이며, "내가 관여하는 정도에 따라 끊임없이 변화한다"(ZS1, 87). 이러한 체현된 지향성은 사물을 파악하게 하고, 일상에서 우리가 관심 두는 것들을 우리에게 가까이 오게 한다. 하이데거는 이러한 능력을 "거리-없앰"(*Entfernung*)이라 부르는데, 이는 측정 가능한 거리와는 아무 관련이 없다(BT, 102). 체현의 관점에서 거리란 사물들 사이의 외적·기하학적 관계를 뜻하는 것이 아니라, 세계-내-존재의 일상적 친숙성을 가리킨다. 이러한 거리 개념은 측정 기준에서 보면 "부정확"(*ungenau*)하고 "가변적"(*schwankend*)이지만, 일상성의 맥락에서는 전적으로 이해될 수 있는 것이다(BT, 105). 게다가 하이데거는 객관적 거리든 측정 가능성이든 이들은 오히려 현존재의 구조적 (혹은 *실존론적*) 특성, 즉 거리-없앰에 의존한다고 주장했다. "거리-없앰은 *실존론적*이다. … 대상들은 현존재에게 '거리-벌어짐'(*Entferntheit*) 속에서 드러나는 경우에 한하여, 비로소 다른 사물들에 대한 거리들도 드러난다"(BT, 105, 번역 수정).

하이데거에게 "몸이 공간적(*raumhaft*)이라는 것은 공간 구성(*Raumkonstitution*)의 방식에 따른다"(ZS2, 426)는 의미이다. 내가 건강할 때, 거리-없앰의 구성 능력은 열려 있고 확장적이다. 다시 말해 나는 관심의 영역으로 사물들을 자연스럽게 끌어당기며 일상적 관계 속에서 공간을 개방하고 확장한다. 그러나 정신질환의 국면에서는 당연하게 여겨지는 공간 구성의 구조가 붕괴될 수 있다. 이때 거리-없앰의 구조는 손상되며, 나의 관심의 영역은 축소된다. 이러한 상황에서는 사물을 다루는 것도, 사회적 상황에서 타자와 조율하는 것도, "~하기 위한"(um-zu) 과업을 수행하는 것도 어려워진다. 세계는 더 이상 탐색 가능한, 친숙한 집과 같은 곳이 아니라, 두렵고, 적대적이며, "섬뜩한"(unheimlich) 것으로 드러난다. 이러한 붕괴의 상태에서, 나는 자신을 무력하고, 무능하며, 의존적이라고 보게 된다. 즉, 더 이상 내 삶의 친숙한 장(場)을 구성하는 자로서 "공간을 만들어 내는" 존재가 아니라, 단지 소외된 육체적 사물로서 공간을 점유하고 있을 뿐이라고 느끼게 된다.

관계성

우리는 이미 공공의 세계 속에 얽히고설킨 존재이다. 우리의 존재 방식은 언제나 관계적이며 상호 주관적이다. 이는 현존재가 고립된 자족적 "나"(I)가 아니라는 뜻이다. 오히려 인간존재는 근본적으로 공유되고 공동적이라는 사실을 확인하는 공존재라는 용어에 가깝다. 따라서 세계-내-존재는 언제나 이미 "타자들과-더불어-존재함"(Mit-dasein)이다. 그렇게 공존재로 존재하는 상황에서 나는 내가 누구이며 무엇이 나에게 중요한지를 언제나 타자와의 관계에서 이해할 수 있다. 이러한 관계적 존재론은 나의 정체성 혹은 자기 해석이 타자들이 나를 어떻게 이해하고 지각하는가에 의해 형성된다는 점을 시사한다. 이러한 맥락에서 정신병리학은 종종 낙인찍힌 정체성(cf. Goffman 1963)을 만들어 낸다. 불안 · 서툰 행동 · 위축된 움직임 등이 그런 낙인의 사례인데, 이는 사회질서와 일상의 자연스런 흐름을 교란하는 것으로 간주되고, 이러한 교란은 다시 고통받는 개인에게 해당하는 것으로 이해된다. 타자들의 부정적인 판단은 이미 고통받는 개인의 저하된 인지적 · 감각적 운동 능력과 일상적 상황의 역량을 더욱 악화시킬 뿐 아니라, 고통을 겪는 사람들을 낙인찍으며 그들을 부정적으로 규정짓는다. 이에 더해 고통받는 개인들 역시 자기 자신에 대한 이해를 이러한 부정적 맥락에서 형성한다. 이것이 하이데거가 "일상인(*das Man*)의 실질적 독재"라고 부르는 것이며, 그가 "현존재는 일상적 함께-존재함 속에서 타자들에게 복종(*Botmässigkeit*)해 있다"(BT, 126)고 말하는 이유이다. 기분이 공공의 세계 속에서 우리 자신을 어떻게 발견하는지를 드러낸다는 사실은, 타자가 우리에게 행사하는 암묵적 권력이 얼마나 크며, 결국 "[우리가] 누구인지에 대한 답을 제공하는"(BT, 128, 강조는 인용자) 방식이 무엇인지를 알린다.

자기를 관계성으로 이해하는 이러한 관점은 생물학적 정신의학에 대한 현상학적 비판을 강화한다. 정신질환은 개인의 마음이나 뇌 속에 있는 개별적 상태를 가리키는 것이 아니다. 오히려 정신질환은 건강과 정상성과 관련하여 이미 형성된 사회적 기대를 교란하는 의미에 대한 공적인 표현이다. 다른 의학적 조건과 달리, 특히 이러한 교란은 고통의 근원이 물리적으로 가시화되지 않는다는 사실로 인해 더욱 복잡해진다. 예컨대 휠체어나 신체적 병변, 깁스나 지팡이처럼 고통을 가리키는 표지가 없을 때,

고통받는 개인은 자신의 질병이 "실재하지 않는다"는 이유로, 혹은 "마음 속에 있을 뿐"이라거나, 더 나아가 "도덕적 결함" 때문이라는 명목으로 낙인찍히고 신뢰를 상실할 수 있다(Aho and Aho 2008, 111-114). 이러한 경험은 수치심·죄책감·고립된 행동을 일으키며, 정신 건강을 더욱 악화시키는 하향적 소용돌이로 이어질 수 있다(Fuchs 2003).

시간성

정신병리가 시간 경험을 어떻게 왜곡하는가에 대해서는 이미 많은 논의 가 이루어져 있다. 생리적 차원에서 정신병리는 신체의 자연적 리듬의 균 형을 교란하는 "비동조화"(desynchronization)를 초래할 수 있다(Fuchs 2006). 이는 수면이나 생리 주기·소화·체온 조절·식욕·성적 욕구와 같은 신 체적 흐름에 영향을 미치며, 더 나아가 계절적·환경적 리듬의 불일치에 서 비롯되는 정서적 장애까지 확대될 수 있다. 사회적 차원에서 비동조화 는 사회생활의 시간으로부터의 단절감을 일으킬 수 있다. 즉, 일과 가족· 친구와의 상호작용에서 요구되는 사회 생활과 대립하는 무기력감과 둔화 한 인지 기능을 드러낼 수 있는 것이다. 현대 생활의 빠른 속도와 과도한 의무들로 인해 "압도된다", "따라갈 수 없다", "스트레스를 받는다"는 느낌 은 흔히 보고되는 경험이다(Levine 1997; 2005). 이러한 현상은 관계의 안정 성과 정서적 지지 체계를 약화하며, 이는 결국 고립감과 외로움의 경험을 더욱 악화시킬 수 있다.

그러나 하이데거의 현존재 분석은 비동조화의 생리적·사회적 측면을 넘어서는, 더 깊은 차원의 시간적 파열을 지적한다. 그것은 바로 실존의 수축 혹은 폐쇄에 대한 경험이다. 하이데거에 따르면, 우리가 흔히 시간이라고 부르는, 즉 외적으로 나열되는 "지금"의 연속(예: 시계 시간)은 사실 "원초적 시간성"(*ursprüngliche Zeitlichkeit*)으로부터 파생된 것이다. 하이데거는 전통적인 철학적 질문, 즉 "시간이란 무엇인가?"는 잘못 제기된 질문이라고 지적했다. 그가 보기에 더 적절한 질문은 "시간은 누구인가(Who is time)?"이며(CT, 22), 그 답은 바로 현존재이다. 하이데거에게 인간존재는 과거로 뻗어 나가고 미래에 열려 있는 지평적 다수성(horizonal manifold)으로서 시간이다. 그는 이러한 구조를 "피투된 기투"(*geworfener Entwurf*)라고 불렀는데, 이는 현재 속에서 우리가 특정 상황(과거)에 "이미-그러한 방식으로 있었음"(*Gewesenheit*)으로 던져져 있으며, 바로 이러한 배경 위에서 미래의 가능성들을 기투한다는 의미이다. 다시 말해, 현존재는 *아직-아님*(미래성)인 동시에 *이미-있었음*(과거성)이며, 우리가 기획하는 미래의 가능성들은 언제나 우리에게 던져진 사회적·역사적 상황에 의해 매개된다(BP, 265). 이러한 점에서 인간 실존의 의미를 파악하기 위해 하이데거는 그리스어 탈자태(*Ekstatikon*)의 원래 의미를 회복해야 한다고 강조했다. 우리의 시간적 구성은 탈자적(ex-static)인데, 이는 문자 그대로 미래를 향해 "앞서 달려감"(*vorlaufen*)으로써 "밖"(*ex*)으로 "서 있음"(*stasis*), 즉 *아직-아닌* 역사적으로 상황 지어진 가능성들 속으로 나아간다는 의미이다. 그래서 "시간성은 원초적 '자기-밖-있음'이며, 즉 탈자적(ekstatikon)이다"(BP, 267).

다른 동물들과 구별되게 현존재의 실존은 시간성으로 구성되어 있으며, 이러한 시간성의 탈자적 통일은 존재자들이 자신을 드러낼 수 있는 개시적 지평—즉 현존재의 "거기"(*Da*)—를 열어 준다. 하이데거가 "시간성의 탈자적 통일은 … '거기'로서 실존하는 존재자가 있을 수 있는 가능성의 조건이다"(BT, 350)라고 말하는 이유도 여기에 있다. 정신질환은 이러한 시간적 통일을 붕괴시키고, 가능성의 지평으로서의 미래를 닫아 버릴 수 있다. 그 결과 개인은 현재에 갇힌 듯한 느낌을 종종 경험하게 된다(Fuchs 2005a). 이러한 시간의 붕괴는 시간의 "느려짐" "끌리는 듯함" 혹은 "정지"로 묘사되며(Levine 2005; Ratcliffe 2015), 이는 나 자신의 자기 이해를 어렵게 만든다. 즉, 내가 누구인지 구성하고 나의 정체성을 지탱하는 의미 있는 목적, 혹은 "무엇을 위해"(*das Worumwillen*)라는 미래를 향해 기획하는 일이 불가능해진다. 이러한 시간적 파열은 인간 경험의 마지막 구조, 즉 하이데거가 "이해"(*Verstehen*)라고 부른 것의 파열을 일으킨다.

이해

탈자적 시간성이 수축하거나 폐쇄될 때, 인간은 자기결정의 능력-즉 자신의 상황을 해석하고 의미를 부여하는 능력-을 상실하게 되며, 그에 따른 이해의 경험적 구조도 붕괴된다. 하이데거에게 "*실존한다는 것은 본질적으로 … 이해하는 것이다*"(BP, 276, 필자 강조)라는 명제는 선 반성적 이해 능력이 언제나 생의학적 환원주의가 전제하는 존재론보다 선행한다는 뜻이다. 이러한 이유로 그는 다음과 같이 말했다.

생리학과 생리학적 화학이 인간을 유기체로 과학적으로 설명할 수 있다는 사실은, 이 "유기적" 존재-, 즉 과학적으로 설명된 신체-, 안에 인간의 본질이 있다는 것을 증명하지 않는다. ⋯ 인간의 "본질"은-그 실존에 있다(LH, 228-229).

실존 혹은 이해가 인간존재의 본질이라는 주장은 하이데거의 현존재 분석을 특징짓는 핵심 요소이다. 그의 관점에서 자아는 선천적 본성이나 실체적 속성에 의해 구성되는 것이 아니라, 한편으로는 "현사실성"(*Faktizität*)에, 다른 한편으로는 "초월"(*Transcendenz*)이라는 지속적인 긴장 관계 속에서 구성된다. 이 긴장은 인간이 다른 동물들처럼 단순히 본능이나 생화학적 조건에 의해 필연적으로 행동하며 규정되는 존재가 아님을 보여준다. 오히려 나는 *나 자신을 위해* 실존하며, 나의 사실적 본성을 해석하고 의미를 부여함으로써 이를 "넘어서고," "초과하며," "초월하는"(*übersteigen*) 자기 구성적 존재이다. 이와 관련하여 하이데거는 다음과 같이 이야기했다:

> 현존재는 신체성을 통해 철저히 자연 속에 던져져 있[지만], 초월은 [자연]이 현존재에 의해 넘어선다는 사실에 놓여 있다. 다시 말해, 초월함으로써, 현존재는 자연을 넘어 있으며, 사실적 존재로서 여전히 자연에 둘러싸여 있으나, 초월하는, 즉 자유로운 존재로서 현존재는 자연에 대해 이질적이다(MFL, 166).

이 관점에서 나는 내가 기투한 사실적 상황을 해석하고 거기에 의미를 구성함으로써 나 자신이 누구인지를 이해하며 실존한다. 그러므로 초월은 현존재의 부수적인 속성이 아니라 필수적인 조건이다. "초월은 단지 가능한 여러 행위 방식 중 하나가 아니라 ⋯ 애초부터 현존재가 다른 존재자들과 관계 맺을 수 있게 해 주는 존재의 기본 구조"이다(MFL, 165). 따라서 이해는 자아의 구성적 조건이다. 이에 따라 하이데거는 "초월은 *자기성*을 구성한다"(EG, 108, 강조 필자)고 말했다. 그러나 정신질환의 발병은 이러한 이해 구조를 동요시키고 파괴하며, 나의 기획과 실존적 목적의 의미를 침식시키고 자기 창조의 능력을 흐리게 만든다. 이러한 상황에서 나는 더 이상 초월할 수 없게 되는데, 왜냐하면 미래가 의미 있는 가능성들로 가득 찬 확장적 지평으로 경험되지 않기 때문이다. 오히려 미래는 정서적으로 비워지고, "공허하며," "부정적이며," "무의미한" 협착된 검은 구멍처럼 느껴진다(cf. Karp 1996; Ratcliffe 2015). 심각한 구조적 붕괴의 경우에는, 우울과 불안에서 확인할 수 있듯, 이해가 전적으로 손상될 때, *자기 자신*으로 존*재*할 가능성 자체가 사라진다.

간단하게 살펴본 지금까지의 설명은 정신질환의 현상학적 특수성을 조명하며, 의학적 모델로서 정신의학의 한계를 드러낸다. 하이데거적 정신병리학에 따르면, 정신질환의 정서적 경험과 의미는 물질적인 신경학적 경로나 생화학적 과정에 존재하는 것이 아니다. 오히려 그것은 세계에 대한 나의 실존과 관계를 구성하는 구조 속에 얽혀 있다. 정신질환을 화학적 불균형이나 뇌질환으로만 보는 것은 의미를 창조하고 이를 해석하려는 노력과 장소적 존재로서 체험하며 고통받는 인격자를 간과하는 행위이다. 나는 *밖*으로 *터 있는 존재*로서 이미 고통의 이해 방식이 형성되어 있는 공동의 세계 속 의미의 그물망에 관여하며 살아가는 존재이다. 이 때문에 나의 질병은 나에게 특정한 의미가 있다. 이러한 공통 세계야말로 "모든 성숙한 현존재의 삶의 장소이며 … 모든 현존재 해석을 규정하는"(HCT, 246) 장(場)이다. 따라서 나의 경험이 나에게 중요하고 특정한 방식으로 느껴지는 이유는 신경학적·인지적 과정 때문이 아니라, 내가 '세계-내-존재'로 존재하기 때문이다. 이에 따라 이어지는 장들에서 우울과 불안의 현상학적 이해를 살펴보면, 세계와의 관계가 얼마나 심각하게 붕괴될 수 있는지, 경험과 존재 전체에 의미를 부여하는 능력을 가진 *존재*로서 살아가는 우리의 능력이 얼마나 심각하게 훼손될 수 있는지를 확인하게 될 것이다.

2장

우울증

: 신체, 기분, 자기의 붕괴

CONTEXTS OF SUFFERING

마르시아 앤젤(Marcia Angell)은 저명한 의사이자 *New England Journal of Medicine*의 전(前) 편집장이며, 『*New York Review of Books*』에 실린 두 편의 강도 높은 논평으로 생물학적 정신의학을 날카롭게 비판한 인물로 평가받는다.[1] 앤젤은 언론·제약 산업·의료 전문가들이 우울증 등 정신질환이 뇌의 화학적 불균형에서 비롯된다는 이론을 충분한 비판 없이 받아들인 결과, 오히려 정신 건강 위기를 초래했다고 주장했다. 그리고 이러한 불균형이 항우울제를 통해 교정될 수 있다는 생각을 사람들이 비판 없이 받아들인다고 지적했다.[2] 당연하게 예상되듯, 정신의학계 반응은 즉각

---

1   자신의 주장을 뒷받침하기 위해 앤젤은 1987년에서 2007년 사이 아동 정신질환이 35배 증가했으며, 미국인의 거의 절반이 DSM이 제시한 정신질환 진단 기준에 끼워 맞춰진다는 사실을 지적했다(Angell 2011a). 앤젤에 따르면 이러한 유행병적 증가에 기여한 요인 중 하나가 DSM의 진단 범주가 끊임없이 확대됐다는 것이다. 또 다른 요인은 DSM 편찬자 중 절반 이상이 제약회사와 재정적 이해관계를 맺고 있었다는 사실이다. 특히 기분 장애와 조현병 항목의 모든 기여자가 제약회사와 금전적 연관이 있었다는 점을 지적한다(Angell 2011b).

2   그 결과, 1987년 프로작(Prozac)이 도입된 이후 우울증 치료를 받은 사람의 수는 세 배로 증가했으며, "6세 이상 미국인의 약 10%가 항우울제를 복용하고 있다"라고 한다(Angell 2011a, 필자 강조). 앤젤은 이러한 사회적 확산에도 불구하고 화학적 불균형 이론은 한 번도 경험적으로 입증된 적이 없다고 주장한다. 또한 여러 연구에 따르면, 이러한 불균

적이었다. 피터 크레이머(Peter Kramer) · 존 올드햄(John Oldham) · 다니엘 칼랫(Daniel Carlat)과 같은 저명한 정신과 의사들은 앤젤이 우울증을 생화학적 장애로 보는 관점을 문제 삼은 것에 반박하며, 항우울제의 사용을 적극적으로 옹호했다. 예컨대 크레이머(2011)는 앤젤이 우울증의 의학적 정당성을 인정하는 데 소극적이라고 비판하면서, 항우울제의 장기적 효과와 건강 증진의 이점을 강조했다. 올드햄(2011)은 "화학적 불균형이 정신질환의 원인인지, 혹은 그 결과인지는 핵심이 아니다"라며 "중요한 것은 약물이 빈번하게 환자의 고통을 덜어 준다는 점이며, 그 때문에 의사들이 이를 처방하는 것이다"라고 주장했다. 또한 칼랫(2011)은 앤젤이 제시한 화학적 불균형 이론의 과학적 타당성에 대한 비판적 증거에도 불구하고, 항우울제의 "당혹스럽지만 명백한 진실은—전체적으로 볼 때, *그것들이 효과가 있다*"는 점이라고 강조했다. 그러나 이런 흥미로운 논쟁에서 한 가지 빠져 있었던 것은, 바로 우울증의 경험 그 자체—우울증과 함께 살아가며 실제로 정신과 약물을 복용하는 사람들의 경험—에 대한 비판적 성찰이었다. 환자의 일인칭 보고는 우울증에 접근하기 위한 중요한 통로임에도 불구하고, 효능 자료 · 통계 지표 · 인과 상관관계라는 양적 분석에만 의존하는 나머지 일인칭 경험에 대한 보고는 심각하게 간과되고 있다. 실제로 우

형을 치료하기 위해 사용되는 약물들은 이중맹검 임상시험에서 위약보다 약간 우수한 수준에 불과하다는 결과가 반복적으로 나타나고 있다. 문제를 더욱 복잡하게 만드는 사실은, 제약회사들이 긍정적 결과만을 의학 저널에 출판하고 부정적 결과는 대부분 공개하지 않는 경향이 있다는 점이다. 그러나 앤젤이 제기하는 가장 충격적인 주장은 항우울제의 장기 복용이 의료적 개입으로 유발된 일종의 의인성 뇌 손상(iatrogenic brain damage)을 초래할 수 있으며, 이는 신경 기능을 근본적으로 변화시켜 약물 중단을 극도로 어렵게 만들 수 있다는 것이다(2011a).

울증의 의학적 정당성에 관한 지속적 논쟁에서 핵심적인 문제 중 하나는, 개인 서사가 비과학적이고 단편적이라며 무시된다는 점이다. 그러나 이러한 일인칭 보고를 배제하는 것은 의료 전문가와 일반 대중이 우울증에 내재한 경험과 정서적 의미를 이해하는 것을 불가능하게 만든다.

사회과학자들은 이미 수년 전부터 이러한 일인칭 체험 보고를 활용해 왔다. 가령, 피터 브레긴(Peter Breggin, 1994)은 "정신약리학 복합체"(psychopharmaceutical complex)라고 부르는 구조를 비판하고, 역사적 조건과 사회경제적 요인이 어떻게 우울증 및 정신질환 발생률에 기여하는지 분석해 왔다(Blackman 2001; Fraser 2001; Kleinman and Good 1985; Rose 2007). 이 책 2장의 목적은 사회학적이 아니라 순수하게 현상학적이다. 즉, 필자는 사회학적 비판을 제시하거나 미국의 역학적 조건을 분석하려는 것이 아니다. 그 대신, 우울증이 어떠한 존재론적 전제 없이 스스로를 *어떻게 드러내는지* 즉, 그 경험이 어떻게 현상하는지를 탐구하고자 한다. 이를 통해 우울증을 겪는 개인이 세계를 어떻게 경험하고, 삶의 공간을 어떻게 통과하며, 자신을 어떻게 표현하고 이해하는지를 도출하고자 한다.

운동과 살아 있는 공간

1장에서 보았듯이, 정신질환을 현상학적 관점에서 접근하는 것은 신경화학적 모델이 지닌 한계를 드러내는 데 도움이 된다. 신경화학적 관점에 따르면, 우울증 환자는 인과적으로 결정된 신경 회로의 체계로 환원되며 모든 행동과 증상의 설명은 반드시 "뇌와 신경화학을 경유해야 한다"(Rose

2003, 57). 그러나 현상학은 이러한 설명이 지닌 문제를 폭로한다. 신경화학적 이해는 개인이 실제로 느끼는 감정과 경험에 대해 아무런 통찰을 제공하지 못한다는 것이다. 다시 말해, 현상학적 관점에서 개인은 인과적으로 결정된 "물리적 신체"(*Körper*)가 아니라, 정서적이고 체화하는 *존재 방식*으로 세계 속에 자리 잡은 "살아 있는 신체"(*Leib*)이다. 하이데거가 다음과 같이 말한 이유도 여기에 있다. "우리가 신체성을 지닌다는 것은 단순히 유기체로 존재한다는 것과 본질적으로 다르다. 자연과학이 신체에 대해 알고 있는 내용 대부분과 그 설명 방식은 신체를 단순한 자연적 신체로 *오해*한 데 기초한 규정들이다"(N, 99, 필자 강조). 신체는 "단순한 자연적 신체"(*bloßer natürlicher Körper*)가 아니다. 오히려 신체는 내가 지각하고 느끼며 타자와 상호 작용하고 세계를 이해하는 매개적 지평이다. 신체는 내가 *가지고 있는* 무엇이 아니라, 곧 나 자신이다.

정신 건강의 관점에서 살아 있는 신체가 지닌 역동적인 측면은 은폐되어 있다. 우리가 건강하고 일상의 활동에 몰두할 때, 우리는 자기 신체를 의식적으로 성찰하지 않아도 신체를 통해 세계를 살아간다. 이때 살아 있는 신체는 우리에게 투명하게 작동하며, 팔, 다리, 손·신체 전체는 도구를 다루고 사회적 관행에 자유롭게 참여하며 세계 속을 움직이는 실천에서 사라진다. 이러한 일상 활동 속에서 자아와 세계는 분리되지 않는다. 우리는 이미 특정한 상황 속에 얽혀 있기 때문이다. 예컨대 아침에 일어났을 때, 샤워하고, 옷을 입고, 커피를 내리는 행위들은 별다른 사고 없이 수행된다. 신체가 이미 이러한 움직임에 습관적으로 맞추어져 있으며 나를 앞으로 밀어 주기 때문이다. 즉, 세계 속에서의 우리의 일차적 지향은 의식이나 마음-신체 이원론보다 선행하는 선 반성적 행위와 실천이다. 메를로-

퐁티가 이 점을 다음과 같이 설명한 바 있다. "의식은 우선적으로 '나는 생각한다'(*I think that*)가 아니라, '나는 할 수 있다'(*I can*)이다"(1962, 137). 그리고 이 자발적 '할 수 있음'은 "신체 도식"(schéma corporel)이라고 부르는 것으로 구성된다. 이는 우리가 사물들에 대해 이미 가지고 있는 운동 감각-운동 파악력을 가리키며, 이를 통해 우리는 반성 이전에 세계를 헤쳐 나간다. 신체 도식은 우리의 움직임 · 보행 · 자세를 가능하게 하면서 동시에 제한하며, 우리의 다양한 활동에 비례하여 눈에 띄지 않게 작동한다.

우울증의 일인칭 보고에서 흥미로운 점은 이러한 매개적 신체 도식이 붕괴되며, 자연스러웠던 "나는 할 수 있다"(I can)가 무력한 "할 수 없다"(I can't)로 대체된다는 사실이다. 이는 신체와 세계 사이의 관계에서 손쉽게 만들던 행위의 결과들을 점차 할 수 없게 된다는 뜻이다. 신체는 점차 무겁게 느껴지고, 느려지며 당연하게 여기던 서 있기 · 움직이기 · 손을 뻗어 무언가를 잡는 능력 등이 교란된다. 그 결과 세계가 수축하고, 공간이 닫히며, 우울증 환자를 질식시키는 듯한 감각이 나타난다. 윌리엄 스타이런(William Styron)은 회고록 『보이는 어둠』에서 이를 다음과 같이 묘사했다. "반응 속도의 느려짐, 거의 마비 상태 … 기운이 빠지고, 고갈되고 … 숨 막히는 감금"(1990, 47, 50). 엘리자베스 워첼(Elizabeth Wurtzel) 역시 『프로작 네이션』에서 이렇게 썼다. "나는 이전과는 비교할 수 없을 정도로 내 몸 안에 갇혀 있다. … 나는 문자 그대로 움직일 수 없다"(1995, 2). 한 30대 초반의 남성은 운동 감각 기능이 약화되고 공간이 축소되면서 '마비를 일으키는 … [우울증이] 실제로 당신을 마비시키는'(Karp 1996, 29) 파국적 느낌을 경험한다고 말했다. 중년 여성은 이 감각을 '물 위에서 버둥거리다 [이후] 익사하는 느낌'이라고 표현하고, 40대 후반 여성은 '갇혀 있거나 철장 속에 있는 느낌'이 들며, 이는 "숨을 못 쉬는 듯한 질식감을 유발한다고, 숨이 꽉 막히는 느낌이다"(Karp 1996, 29)라고 증언했다. 그리고 우울증이 심각해질 수록 "할 수 없음"은 더욱 완전하고 전면적이게 된다. 한 중년 남성은 이를 다음과 같이 말했다:

정말로 우울할 [때]는 말이죠, 침실에 있는데 누군가가 방 건너편에 백만 달러가 있다고, 침대 끝에 발만 내리고 걸어가서 가져오기만 하면 된다고 말해도, 당신은 못 합니다. … 문자 그대로 못 합니다(Karp 1996, 30).

다른 이들은 신체 도식의 붕괴를 물리적 장애나 전적인 타인 의존으로 묘사한다. 한 20대 초반 여성은 다음과 같이 이야기했다: "내 병에서 가장 끔찍한 점은 때때로 누군가에게 의존해야 한다는 것입니다. … 이 병은 당신을 불구로 만듭니다. 정말로 불구로 만들 수 있어요. 당신을 기능하지 못하게 합니다"(Karp 1996, 31). 이러한 진술들은 신체와 세계 사이의 투명하고 매끄러운 연결이 어떻게 끊어지고, 우리의 신체성이 세계에 실천적으로 관여하는 것을 어떻게 방해하는지, 그런 신체가 어설프고 무거운 낯선 장애물처럼 어떻게 돌출되는지를 보여준다(Fuchs 2005c). 이 상태에서는 일상을 지탱하던 능숙함이 파괴되며, 감각 운동 반응이 느려질 뿐 아니라 세계 속에서 살아가는 능력이 약화된다. 여기에 더해 식욕, 성욕, 활력 등 이전에는 기쁨과 충족감을 주던 것들에 대한 욕구가 마비되는 경험이 따라온다. 30대 중반의 한 여성은 이를 다음과 같이 이야기했다.

예전에 내가 좋아하던 일들을 떠올려 봅니다. 먹는 것! 섹스! 책 읽기. 숲

속을 산책하는 일. 그런데 아무것도 떠오르지 않아요. 무언가를 하러 가서 즐거움을 느끼는 게 어떤 기분이었는지조차 기억할 수 없어요. 세계를 바라보면, 내가 할 수 있는 일들이 펼쳐졌지만, 그것들이 완전히 무의미해져요. 지렁이에게 그러하듯 나에게도 그렇습니다. … 그리고 끔찍한 정점에 이르게 되죠. 밖에는 나를 위해 존재하는 것이 아무것도 없기 때문에 움직일 이유가 전혀 없게 돼요(Karp 1996, 32).

이러한 의미 상실은 우울증의 또 다른 경험적 특징, 즉 세계로부터 정서적으로 영향을 받을 수 없는 능력 상실과 관련된다. 우울증 상태에서는 과거에 우리를 움직이게 했던 활동과 기획이 더 이상 우리에게 아무런 정서적 반향을 일으키지 않는다. 사실 일인칭 보고에서 반복되는 잔혹한 아이러니는 흔히 상상되는 압도적 슬픔·분노·비탄이 아니라, 오히려 "*아무것도 느끼지 못하는 느낌*"이다(Fuchs 2005c, 100). 이러한 정서적 결핍을 이해하기 위해, 우리는 하이데거가 기분에 대해 말한 내용을 다시 살펴봐야 한다.

깊은 권태로서 우울증

하이데거의 철학은 우울증의 정서적 차원을 탐구하는 데 특히 유용하다. 왜냐하면 그는 인간존재란 세계에 대해 무엇을 *알고 있는가*가 아니라, 세계 속에서의 나의 자리를 어떻게 *돌보고 있는가*에 의해 형성된다고 주장하기 때문이다(BT, 121). 다시 말해, 인간존재의 본질적 구조 중 하나인 "처해 있음"(*Befindlichkeit*)이라는 하이데거의 개념에 따르면, 우리는 언제나 중요하게 의미를 부여하는 상황 속에서 자신을 발견한다. 예를 들어 철학자로서 학계의 의미망 속에 몰두해 있는 필자에게 교수 정체성은 다른 사람과는 전혀 다른 방식으로 중요하다. 이러한 이유로, 하이데거에게 기분은 우리 *안에서* 일어나는 감정이나 심리 상태로 이해될 수 없다. 더 이상 내적, 외적 구분은 존재하지 않는다. 우리의 정서적 삶은 언제나 타자와 더불어 사는 맥락 속에 자리 잡고 있으며, 사회적 의미라는 색채를 띤다(BT, 136). 사실 기분은 우리가 이미 의미 맥락과 관계 맺고 있을 때에만 발견된다. 의미의 맥락 속에서만 우리는 특정한 방식으로 영향을 받고, 특정한 방식으로 세계를 경험하기 때문이다. 이런 관점에서 기분은 늘 우리의 등 뒤에서 작동하며, 세계 속에서 무엇이 중요한지, 특정 상황에서 무엇이 의미 있는지에 대한 암묵적 감각을 제공한다. 따라서 하이데거의 기분 개념은 우울증을 이해하는 데 도움이 된다. 기분은 특정 대상만이 아니라 모든 *것과*의 관계를 조율할 수 있기 때문이다.

하이데거는 우울증을 기분과 관련하여 직접적으로 다루지는 않았다. 다만, 1929/1930년 강의 『형이상학의 근본개념들』에서 제시한 그의 "권태"(*Langeweile*) 분석은 우울증에 걸린 사람이 세계에 정서적으로 어떻게 반응하는지에 관한 단서를 제공한다. 하이데거는 우선 일상적 권태와 "깊은 혹은 심오한 권태"(*tiefe Langeweile*) 경험을 구분한다. 일상적 권태는 기분보다 감정에 가깝다. 예를 들어 책, 영화, 강의처럼 특정한 무엇을 지루하다고 말할 수 있기 때문이다. 이 경우 나의 권태는 식별 가능한 것이다. 나는 그 자체로 *무엇에 대해* 권태로움을 느낀다(FCM, 128). 그런데 두 번째 유형의 권태는 더 은밀하고 미세한 형태이다. 예를 들어 파티에 가서 이야기·웃음·분위기에 빠져 있다가, 집에 돌아온 후 그 시간 내내 사실은 지루했다는 것을 깨닫는 경우이다. 특정한 요소 하나가 아니라 행사 전체가 "그저 시간을 죽였을 뿐"(FCM, 112)이다. 하이데거는 두 번째 권태의 유형이 첫 번째보다 더 근원적이고 기분에 가깝다고 말하는데 그 이유는 첫 번째와 유사한 감정이긴 하지만 더 은폐되어 있기 때문이다. 다만 책을 덮거나 파티를 떠나면 지루함도 사라지기 때문에 상황적이고 일시적이다. 그러나 "깊은 권태"는 이러한 지루함과 대비되는 것이다.

깊은, 즉 심오한 권태는 기분처럼 특정 대상이나 특정 상황을 지칭하지는 않는다. 오히려 그것은 "특정 상황이나 자신을 둘러싼 *개별 존재자*를 넘어서는 상태"이다(FCM, 137). 이 경험에서는 총체적으로 세계 전체가 지루해지며, 어떤 것도 의미 있게 다가오지 않는다. 하이데거는 "이 지루함 속에서는 그 어떤 것도 우리에게 호소하지 않는다. 모든 것은 다른 모든 것과 마찬가지로 가치가 있다거나 없을 뿐이다"(MSC, 50-51)라고 말했다. 정서적으로 아무런 감흥이 없는 이와 같은 상태에서는 무엇이 중요한지, 어떤 관계 · 목표 · 정체성이 의미가 있는지 구별할 수 없게 된다. 지루함은 "우리의 전 존재를 관통하고 조율하는 … 사악한 존재처럼 스며들며, 현존재 안에서 감흥이 없는 상태라는 괴물적 본성을 유지한다"(FCM, 79). 한 30대 초반 여성은 이를 다음과 같이 묘사했다. "인간이 소중하게 여기는 그 어떤 것도 더 이상 중요하지 않아요. … 음악, 웃음, 사랑, 섹스, 아이들, 토스트한 베이글, ≪뉴욕타임스≫ 일요판 그 무엇도요. 아무도, 아무것도 이 공허 속에 갇힌 사람에게 닿을 수 없어요"(Karp 1996, 24). 엘리자베스 워첼(Elizabeth Wurtzel)은 우울증을 "컴퓨터 프로그램이 완전히 꺼진 상태 … 정서도, 느낌도, 흥미도 완전히 사라진 상태"(1995, 21)라고 표현했다. 우울증은 세계의 정서적 광채를 탈색해 버리는데, 이 때문에 많은 일인칭 보고에서 "빛"과 "색"의 은유가 반복적으로 드러난다. 앤드루 솔로몬(Andrew Solomon)은 "우울증이 찾아오는 것은 시력을 잃는 것과 같으며, 처음에는 서서히, 이윽고 전면을 뒤덮는 어둠"이라고 보고했다(2001, 50). 한 20대 중반 여성은 다음과 같이 말했다.

> 그 모든 시간 동안 저는 계속 우울했어요. 좋은 날, 나쁜 날의 구분이 없었어요. 돌아보면 기억나는 사건이 없어요. 모든 것이 검게 보여요(Karp 1996, 33).

40대 초반 한 남성은 자신의 우울증을 "끝없이 지속되는 단색적 특징"(Karp 1996, 33)이라 말하며, 또 다른 30대 남성은 "검은 사고 과정이 지배하기 시작한다"(Karp 1996, 31)고 했다. 스타이런은 이를 "공포의 회색 이슬비"(grey drizzle of horror)라고 불렀다(1990, 50).

이 단색적 분위기 속에서 세계의 정서적 성질은 약화되고 비워진다. 살아 있고 따뜻하며 아름답던 것들이 죽은 것처럼 보인다. 한 30대 초반 여성은 이를 다음과 같이 말했다:

> 어떤 것에서도 기쁨을 느낄 수 없었어요. 결국 저를 무너뜨린 건 - 단풍 든 나무들을 보고도 아무렇지 않았다는 사실이었어요. 믿을 수가 없었어요. 거대한 붉은 단풍나무를 보면서도, "저기 있네, 단풍나무네. 주황색, 빨간색이네"라고 생각할 뿐, 제 안에서는 아무 감정도 일어나지 않았어요(Karp 1996, 61).

중증의 경우 이러한 정서 상실은 "현실감 상실"(derealization)이나 "이인증적 경험"(depersonalization)으로 이어지며, 자신이 실제로 존재하지 않는 것 같거나 세계가 비현실적으로 느껴진다(Fuchs 2005a). 수잔나 케이슨(Susanna Kaysen)은 "현실이 그 실체를 잃고 유령 같고 투명하며 믿기 어려운 것이 [되었다]"(2001, 43)고 했다. 윌리엄 제임스(William James)는 다음과 같은 우울증 환자의 진술을 인용했다. "나는 보고 듣지만, 사물들이 나에게 닿지 않는다. 나와 외부 세계 사이에 벽이 있는 것 같다"(Ratcliffe and Broome 2012, 367).

네덜란드 정신과 의사 피트 카이퍼(Piet Kuiper)는 자신의 배우자가 비현실적으로 느껴진 경험을 아래와 같이 묘사했다.

> 아내를 닮은 누군가가 내 곁을 걷고 있었고, 친구들이 나를 찾아왔다. … 모든 것이 평소와 같았다. 그러나 아내를 닮은 그 모습은 내가 그녀에게 해주지 못한 것들을 끊임없이 상기시켰다. … 겉으로 보기에는 정상적인 삶처럼 보이지만, 실제로는 그렇지 않았다(Fuchs 2005a, 113).

이러한 망상은 결국 자기 신체가 생기 없고 비현실적으로 느껴지는 지점까지 이어질 수 있다. 작가 달시 스텐케(Darcey Stenke)는 "내 몸은 책장이나 마룻바닥처럼 둔하고 죽은 것처럼 느껴졌다"(2001, 63)고 말했다. 또 다른 작가 조슈아 셴크(Joshua Shenk)는 자신의 감정 상실을 "탈구된 팔다리가 감정을 공유하는 것 같다"라고 표현했다(2001, 248-249).[3]

---

3 셴크(Shenk)는 우울증적 이인증(depersonalization)의 경험을 언어로 포착하는 것이 얼마나 어려운지 설명한다. 그는 이렇게 말한다. "'불행하다', '불안하다', '외롭다' 같은 단

이러한 일인칭 보고들은 우울증이 얼마나 심오하고 전면적인 단절의 경험인지 보여준다. 또한 항우울제의 역할을 이해하는 데도 도움을 주며, 이런 약물이 참으로 '행복한 약'인지 의문을 품게 한다. 물론, 예외도 있고 상황은 다를 수 있다(cf. Karp 2007). 지금까지 살핀 것과 다르게, 항우울제는 슬픔을 제거하지 않더라도 우울한 사람이 다시 세계에 돌아올 수 있게, 사물과 사건이 다시 의미를 갖게, 그리고 우울의 안개에 갇히지 않고 정서의 흐름 안팎을 오갈 수 있게 해 준다(Svenaeus 2007). 레슬리 도먼(Lesley Dorman)은 항우울제 졸로프트(Zoloft)가 자신의 감정을 무디게 하지도, 행복하게 만들지도 않았다고 말했다. 오히려 슬픔과 비탄을 왜곡되지 않고 비례적으로 느끼게 했으며, 순간적이고 세계 지향적인 정서로 경험할 수 있게 했다고 설명했다.

> 이제 나는 슬픔, 실망, 걱정과 같은 일상적 감정들로 들어갔다가 다시 나올 수 있는 능력에 경이로움을 느낍니다. 이러한 감정들이 지닌 순수함, 그리고 실제 삶의 사건들에 맞춰 느낄 수 있는 아름다움에 계속해서 놀라게 됩니다(2001, 241).

어들은 명백히 불충분해 보였고, '항상', '단 한순간도 쉬지 않고'와 같은 수식어들도 마찬가지였다. '기분이 나쁘다'거나 '나는 불행하다'와 같은 일상적 표현들은 지나치게 창백했다. '나의 영혼은 화상 입은 피부처럼 어떤 접촉에도 쑤신다', '나는 탈구된 사지의 정서적 등가물을 지니고 있다'와 같은 은유는 지나치게 요란하게 느껴졌다. 이런 표현들이 내가 얼마나 나빴는지를 암시할 수는 있었지만, 그것은 내가 되는 것, 즉 '나로서 느끼는 것이 어떠했는지'를 표현할 수는 없었다"(2001, 248-49).

토프라닐(Tofranil)을 복용한 40대 초반의 한 여성은 세계 속으로 다시 정서적으로 스며들 수 있게 된 경험을 "터널에서 빠져나오는 것 같다"라고 표현했다(Karp 1996, 96). 시인 제인 케년(Jane Kenyon)은 자신에게 맞는 약을 찾은 뒤, 사물들의 상황적 의미와 중요성이 되살아나는 경험을 다음과 같이 묘사했다.

> 우리는 새로운 약, 새로운 약의 조합을 시도했어요. 갑자기 나는 다시 나의 삶 속으로 들어갑니다. … 나는 다시 돌아갈 길을 찾을 수 있습니다. 예전에 우유와 기름을 사던 가게를 알아볼 수 있다는 것을 압니다. … 나는 그 집과 헛간, 갈퀴, 파란 컵과 접시들, 그리고 내가 그렇게 사랑했던 러시아 소설들을 기억해 냅니다(Hall 2001, 171).

이처럼 다시 세계로 돌아와 정서적으로 참여할 수 있는 능력은 자기성(selfhood)의 본질을 발견하게 한다. 긍정적 사례도 있는 만큼, 이 책은 약의 역할을 전면적으로 부정하지 않는다. 다만 주목해야 할 점은 우울증은 신체적 움직임과 정서적 힘을 교란함으로써 세계와의 관계를 파괴할 뿐만 아니라, 자기 자신을 *창조하고 구성하는* 인간만이 가진 독특한 능력을 약화시킨다는 사실이다. 하이데거의 실존적 현상학이 지속해서 강조하는 핵심 주제 중 하나는 인간을 객관적으로 존재하는 실체가 아니라, 상황 속에서 자기 자신을 해석하고 구성하는 *실존적* 활동의 관점에서 이해해야 한다는 점이다. 이것은 우리를 결정하는 어떤 "본질"이나 미리 주어진 본성이 근본적으로 존재하지 않는다는 뜻이다. 우리는 경험을 해석하고 의미를 부여하며 자신을 만들어 가는 존재이다. 하지만 우울증은 이러한 자기를 해석하는 능력을 약화시킬 수 있다.

초월의 문제

『존재와 시간』의 서두에서 하이데거는 인간존재가 다른 동물과 근본적으로 다른 방식으로 존재한다는 점을 강조했는데, 이를 "현존재의 '본질'은 그 실존에 놓여 있다"(BT, 42)라는 명제로 설명했다. 이 말은 우리가 누구인지를 결정하는 그 어떤 구성적 본질이 존재하지 않는다는 뜻이다. 물론 인간존재에 관한 일정한 "사실들"이 존재한다는 것을 부정하는 것이 아니다. 예컨대 나는 살아 있는 유기체이며 특정한 성(sex)을 가진 존재이고, 고유한 신경화학적 특징을 지니고 있으며, 특정한 지리적 장소에 살고, 교수·배우자·친구 등 특정한 맥락적 정체성을 체화하고 있다. 하이데거가 "사실성"(*Faktizität*)이라 부르는 것은 내 상황을 구성하며 일정한 한계와 제약을 부여한다(BT, 56). 그러나 하이데거는 현존재의 독특성이 여기에 있지 않다고 보았다. 그에 따르면 인간은 이러한 생리적·환경적 결정 요인에 기계적으로 혹은 본능적으로 반응하는 존재가 아니라, 그것을 해석하고 그것에 의미를 부여함으로써 "초월"하거나 "넘어서도록"(*übersteigen*) 구조화되어 있다. 다시 말해, 나는 나의 사실성에 대해 반성할 수 있고, 그것을 삶에서 어떻게 다루고 통합할 것인지 선택할 수 있다. 이러한 선택들은 내 삶에 방향성과 의미를 부여하며, 내가 앞으로 내리게 될 선택을 형성한다. 결국 우리는 다른 동물들처럼 사실성에 제약되지만, 동시에 사실성을 해석하고 그것에 의미를 부여함으로써 그것을 넘어서는 자기 해석적 존재이다. 그래서 하이데거는 다음과 같이 주장했다: "초월은 주체의 주체성을 이루는 원초적 구성이다. 주체는 주체인 한 초월한다. 초월하지 않는 주체는 주체일 수 없다"(MFL, 165).

이 관점을 따른다면, 내가 우울증을 겪고 있을 때, 사실성의 측면은 필연적으로 나를 제약하고, 미래의 가능성을 제한한다. 하지만 인간은 고통에 대해 나름의 태도를 보이며, 고통을 해석하고 자신에게 의미 있는 방식으로 돌볼 수 있다. 예를 들어, 나는 우울증을 일종의 운명으로 받아들이며 우울증 걸린 나를 놓아두는 방식으로 살아가겠다는 선택을 할 수 있다. 20대 후반 여성의 다음 진술은 이를 잘 보여준다:

> 저는 더 이상 "그래, 이 우울증을 극복할 거야"라고 생각하지 않아요. … 저는 아마 사막에 있는 것 같아요. 당신의 풍경은 초록일지 몰라도, 저는 사하라에 있고 거기에서 벗어나려는 시도를 멈췄어요. … 선택권이 있어 나을 수 있는 방향을 택하면 좋겠지만, 그렇게 될 것 같지는 않아요. 제 선택은 이 우울증을 제 삶 속에 통합하는 것이에요. 그래서 저는 그것이 사라질 거라고 보지 않습니다(Karp 1996, 74).

그러나 반대로 우울증을 부정적 운명이 아니라 지혜와 인격적 깊이의 원천으로 받아들이는 해석을 선택할 수도 있다. 40대 초반 여성은 이렇게 말한다.

> 저는 우울증이 사실 선물이라고 믿어요. 우리가 그것과 친구가 된다면, 그것과 함께 여행할 수 있다면, 우울증은 우리에게 뭔가를 보여주고 있다고

생각해요. 언젠가는 우리는 그것을 삶 속에 통합해야 하죠. 우리는 모두 어떤 방식으로든, 어딘가에서, 어떤 시기에 우울합니다. 그것을 받아들이지 않으면 파괴적으로 될 수 있어요. 받아들인다면, 그것은 스승입니다. 저는 말하죠, 껴안으라고. 그 안에 있으라고(Karp 1996, 104).

어느 쪽을 선택하든, 다시 말해 체념을 선택하든 성장을 위한 기회를 선택하든 하이데거의 관점은 내가 의미를 부여하고 해석하는 선택을 통해 *나 자신을 구성한다*는 점을 분명히 한다. 결국 우울증은 내가 그것에 어떤 의미와 가치를 부여하느냐에 따라 나에게 특정한 의미가 될 수 있다.

그러나 앞에서 보았듯이 우울증의 기본적 특징 중 하나는 세계-내-존재의 붕괴와 정서적 의미의 총체적인 소멸이다. 이러한 경우 하이데거의 초월 개념은 문제가 된다. 만약 인간의 근본적 특성인 자기 존재가 무엇이며 누구인지를 염려하는 일, 즉 자신의 문제가 무엇이며 자신의 사실성에 입각하여 나름의 입장을 취하고 의미를 부여하며 자기성을 찾는 것이 중요하다면, 심각한 우울증에 걸린 환자는 자신의 우울증을 "자기성"(selfhood)을 구성하는 것이라고 받아들일까? 그 환자는 여전히 초월의 능력을 갖고 있을까? 어떤 것도 취할 선택조차 할 수 없는 우울증에 걸린 사람은 어떤가? 20대 초반 여성의 다음 진술을 참고해 보자.

치료사와 병원 사람들은 늘 "기분이 나쁘면 누군가에게 전화해요"라고 말했어요. [하지만] 저는 "기분이 나쁘면 침대에서 일어나는 것도 못 해요"라고 말해요. "전화기는 저기 멀리 있어요." 저는 그냥 바라보기만 하죠. 누군가와 어떤 대화를 할 수 있을지 생각은 하지만, 절대 전화를 들지는 않아요. [지금은] 아마 전화기를 침대까지 가져와서, 침대에서 누군가에게 아주 희미하게 "도와주세요."라고 말할 수도 있겠죠(Karp 1996, 30).

하이데거의 견해는, 극심한 심리적 고통 속에 있다고 하더라도 인간은 자신의 상황을 반성하고, 특정한 방식으로 해석하며, 어떤 종류의 행동을 선택할 수 있다고 강조하는 듯하다. 인간은 자신의 상황에 부여하는 의미와 그 상황에 맞서 취하는 행위로 규정되기 때문이다. 그러나 중증 우울증의 경우 바로 이러한 의미 부여와 선택·행위의 능력 자체가 문제가 된다. 50대 후반 남성의 말은 이를 잘 보여준다.

겪어 보지 않았다면 이해할 수 없어요. 침대에서 엉덩이를 떼고 샤워하러 가는 것조차 너무 벅차서 못 하는 상태라는 걸요. 샤워하는 것이 거대한 프로젝트가 돼요. "무엇을 해야 하지? 어떻게 해야 하지?"라는 생각조차 할 수 없어요(Karp 1996, 42).

실제로 우울증은 개인이 자살이라는 극단적 선택을 할 수 있다는 전제를 뒤흔들기도 한다. 왜냐하면 자살은 수동적 행위가 아니라, 계획·의지·에너지를 요구하는 적극적 행위이기 때문이다(Alvarez 1990, 75). 그러나 우울증에 걸린 개인은 너무 무기력하고 감각이 마비되어 자살 행동조차 상상하기 어려운 상태에 놓일 수 있다. 한 30대 초반 여성이 말하길, "자살은 멋져 보이지만, 계획하고 실행하기에는 너무 어렵습니다"(Karp 1996, 24). 스타이런의 다음 묘사는 육체적 자살 행위가 얼마나 손에 닿지 않는 것이었는지를 보여준다.

모든 희망의 감각이 사라진 혼란한 단계에 이르렀습니다. 미래에 관한 생각, 나의 뇌는 무법적 호르몬의 지배 아래, 더 이상 사고 기관이 아니라 매 순간 변하는 고통의 정도를 기록하는 도구가 되었습니다. … 저는 최대 6시간 동안 누워 거의 마비된 채 천장을 바라보며, 저녁이 되어 신비한 십자가형 같은 고통이 약간 완화되어 음식을 좀 삼킬 수 있게 되기를 기다립니다. 그리고 자동기계처럼 겨우 한두 시간의 잠을 청하러 갑니다(1990, 58).

이러한 진술들은 하이데거가 현존재의 초월 능력을 과도하게 강조하고 있는 것이 아닌지 질문하게 만든다. 이 문제는 우울증의 시간적 양상에 주목할 때 더욱 명확해진다.

하이데거에게 현존재는 곧 *시간이다*. 현존재는 현재로부터 과거로 뻗어 나가고 미래로 향해 나아가는 지평적 운동을 구성한다(BT, 185). 다시 말해, 우리는 되돌아갈 수 없는 사실적 상황 속으로 *던져져 있으며*, 바로 그 배경에 의존하여 미래의 가능성들로 나아가고(혹은 *기투하고*) 있다. 실존의 근원적 시간 양식은 미래성이며, 우리는 언제나 "아직-아님" 혹은 "가는 중"(on the way)의 방식으로 존재한다. 우리는 특정한 상황에 뿌리를 두면서도 기투하며 자기 능력에 따라 미래를 향한 기획 속에서 자신을 형성해 나간다.

그러나 이러한 시간적 통일성은 우울증에서 파괴된다. 예컨대 스타이런이 "미래라는 개념이 사라진다"라고 말할 때 그는 시간의 지평이 수축하며 현재 안에 갇히는 경험을 기술한다. 이 때문에 앤드루 솔로몬은 우울증을 무시간적(atemporal) 경험이라고 묘사한다.

우울할 때 과거와 미래는 3살짜리 아이의 세계처럼 현재의 순간 속으로 완전히 흡수되어 버린다. 기분이 더 좋았던 때를 기억하지도 못하고, 적어도 명확히는 드러내지 못하며 앞으로 좋아질 미래도 상상할 수 없다. 화가 난다는 것은, 설령 깊이 화가 난 것이라 해도, 시간적 경험이다. 그러나 우울증은 무시간적이다. 붕괴는 어떤 견해나 관점을 남겨 두지 않는다(2001, 55).

우울증의 안개 속에서 과거의 의미와 감동은 더 이상 울리지 않고, 미래는 회복이나 기대할 만한 새로운 삶의 가능성을 제공하지 않는다. 남는 것은 뒤틀린 현재의 마비이다.

이처럼 실존을 시간의 관점에서 이해할 때 세계는 단순한 일상적 환경이 아니라 우리가 필연적으로 밀고 나가야 하는 열린 가능성의 공간으로 드러난다. 그러나 우울증에서는 이 가능성의 공간이 폐쇄되고 붕괴하여, 자아 해석이 협소하고 비좁아진다. 개인은 자신의 정체성을 의미 있게 구성하는 것이 어려워지며, 미래의 자신을 다른 관점에서 바라보는 것이 불가능해진다. 30대 초반 한 여성은 이를 다음과 같이 설명한다. "우울증은 당신이 누구였는지를 빼앗고, 언젠가 어떤 사람이 될 수 있을지를 보지 못하게 만들며, 당신의 삶을 블랙홀로 대체한다"(Karp 1996, 24). 그 결과 우리는 새로운 지역으로 이사한다거나, 가정을 꾸리거나, 결혼하거나, 대학에 돌아가거나, 진로를 바꾸는 것처럼 자신을 재창조할 수 있는 고유한 자유로운 활동을 할 수 없게 된다. 왜냐하면 의미 있는 가능성이 전혀 보이지 않기 때문이다.

이제 우리는 하이데거의 현존재 분석에 문제가 있음을 알 수 있다. 왜냐하면 그의 분석은 인간을 자기 창조적 주체로서 고정할 위험이 있기 때문이다. 하이데거의 이야기를 이어받은 사르트르는 우리가 태어나는 것이 아니라, 스스로 의미를 부여하는 선택을 통해 *만들어진다*고 말하며, 자유가 "존엄성을 부여하는 유일한 것, 우리를 하나의 객체로 환원하지 않는 유일한 것"(2001, 303)이라고 주장했다. 그러나 사르트르는 우울증이 이러한 존엄성을 어떻게 박탈할 수 있는지, 그리고 미래를 향한 결정 능력 자체가 소멸할 수 있다는 사실을 간과했다. 그렇지만 이러한 문제점 덕분에 정신병리학을 하이데거의 철학으로 살피는 시도가 가치 있는 일로 드러난다. 왜냐하면 우울증의 붕괴가 얼마나 심각한지, 즉 자기결정과 자기 정의 능력, 인격의 가능성 자체를 구성하는 힘이 얼마나 무력화될 수 있는지를 밝혀 주기 때문이다. 이런 극단적 경험에서 고통받는 사람은 스타이런의 말처럼 "자동기계"가 되어 버린다.

이러한 현상학적 고찰의 목적은, 의학적 논쟁에서 너무 자주 놓치고 있는 것, 즉 실제로 우울증을 겪는 사람이 느끼는 것이 *무엇이며 그것이 어떤 의미가 있는지*를 제공하는 데 있다. 앤젤의 비판적 논평이나 지금까지 지적한 정신의학에 대한 비판적 논의와 관련해서 여전히 실망스러운 것은 문제의 초점이 거의 전적으로 "우울증은 생화학적 질병인가?"라는 질문에만 머문다는 것이다. 이 질문에서 파생되는 논점들, 즉 "항우울제를 처방해야 하는가?" "아동을 정확히 진단하고 약물을 투여할 수 있는가?" "제약 회사는 어떻게 약물을 홍보해야 하는가?" "제약 회사와 의사의 관계는 어느 정도로 밀접해야 하는가?"에 대해서는 모두 우울증의 생생한 경험을 다루지 않는다.

이 점이 바로 현상학적 접근의 장점이다. 경험이 자신을 드러내도록 내버려 둠으로써, 현상학자는 우울증이 무엇인지 혹은 어떻게 치료되어야 하는지에 관한 과학적·도덕적 판단을 유보하고, 경험 자체가 보여주는 바에 주의를 기울인다. 이는 특히 정신의학 비판자들, 즉 우울증은 의심스러운 진단이며 생화학적 원인이 아직 발견된 것이 없기에 항우울제는 쓸모없다고 주장하는 이들에게 희소식일 수 있다. 항우울제가 과도하게 처방되고 있고, 미국 정신의학이 인간의 다양한 경험을 과도하게 의료화하고 있는 것은 사실이다. 한마디로 누구나 어느 정도는 슬픔을 느끼며 살아간다. 하지만 우리가 현실감을 상실하고 움직일 수 없을 정도로 신체적으로 무능력해진 사람들, 세계와 타인, 그리고 자기 자신이 비현실적으로 느껴진다고 말하는 사람들, 이에 더 나아가 인간을 인간답게 만드는 능력, 즉 삶을 해석하고 의미를 부여하는 능력이 근본적으로 붕괴된 사람들을 마주한다면, 우울증은 단순한 슬픔을 훨씬 넘어서는 현상임을 부정할 수 없다. 실제로 우울증이 무엇인지를 이해하기 시작할 때, 앤젤과 같은 비판자들의 설명은 설득력을 잃는다. 이러한 의미에서, 우울증의 현상학은 고통받는 이들에게 자신이 혼자가 아님을 깨닫게 할 뿐 아니라, 가족이나 친구, 그리고 정신의학에 비판적인 이들마저도 더 연민과 감수성을 지니고 이들을 이해할 수 있도록 돕는다. 왜냐하면 현상학적 이해는 우리에게 그들이 보는 세계를 그들의 눈으로 볼 수 있게 해 주기 때문이다.

3장

불안

: 시간의 파괴와 의미의 붕괴

CONTEXTS OF SUFFERING

불안을 현상학적으로 탐구할 때 가장 먼저 맞닥뜨리는 어려움은 이 용어를 어떻게 정의할 것인가이다. DSM 최신판에서도 확인되듯, 불안 경험의 이질성은 매우 크다. DSM은 선택적 함구증, 분리불안장애, 사회불안장애, 광장공포증, 공황장애, 물질·약물 유발성 불안장애, 범불안장애 등 서로 다른 진단 기준을 지닌 폭넓은 불안장애 범주들을 제시한다(APA 2013, 189-233). 이러한 다양한 불안장애 중에서 불안을 정서적 상태로서 어떻게 분류할 것인가라는 문제가 제기된다. 예컨대 불안은 감정인가, 아니면 기분인가? 일반적으로 감정은 급작스럽고 일시적이며, 명확한 원인에 의해 특정 대상이나 사건을 향해 지향되는 경험으로 이해된다. 공황장애·광장공포증·사회불안장애에서 나타나는 순간적이며, 특별한 상황에 대한 반응들은 이 범주에 더 잘 들어맞는 것으로 보인다. 반면 기분은 비결정적이고 확산하여 있으며 지속적이다. 기분은 국소적 정서라기보다 총체적인 분위기 또는 전반적인 정서로 이해하는 것이 적절하다. 범불안장애처럼, 기분은 특정한 원인이나 대상을 향해 분절된 시간으로 발생하는 것이 아니다. 오히려 기분은 모든 것을 부정적으로 감싸는 안개와도 같은 현상이다. 이러한 점에서 우리는 무언가에 "대해" 불안해하는 사람과, 그와는 구별되는 좀 더 실존적이고 전반적인 불안을 경험하는 사람을 구분할 수 있다. 본 장에서 주로 관심을 두는 것은 기분으로서의 불안이다. 만성적으로 불안이라는 감정을 겪는 사람들은 대체로 불안의 기분 또한 함께 경험한다. 이러한 경우 불안은 걱정·위협·두려움의 배경적 감각으로서, 개인의 *전체* 경험 지평을 정서적으로 물들이는 지속적이고 포괄적인 분위기로 작용한다.

비록 DSM은 진단 기준·위험 요인·감별 진단, 그리고 불안이 초래하는 기능적 결과에 관해 포괄적인 설명을 제시하지만, 불안을 겪는 당사자의 경험에 관해서는 거의 아무런 통찰도 제공하지 않는다. 이 점에서 DSM은 다음과 같은 현상학적 질문들과 맞닿는 데 성공하지 못한다. 예컨대 "불안은 세계 속에서 당신의 행동과 감각에 어떤 영향을 미치는가?", "당신은 자신의 불안 경험을 어떻게 이해하고, 표현하며, 의미를 부여하는가?", 그리고 이번 장의 목적과 관련된 질문으로서 "불안은 당신의 시간 경험을 어떻게 교란하는가?"와 같은 것들이다. 이 장의 논의는 불안이 우리의 생리적·인지적 시간 감각을 어떻게 변화시키고, 일상적 사회생활의 체화된 리듬을 어떻게 불안정하게 만드는지에 초점을 둔다. 이에 더 나아가 좀 더 근본적인 목표는 불안이 우리의 미래 경험을 닫아 버리거나 축소시킴으로써 우리의 자기 해석을 어떻게 변화시키는가를 규명하는 데 있다. 미래가 축소될 때, 우리는 더 이상 자신의 정체성을 형성하는 데 필요했던 다양한 미래에 대한 기획과 그 의미들을 활용할 수 없게 되며, 이는 곧 우리의 존재 가능성을 저해하게 된다.

체화와 인지 방해

정신병리학이 시간성 경험을 어떻게 교란하는지를 밝히기 위해 현상학적 방법을 활용하려는 연구는 유진 민코프스키(Eugène Minkowski)와 어윈 스트라우스(Erwin Strauss) 같은 초기 정신과 의사들의 선구적 작업에서 출발한다. 최근에는 토마스 푹스(Thomas Fuchs), 매튜 랫클리프(Matthew Ratcliffe), 마틴 윌리(Martin Wyllie) 등의 연구자들에 이르기까지 점차 관심이 확대되었다. 하이데거의 작업은 특히 이러한 논의에 유익한 기여를 제공한다. 앞서 살펴본 바와 같이, 그의 기분 분석에서 드러난 시간성은 우리가 특정한 기분적 상황이라는 배경 위에서만 미래를 향해 나아가거나 자신을 투사할 수 있다는 사실을 보여준다. 이 관점에서 인간 실존은 오직 자신이 스스로에게 투사하는 가능성 속에서 존재하며, 그 가능성들은 우리가 내던져진 상황에 근거하여 의미를 지닌다. 따라서 시간성은 과거에서 미래로 이어지는 인간 실존의 살아 있는 지평이며, 과거와 함께 미래로의 전진이라는 시간 운동의 일관된 통일성은 의미의 공간, 즉 사물들이 정서적으로 우리에게 중요해질 수 있는 "환기된 터"(*Lichtung*) 또는 "거기"(*Da*)를 열어 준다.

건강한 몸으로 일상을 살아갈 때, 우리는 이러한 시간적 통일성을 자연스럽고 투명하게 구현한다. 이는 우리의 신체 리듬, 호흡, 심장박동, 체온뿐 아니라 운동과 자세가 눈에 띄지 않아도 안정적인 배경으로 작동하며 우리의 경험을 구성한다. 세계-내-존재 속에서 나는 막힘없이 여러 물건을 다루며, 타인과 상호 작용하면서 다양한 맥락에 맞춰 살아간다. 나는 이미 나의 신체를 통해 살고 있지만 그런 신체를 거의 의식하지 않는다. 사실

신체가 눈에 띄지 않는다는 것은 건강하다는 징표이다. 이는 신체의 기관과 운동 체계가 배후에서 조화롭게 작동함으로써, 신체의 "비밀스러운" 성격을 잘 유지한다는 뜻이기 때문이다. 그러나 정신질환 삽화에서는 이 배후의 리듬들이 푹스(Fuchs, 2006)가 "탈동기화"(desynchronization)라고 부르는 현상과 함께 붕괴되고, 매개적 기능의 교란과 함께 신체 기능도 도드라지게 나타난다.

이전 장에서 보았듯이 우울증에서는 이러한 교란이 일반적으로 신체 리듬의 둔화, 느려짐, 정서·운동의 *지체* 등으로 나타나지만, 불안은 대체로 안절부절못함, 속도 증가, 가속의 형태로 경험된다. 물론, 불안과 우울이 공존하는 경우도 많으므로, 한 개인에게서 느려짐과 가속이 동시에 나타나는 일도 있다. 이에 대한 한 여성의 언급은 다음과 같다:

> 안개 속에 있는 것처럼 온전히 집중할 수 없다. 말도 어눌해지고 꿈속에 있는 것 같다. … 몸이 느려진 것 같고 모든 움직임이 슬로모션처럼 느려지는데, 동시에 가만히 있을 수가 없다. 생각은 흩어지고, 말로 표현할 수도 없다. … 동료들에게 말할 때면 불안해진다. 생각을 제대로 정리하기도 전에 말이 튀어나올 것 같기 때문이다(Schuster 2017).

불안으로 고통받는 사람은 다양한 신체 감각, 즉 두근거림·심박 증가·발한·떨림·호흡곤란 등을 통해 가속된 시간을 경험할 수 있다(APA 2013, 208). 이전에는 자연스럽게 경험을 중개하던 생리적 기능이 이제는 노골적으로 의식에 두드러지고, 신체는 마치 내가 아닌 *다른 어떤 것*, 불편하고 성가신 물질적 대상으로 나타난다. 탈-동기화를 경험하는 동안, 나는 심장이 세차게 뛰고, 폐가 조이고, 손이 떨리고, 피부가 달아오르는 것을 강렬하게 자각하게 된다. 이와 같은 시간적 교란 속에서는 당연하게 여겨지던 호흡 활동조차 낯설고 기괴하게 느껴질 수 있다. 할레드 호세이니(Khaled Hosseini)는 이를 다음과 같이 묘사했다. "당신의 기도(airways)는 당신을 무시한다. 그것들은 무너지고, 조이고, 압박하고, 갑자기 빨대를 통해 호흡하는 것처럼 되어 버린다. 입이 닫히고 입술이 오므려지며, 간신히 쉰 소리만 나온다. … 당신은 비명을 지르고 싶다. 정말 비명을 지를 수 있을 것이다. 하지만 비명을 지르려면 숨을 쉬어야 한다. 공포 그 자체다!" (2013, 128)

생리적 기능의 가속과 더불어, 불안은 인지적 리듬도 가속시켜 "맹렬한" 혹은 "복잡한" 사고를 유발한다. 이때 생각·지각·기억은 단절적이고 통제되지 않은 방식으로 분출하며 집중을 어렵게 만들고, 때로는 사고가 완전히 공백 상태로 멈추기도 한다(APA 2013, 222). 이러한 일련의 조급한 인지는 사고 흐름의 기본적인 시간적 통일성과 일관성을 파괴한다. 현상학적 관점에서 의식의 통일성은 (다가올 미래를 지향하는) "예지"(protention)와 (과거를 지향하는) "파지"(retention)에 의해 구조화되는 현재의 의식 수립을 뜻한다. 의식의 흐름이 한 방향으로 결속되는 것은 "우리가 이미 경험한 순간들에 대한 파지와 다가오는 순간들에 대한 예지를 갖고 있기 때문인데 … [그래서 통일성은] 이러한 파지와 예지를 [통해] 사고의 내용이 결합된 것이다"(Husserl 1966, 110-111). 불안 속에서는 이러한 자기-조직적 통일성이 파괴되고, 사고는 한 생각에서 다른 생각으로 급작스럽게 튀어 버리며, 그 결과 말은 빨라지고, 조직적이지 못하고, 때로는 비일관적이 된다. 사람들이 흔히 묘사하듯, "쉽게 산만해지고 생각의 흐름을 계속 [잃어버리며]”, “생각이 말로 표현할 수 없을 만큼 빠른 속도로 [떠오르고]”, “두세 개의 TV 프로그램을 동시에 보고 있는 것 같은” 경험이 나타난다(Piguet et al. 2009, 5). 데이비드 포스터 월리스(David Foster Wallace)는 다음과 같이 서술했다:

> 생각과 연상들은 머릿속을 쉴 새 없이 스쳐 지나간다. … 내면에서 일어나는 일들은 너무 빠르고, 방대하며, 서로 복잡하게 연결되어 있어서, 말로는 그저 엄청난 흐름의 아주 작은 한 부분의 윤곽을 간신히 스케치하는 정도밖에 할 수 없다. 이러한 생각, 기억, 깨달음, 감정 등의 내적 속도는 더 빠르다. … 기하급수적으로, 상상할 수 없을 만큼 빠르다(2004, 150-51).

사고의 가속과 불일치는 불안한 생각을 조절하고 통제하는 것을 어렵게 만든다. 예지와 파지가 제공하는 구조적 통일성이 무너지면, 사고는 끊임없이 자기 나름의 방식으로 폭주하게 된다. 게다가 괴롭게도, 이를 통제하려는 시도가 강해질수록 사고는 더욱 조절되지 않는다. 결국 사람은 걷잡을 수 없는 걱정과 “만약에…”라는 상상 속 악순환에 갇히게 된다. 포스터 월리스는 이 강박적 사고의 고통을 다음과 같이 생생히 포착했다:

> [그 생각을] 하지 마. … 하지만 그 생각을 하지 말아야 한다는 것을 의식하려면, 결국 그 생각이 무엇인지 떠올려야 하는 것 아닌가? … 그냥 조용히 하고, 생각을 멈춰 … 하지만 내가 지금 생각하지 말라고 말하고 있다는 것은, 여전히 내가 무엇을 생각하지 말아야 하는지 알고 있다는 뜻 아닌가 (2006, 154)?

포스터 월리스가 묘사하는 사고 흐름의 교란은 자세와 움직임에 관계된 정신 운동적 리듬에도 광범위한 영향을 미쳐, 초조·안절부절못함·충동적 행동을 자주 초래한다.

나의 몸은 단순히 공간을 점유하는 물체나 기관들의 집합체가 아니며, 또한 단순한 주관적 경험의 지시 대상도 아니다. 몸은 나를 세계에 고정하는 "신체-도식", 즉 감각-운동 체계의 통일적 구조로서, 세계-내-사물과 마주하고 이를 다룰 수 있게 해 주는 현상적 공간을 이룬다. 건강한 상태에서 이 신체-도식은 나의 움직임과 위치를 상하·전후·좌우의 공간 축에 따라 매끄럽게 조정하며, 의식하지 않아도 나를 자연스럽게 활동할 수 있는 익숙한 환경 속에 둔다. 그러나 불안은 이러한 감각-운동적 파악을 교란하며, 나를 익숙한 세계로부터 밀어내고, "안절부절못함, 긴장, [그리고] 예민함"의 상태(APA 2013, 222)로 만든다. 레이먼드 카버(Raymond Carver)는 이러한 초조함을 다음과 같이 표현했다. "나는 거의 가만히 앉아 있을 수 없다. 계속 꼼지락거리고, 다리를 번갈아 꼬고 푼다. 불꽃을 튀길 수도, 창문을 깰 수도 있을 것 같다. 혹은 방 안의 가구를 모두 재배치할지도 모른다"(1998, 375). 이러한 교란은 우리의 신체적 리듬이 결코 한 방향으로 고정되게 작동하는 것이 아니라, 근본적으로 관계적이며 사회적이라는 사실을 드러낸다.

나의 상호신체성(intercorporeality)은 내가 독립적이고 자족적인, 즉, 닫힌 실체가 아니라는 사실을 보여준다. 오히려 나는 타인의 몸에 이미 열려 있고, 그러한 체현된 방식으로 타인과 관계를 맺는 한에서 자신을 이해할 수 있다. 실상, 우리는 타인의 몸짓, 실천, 관심 속에 참여하고 관련되어 있을 때만 사물들을 의미 있게 드러낼 수 있다. 나는 타인의 몸과 실천, 관심 안으로 흡수되고 습관화되어 온 방식을 통해 나 자신을 이해한다. 따라서 현존재는 결코 타자에게 닫힌 "주체"로 이해될 수 없다. 하이데거가 상기시키듯, "일상인"(*das Man*)은 일상의 "현실적 주체"이다(BT, 128). 공유되는 삶의 시간적 리듬 속에 있는 나는 타인의 몸짓, 표정, 움직임에 맞춰지고 동기화되어 있다. 가령, 우리는 비행기 탑승을 위해 줄을 맞춰 서 있으며, 붐비는 쇼핑몰에서도 함께 줄을 서고, 다른 이들과 박자를 맞추어 식사하며, 집단 대화 속에서 함께 흐름을 만들어 낸다. 하지만 불안은 이러한 사회 생활의 리듬을 "시간적 긴박감"을 통해 방해하며, 일상적 속도가 *지나치게 느리게* 느껴지도록 만든다. 시간적 긴박감은, 말이 과도하게 빠르고 성급해지며, 상대가 말을 오래 하면 짜증을 느끼는 방식으로 나타난다. 걸음이 남들보다 항상 빨라지고, 주변 사람들은 나의 속도를 늦추는 것처럼 느껴지며, 식사할 때는 음식을 들이켜듯 먹어 항상 가장 먼저 식사를 끝낸다. 운전할 때는 느린 교통에 과도하게 짜증을 내며, 다른 운전자에게 공격적이거나 무례한 신호를 보낼 수 있다. 가게나 식당에서 줄을 서서 기다릴 때는 참지 못하고 초조함을 드러내며, 잠시 기다리다가 금세 자리를 떠나기도 한다(Levine 1997, 20-21). 『존재와 시간』에서 하이데거는 이러한 사회 생활의 시간적 양태를 "호기심"(*Neugier*)과 "쉼 없음"(*Unruhe*)이라는 개념으로 분석했다. 이러한 호기심과 쉼 없음은 현대인의 삶에 흔히 나타나는 증상인데, 하이데거는 기술적 속도·분주함·산만함이 만연한 현대적 삶에서 만성적인 감각적 각성 상태와 시간 압박은 지속되며, 현존재는 "*어디에도 [머물지] 못하고 … [그래서] 끊임없이 자신을 뿌리 뽑는다*"고 말했다(BT, 1721-173). 이후 『철학에의 기여』에서 하이데거는 이를 "가속", "속도성"(*Schnelligkeit*)으로 설명하며, "[이는] 자기 삶의 고요함을 견디지 못하는 일종의 광기(mania)"라고 표현했다(CP, 83).

물론, 시간적 긴박감이 일반적인 사회적 리듬과 다소 불일치할 수는 있지만, 그 자체만으로 정신병리라 할 수는 없다. 그러나 이러한 초조가 극단적 수준에 이르면, 상호신체적 시간의 흐름이 깨져 사회 생활하는 도중에 강렬한 불안 발작이 나타날 수 있다. 광장공포증·공황장애·사회공포증의 경우가 특히 그러한데, 대중교통 이용·식료품점에서 줄 서기·영화관이나 쇼핑몰 같은 밀폐된 공간에 머무는 일이 공포를 유발하고 "갇혔다" 또는 "여기서 나갈 수 없다"와 같은 마비적 감각을 초래할 수 있다(APA 2013, 218). 이러한 경험이 만성화되면, 사람들은 공공의 상황을 회피하려는 행동을 보이는데, 이는 가능한 다양한 활동과 계획을 중단함으로써 실존의 범위를 좁히고 제한한다. 예를 들어, 직장에서 승진의 조건이 대중교통 이용이나 이주를 포함하면 이를 거절하게 된다. 비행기 여행이 필요해 가족·친지를 방문하는 일도 못 하며, 붐비는 가게나 슈퍼마켓에 들어가는 것을 피하려고 식료품 배달에 의존할 수 있다. 심할 때는 완전히 집 밖으로 나가지 못하거나, 배우자나 의료인의 동행 없이는 외출할 수 없게 되는 경우도 있다(APA 2013, 218-219). 한 어머니는 이러한 실존적 수축 경험을 다음과 같이 설명했다:

나는 직장에서 엘리베이터에서 사람을 마주칠까 봐 아예 타지 않는다. 사무실을 지날 때는 고개를 숙이고 걸어간다. 상대방이 어떤 사람일지, 무엇을 이야기하려 하는지 불안해서 전화를 피하고 미룬다. 전화벨이 울리거나 문이 쾅 닫히기만 해도 깜짝 놀란다. 다른 부모들을 만나는 것이 너무 불안해서, 내 딸도 다른 아이들과 어울릴 기회를 놓친다. 남편도 내 불안 때문에 많은 기회를 잃는다. 내가 혼자 있어야 하거나 새로운 사람을 만나야 할 가능성이 있으면 내가 불안해질 것을 알기 때문에 약속을 취소하거나 처음부터 잡지 않기도 한다. 이것은 내 가족에게도, 내 경력에도, 그리고 나 자신에게도 영향을 미친다(Schuster 2017).

이러한 실존적 수축은 사회적 관계와 정서적 연결을 약화하며, 나 자신을 이해하고 해석하는 데 필요한 토대를 잠식한다. 그 결과 고립 행동이 심화하고, 수치심과 죄책감 같은 정서가 뒤따르는데, 이는 불안을 더욱 악화시키는 하향 나선 구조를 만들어 낸다(Fuchs 2003). 또한 우울증과 마찬가지로 실존적 수축은 정서적 "불모"나 "공허"를 낳아, 세계 속에서 특별히 의미 있거나 중요한 것으로 생각되는 어떤 기획이나 헌신을 찾는 일 자체를 어렵게 만든다(cf. Ulmer & Schwartzburd 1996). 이러한 점에서 만성적 불안은 실존의 시간적 구조 자체를 침식하여, 미래를 접근할 수 있고 가치 있는 가능성의 지평으로 드러내기보다는 근본적으로 적대적이고 위협적인 영역으로 구성해 버린다. 이러한 상태에서 한 여성은 다음과 같이 고백했다. "할 수 있는 한 모든 일을 미룬다. 가능한 한 오래 침대에 누워 있거나, 평가받을까 봐 아무것도 하지 못하겠다는 불안 때문에 몇 시간을 무의미하게 SNS를 넘기며 보낸다"(Schuster 2017).

하이데거는 이러한 구조적 침식이 초래하는 존재론적 결과를 살피며, 그것이 인간이 자신의 정체를 이해하고 인간으로서 존립하게 하는 의미를 부여하는 능력을 어떻게 약화하는지를 추적한다. 그래서 그는 "불안은 현존재로부터 자기 자신을 이해할 수 있는 가능성을 앗아간다."라고 말한다(BT, 187). 이제 우리는 이러한 시간적 붕괴의 의미와 그것이 자아 구성의 과정에서 어떤 방식으로 교란을 일으키는지를 살펴보기로 하자.

서사적 붕괴로서 불안

감정은 특정한 상황이나 대상, 또는 사건을 향해 지향되지만, 기분은 *세계 전체*를 향해 열려 있다. 기분은 우리가 처한 정서적 분위기이며, 세계에 대한 우리의 기획들이 지니는 의미와 중요성은 그런 기분 속에서 드러난다. 그래서 하이데거는 기분이 "잘 지내십니까?", "요즘 어떠세요?"(*Wie befinden Sie sich?*)라는 질문에 대한 대답을 제공한다고 말했다(BT, 137). 기분은 우리가 선택하고, 관계 맺으며 헌신하는 것들이 왜, 어떻게 우리에게 중요한지를 보여준다. 현존재는 언제나 이미 어떤 기분적 상황 속에 내던져 있으며, 그 상황은 우리로 하여금 미래의 가능성을 투사하게 만들며, 그것을 통해 자신이 누구인지 이해하고 해석할 수 있게 한다. 이것이 하이데거가 현존재는 "앞서-자신-안에서-이미-세계-속에-있음"이라고 부른 시간적 구조이다(BT, 192). 우리는 동시에 "앞서 있음"이자 "이미-안에 있음"이며, 바로 이 시간적 구조의 통일성과 일관성이 그 *자체*로 사태들의 의미를 드러내는 지평을 구성한다(BP, 265). 이로부터 어떤 해석자들은 하이데거가 서사적 자아관을 제시한다고 주장했다(Guignon 1993a, 2004). 이 관점에 따르면 우리는 스스로 만들어 가는 해석과 이야기 속에서 존재한다. 자아의 통합성은 이러한 서사적 통일성으로, 즉 미래에 대한 기획과 헌신이 현재의 상황적 의미와 조화를 이루는 방식으로 형성된다. 삶의 서사를 구성하고 그것을 일관되게 유지할 수 있는 능력은 자기성을 구성하는 데 필수적이다. 그러나 만성적 불안은 이러한 서사적 자기-형성 능력을 침식시키는 힘을 가지고 있다.

하이데거에 따르면, 불안은 기분과 달리 의미 있는 가능성의 지평을 열어 주지 않는다. 오히려 불안은 세계를 근본적으로 무의미한 것으로 드러내며 가능성을 닫아 버린다. 그래서 그는 불안 속에서 "세계는 스스로 붕괴하며, [세계는] 완전히 의미를 결여한 것으로 드러난다"라고 말했다(BT, 186). 세계는 사라지는 것이 아니라 여전히 거기에 있지만, 의미와 가치가 소진된 낯설고 위협적인 모습으로 나타난다(Svenaeus 2011). 불안 속에서는 더 이상 무엇도 중요하게 느껴지지 않는다. 직업, 관계, 헌신, 즉 나의 통합적 삶의 서사를 구성하는 데 필요한 것들이 모두 무의미해진다. 이는 곧 나의 존재 능력 자체를 약화시키는 결과를 낳는다. 하이데거는 다음 장에서 이를 "죽음"(Sterben), 즉 존재론적 죽음으로서 "실존의 불-*가능성*의 가능성"을 경험하는 사건으로 설명한다(BT, 262).

이 경험은 마크 프리먼(Mark Freeman)이 말한 "서사적 봉쇄"(narrative foreclosure)와 유사하다(Freeman 2000). 이는 통합적 삶의 서사를 구성하는 데 필요한 해석적 자원이 정서적으로 닫혀 버려, 자기-형성의 능력이 둔화되는 상태를 뜻한다. 이러한 봉쇄는 다양한 정도와 스펙트럼으로 나타나는데, 『존재와 시간』에서 하이데거가 묘사한 것은 그중 가장 극단적인 형태로서 세계가 *완전히* 붕괴하는 상태라고 할 수 있다. 그러나 우리는 이러한 기제가 범불안장애의 공통적인 기준 중 하나인 "예기적 불안"(apprehensive expectation), 즉 어떤 나쁜 일이 *벌어질 것*이라는 걱정에서도 나타나는 것을 확인할 수 있다(APA 2013, 222). 미래가 위협과 공허함으로만 드러나는 경우, 미래를 향한 긍정적 가능성들은 폐쇄되고, 삶의 서사를 구성할 수 있는 자원은 사라진다. 불안은 특정 대상이나 사건을 향한 것이 아니라 세계 전체에 확산된 분위기이기 때문에, 하이데거의 표현처럼 "이미 '거기'에 있지만 동시에 아무 곳에도 없다."(BT, 186) 스콧 스토셀(Scott Stossel)은 이와 같은 압도적 확산을 다음과 같이 묘사했다.

> 나는 걱정에 휩싸인다. 내 건강, 가족의 건강, 돈, 일, 자동차에서 나는 소음, 지하실의 물 샘, 노화와 죽음의 불가피성 … *모든 것과 동시에 아무것도 아닌 것에 대해*(2015, 6 인용자 강조).

하이데거에 따르면 서사적 통일성은 "그 까닭"(*das Worumwillen*)이라는 구조에 의해 조직된다(BT, 194). 그 까닭이라는 구조는 우리 자신의 "미래적"(*zukünftig*)인 것으로서 삶의 이야기가 어디로 향하고 있는지에 대한 배경적 감각이다. 그러나 미래가 모든 것에 대해 압도적인 걱정과 의심이라는 불안으로 가려진다면, 우리는 마치 모든 이야기의 향방이 사라지고 이미 끝나 버린 것처럼 느낀다. 프리먼은 이를 "서사적 욕망의 죽음"이라고 부른다(Freeman 2002, 90). 이는 삶의 서사에 의미를 부여하는 것뿐 아니라, 서사적 자기-창조의 욕망 자체까지 상실하는 상태가 된다. 미래에 대한 기획과 헌신은 본질적으로 무가치하고 실현 불가능한 것으로 드러난다. 작가 도널드 앤트림(Donald Antrim)은 이러한 상태를 다음과 같이 적나라하게 묘사했다:

> 무엇을 기대하느냐고? 나는 빈곤, 가족의 버림, 글 쓰거나 일할 수 없는 상태, 우정의 해체, 전문적·예술적 소멸, 고독과 쇠퇴, 시설 수용, 사회로부

터의 제거 - 추방과 소속의 종말을 기대한다(2019, 76).

그뿐만 아니라, 실존이 "피투된 기투"의 구조를 지닌다고 할 때, 불안의
정서적 그림자는 실존의 미래를 닫아 버릴 뿐 아니라 과거로 역류하는 일
로 드러난다. 한때 즐겁고 의미 있었던 기억·관계·경험들은 색이 바래
희미해지고, 실패·후회·충족되지 않은 약속을 환기시키는 황량한 표지
들로 드러난다. 불안이 이처럼 과거와 미래를 모두 감염시키면, 시간성을
열어 주는 우리의 세계-드러냄의 구조는 폐쇄되고, 고통받는 사람은 자기
의심 속에 얼어붙게 된다. 한 여성은 이렇게 말한다. "불안은 내가 하는 모
든 행동에 의심을 속삭입니다. [그것은 다음과 같이 말합니다.] 내가 하는
것은 절대 충분치 않다고 말이죠. 내가 과거에 했던 모든 행동을 끌어와,
내가 더 나았더라면 결과도 더 좋았을 것이라고 상기시킵니다"(Schuster
2017).

DSM은 불안장애의 핵심적 특징인 시간적 붕괴를 거의 다루지 않는다.
하지만 랫클리프 외 여러 학자는 DSM-IV-TR에서 다루는 외상 후 스트레
스 장애(PTSD)의 증상 가운데 "단축된 미래감"(a sense of foreshortened future)
(APA 2000, 468)과 DSM-V에서 기술하고 있는 "미래에 대한 … 삶의 중요
한 측면들에 대해 지속적이고 과장된 부정적 기대" 부분에 주목한다(APA
2013, 275). 이러한 기준은 "세계가 위험하다", "아무도 믿을 수 없다"는 부정
적 분위기나 위협을 가리킨다(APA 2013, 271). 우리가 위험·의심·불신감
을 내비칠 때, 이러한 감각은 시간 경험을 왜곡시켜 미래를 축소된 영역으
로 보이게 한다. 만성 불안의 특징은 "예기적 기대"(apprehensive expectation)
를 어렵게 만든다는 것이다. 만성 불안을 겪는 사람에게 세계는 붕괴와 실

패의 장소로 드러나기 때문에 불안에 따른 예기적 기대는 "개방적이고 건설적인 삶의 이야기와 양립 불가능하다"(Ratcliffe et al. 2014, 8). 이러한 단축된 미래감은 임상의에게 특별한 도전을 제기한다. 왜냐하면 생리적 기능·인지·행동과 관련된 시간적 혼란은 항우울제와 단기 인지행동치료의 결합으로 비교적 잘 치유되는 경우가 많지만, 우리가 살펴본 것처럼, 불안이 시간성의 지평 자체를 붕괴시키는 경우, 이는 단순한 증상 수준을 넘어 존재할 수 있게 하는 구조 자체를 파괴하기 때문이다.

따라서 이 경우 신체적·행동적 증상을 다루는 것만으로는 충분하지 않다. 임상의는 고통받는 사람과의 대화를 통해 새로운 서사의 가능성을 열어야 한다. 세계 붕괴의 상황 속에서도 자신을 다시 해석할 수 있는 담론적 공간을 마련할 수 있는 가능성, 즉 새로운 정체성을 재구성하거나 재상상할 수 있도록 돕는 작업이 필요하다. 이러한 대화치료는 처음에는 감춰져 있거나 닫혀 있던 고통의 근원과 해석적 의미를 드러내어, 하이데거가 말한 "시적-으로 말하기"(*Dichten*) 혹은 "기투적으로 말하기"(*entwerfende Sagen*), 즉 "말할 수 없는 것(*Unsagbare*)을 드러내어 말하기"(OWA, 198-199)를 가능하게 한다. 이 과정에서 불안으로 어두워졌던 미래는 서서히 다시 빛을 띠기 시작하며, 새로운 의미와 가능성을 드러낸다(Aho & Guignon 2011).

하지만 안정적이고 확고한 정체성을 되찾고자 하는 인간의 보편적 욕망은 서사를 통해 자신의 삶을 재구성하려는 위험을 여전히 안고 있다. 이러한 욕망은 세계가 무너지는 경험 이후, 마치 정체성을 온전히 회복했다는 듯한 허위적인 감각을 만들어 낼 수 있다. 폴 스미스(Paul Smith)가 "폐쇄애"(claustrophilia)라고 부른 성향은, 우리가 세계의 붕괴 이후에도 정체성을 통제할 수 있다는 환상을 만들어 낸 사례이다(cf. Freeman 2000). 암 환자 서사에서 흔히 볼 수 있는 사례처럼, 환자가 자신을 희생자가 아니라 전사로 서술하며, 병을 끝내 이겨 낸 "생존자"라는 새로운 정체성을 내세우는 경우도 그렇다(Ehrenreich 2009, 26-27). 임상의는 이러한 새로운 정체성이 마치 이야기의 최종 결론인 것처럼 집착하는 태도는 결국 실패할 수밖에 없음을 환자에게 상기시켜야 한다. 그것은 암이 재발할 수 있다거나 환자의 서사를 파괴할 수 있어서가 아니라, 실존의 구조 자체가 언제든 붕괴될 수 있는 취약성과 함께 구성되어 있기 때문이다. 이와 관련된 논의는 다음 장에서 확인할 것이다. 하이데거가 말하듯, "현존재는 [존재]하는 한 … 사실적으로 죽어 가고 있다"(BT, 303). 의미의 붕괴는 어떤 구체적 원인—암·실직·이혼 등—이 없어도 "*언제든 발생할 수 있다*"(BT, 302).

하이데거의 현존재 분석이 제공하는 지속적인 통찰 가운데 하나는, 우리의 자기-해석은 언제나 "진행 중"이며 끊임없이 형성되고 다시 쓰이는 과정이라는 점이다. "나는 누구인가?"라는 질문에 대한 답은 상황의 제약과 한계 속에서 우리의 선택과 행위가 앞으로 나아갈 때마다 계속해서 수정되고 재구성된다. 이러한 사정에서 우리의 서사적 정체성은 사는 동안 여러 차례 죽을 수 있다. 하이데거에 따르면 중요한 자세는 이러한 경험을 회피하는 것이 아니라, 이를 예견하고 대비하는 것이다. 그는 이를 "결단성"(*Entschlossenheit*)이라 부르는데, 이 단어는 문자 그대로 "열려 있음, 잠금이 풀려 있음"(*ent* 'not' + *schliessen* 'to close')을 의미한다. 하이데거는 자기-해석에 대해 유연하고 열려 있는 태도의 중요성을 강조했다. 결단적 현존재는 "상황에 대해 경직될 수 없으며, 오히려 결의는 … 언제나 현재의 사실적 가능성에 열려 있고 자유로워야 한다"(BT, 307). 따라서 치료 과정에서 중요한 것은 환자 자신이 만들어 내는 그 어떤 서사적 정체성도 구조적으로 취약하다는 사실을 받아들이도록 돕는 일이다. 이는 정체성을 고정되고 안전한 것으로만 이해하려는 경향에서 벗어날 것을 요구한다. 불안으로 고통받는 사람을 치유하는 것은 기분에 의해 처음부터 감추어졌던 대화의 의미와 가능성을 다시 열어 주는 것이다. 하지만 하이데거가 강조했듯, 동시에 더 이상 살아 낼 수 없는 정체성을 기꺼이 내놓는, 즉 "되돌려 놓을" 가능성으로부터 자유로워질 준비가 되어 있는 것도 필요하다(BT, 308).

이제 우리는 『존재와 시간』에서 전개한 사망과 죽음에 대한 설명을 탐색함으로써 정신질환자의 구조적 불안정성, 세계-붕괴 경험 사이의 관계를 더 깊이 살펴볼 수 있게 되었다. 앞서 보았듯이, 정신질환 삽화는 의미의 붕괴 또는 해체를 야기하며, 이는 우리 자신이 누구인지 이해하는 능력을 약화시킨다. 왜냐하면 우리가 정체성을 구성하고 유지하는 데 의존하던 세계의 의미를 잃어버렸기 때문이다. 우리는 이를 *어떠한 존재도 될수 없는*, 존재론적 죽음으로 볼 수 있다. 존재론적 죽음은 화학적 개입으로 조절할 수 있거나 박멸할 수 있는 의학적 실체로 있는 것이 아니다. 그러한 죽음은 병리적 실체를 나타내지 않는다. 오히려 생리적 삶을 관통하는 것이자, 현존재의 존재론적 구성 그 자체에 속하는 것이요, 생리적 삶 전반에서 여러 차례 반복적으로 발생하는 사건이다. 하이데거에게 이러한 죽음은 단순히 부정적이거나 무의미한 기능이 아니다. 적절하게 예견되고 수용된다면, 이는 정체성의 취약성과 무상함을 드러낸다. 죽음은 우리를 구성하는 선택과 행동을 다시 성찰하게 하고, 개인적인 성장과 변신의 가능성을 열어 줄 기회를 제공한다.

4장

정신질환, 존재론적 죽음, 그리고 치유의 가능성

CONTEXTS OF SUFFERING

하이데거가 『존재와 시간』에서 제시한 죽음 개념은 철학적으로 큰 영향을 미친 중요한 개념이다. 하지만 이 개념은 자주 오해되어 왔다.[1] 통상적으로 하이데거의 죽음 개념은 사르트르가 『존재와 무』(1956)에서 제시한 이해로 수용되고 있는 실정이다. 사르트르에 따르면 하이데거의 죽음론의 핵심 통찰은, "모든 사람은 죽는다"라는 자명하고 진부한 인식과, "내가 죽을 것이다"라는 섬뜩한 개인적 인식 사이의 구별에 있다. 내가 죽는다는 사실은 하이데거가 "나의 것임 혹은 각자성"(Jemeinigkeit)이라 부르는 것의 죽음을 뜻하는데, 이는 사회 생활을 위한 세계의 안정적 관계를 단절시키며 개별적으로 우리를 압도하는 것으로, 나의 존재가 유한하며 나 자신을 규정하는 모든 기획과 헌신이 결국에는 무의미하게 끝날 수 있음을 깨닫게 한다. 이러한 실존주의적 해석은 특정한 형태의 본래성 개념으로 이어진다. 즉, *일상인*(das Man)이라는, 아무 생각 없이 대중 속에 파묻혀 자신의

---

1 최근 몇 년 동안 하이데거 사상에서 '죽음'의 의미를 둘러싼 논의가 활발하게 이루어져 왔다. 보다 영향력 있는 영어권 해석들은 Blattner(1994, 2009), Carman(2003), Guignon(1984, 2011), Haugland(2000), Hoffman(1993), Mulhall(2005), Thomson(2013), White(2005)에서 찾아볼 수 있다. 하이데거의 죽음론에 대한 주요 해석들을 간결하게 개관한 글로는 Dreyfus(1990)를 참조할 수 있다.

진정한 삶을 돌아보지 않기보다는 오히려 우리는 존재의 유한성을 정면으로 마주하는 본래적 개인으로서 자신을 살펴야 한다. 우리는 언젠가 죽는다는 점을 받아들이며 자신에게 열려 있는 죽음의 가능성을 의식한 채 더욱 강렬하고 열정적으로 해방된 삶을 살아야 한다.[2] 여기서 본래적인 "죽음을 향한 존재"(*Sein-zum-Tode*)는 자신의 미래적 죽음에 대한 특정한 지향을 포함하는데, 사르트르가 말하듯, 그러한 죽음의 가능성은 "노년의 말미에만"[이 아니라] "삶의 한창때나 젊음 속에서도 갑작스러운 죽음이 우리를 소멸[시킬 수 있다]"는 형태로 끊임없이 위협한다(1956, 512). 그러나 하이데거의 죽음론을 개별적인 삶의 근본적인 불안정성이라는 관점에서만 이해하는 것은 『존재와 시간』에서 논의되는 세 가지 죽음, "끝남"(*Verenden*), "사망"(*Ableben*), "죽음"(*Sterben*)의 미묘한 구별을 간과할 수 있다.[3] 하이데거에게 죽는다는 것은 우리가 다른 동물과 공유하는 생리적 차원의 "끝남"을 의미하지 않으며, 또한 물리적 "사망"(demise)이라는 자신의 개인적 공포를 마주함으로써 더욱 자유롭게 살게 하는 실존적 사건만을 뜻하는 것도 아니다. 인간존재를 세계-내-존재로 규정하는 하이데거의 관점을 상기하면, 죽음에 대한 독특한 관점이 드러난다. 죽음은 반드시 생의 말미에 발생하는 종결 사건이 아니다. 오히려 그것은 의미의 붕괴 혹은 "파국"

---

2   이러한 해석은 죽음의 "나의 것" 혹은 "각자성"(mineness)을 은폐하고 회피하는 수많은 방식에 관한 하이데거의 논의는 톨스토이의 『이반 일리치의 죽음』으로부터 강한 영향을 받았다. 톨스토이의 이 작품은 실존주의적 죽음 이해의 가장 결정적인 문학적 사례로 평가되며, 하이데거 역시 이를 존재와 시간에서 명시적으로 참조하고 있다(BT, 254 n12).

3   이 구분을 명확히 하는 데 있어, 나는 특히 윌리엄 블라트너(William Blattner, 1994)와 이언 톰슨(Iain Thomson, 2013)의 연구로부터 많은 도움을 받았다.

(*Zusammenbruch*)으로서, 생리적 기능의 종말이나 삶을 돌아보게 하는 실존적 사건이 아니라 세계와 자기 자신을 이해하고 파악하는 능력의 종말을 뜻한다. 정신질환의 관점에서 보면, 죽음은 익숙한 세계가 무의미 속으로 해체되면서 자신의 존재 방식이나 정체성이 사라지는 섬뜩한 경험을 가리킨다. 이는 존재론적 의미의 죽음이다. 즉, 정체성과 자기 이해를 구성하고 유지하는 데 의존하던 도구적 배경·역할·관계·실천의 세계가 더 이상 아무 의미도 없기 때문에 나는 어떤 존재도 될 수 없게 되는 상태, 다시 말해 "*존재할-수-없음*"의 상태가 곧 존재론적 죽음이다. 따라서 하이데거가 말하는 "죽음"은 단순히 *생리적으로 겪을 수 있는* 사건에 머물지 않는다. 오히려 죽음은 인간존재의 핵심에 놓여 있는 구조적 취약성을 드러내는 사건이며, 정신질환이 발병하는 동안 여러 차례 반복될 수 있는 경험이다.

이 장에서 우리는 하이데거가 말하는 죽음이 무엇을 의미하는지 탐구하고, 중병을 겪은 이들의 일인칭 서사적 기록을 통해 그 경험을 구체화하고자 한다. 이러한 서사들은 세계-붕괴의 경험에 생생하게 접근할 수 있는 통로를 제공하며, 정체성의 정서적 상실과, 상실 이후 의미의 세계로 다시 자신을 통합하려는 치료적 과제 모두를 드러낸다. 서사는 단순히 DSM의 여러 장애 범주와 대응되는 기술적 자료가 아니다. 오히려 서사는 개인이 자신의 경험과 정체성을 전체적으로 이해하고 의미를 부여할 수 있게 하는 담론적 틀을 열어 주는 행위이다. 이러한 의미에서 서사는 경험의 생생한-현실을 표현할 뿐 아니라, 그 현실의 의미를 구성하는 역할을 수행한다 (Taylor 1985; Schultz & Flasher 2011). 앞 장에서 살펴보았듯이, 하이데거는 자아를 서사적으로 구성된 것으로 이해했다고 해석할 수 있다. 우리의 정체성은 우리가 스스로 형성해 온 서사들에 의해 구성되고 유지되며, 이러한 서사들은 세계-붕괴가 지니는 *의미*를 표현할 수 있는 능력을 지닌다. 동시에 서사는 정체성 상실의 잔해와 고통 속에서도 대안적인 해석을 재구성할 수 있는 가능성을 열어 준다. 이 점에서 서사는 치유로 나아가는 중요한 경로가 된다. 정신과 의사와 환자 사이의 대화 과정에서 새로운 이야기가 형성될 수 있고, 이 이야기는 우리의 정체성이 근본적으로 취약하다는 사실을 알릴 수도 있다. 다만 우리의 정체성은 더 이상 의미를 지니지 않는 정체성을 내려놓을 수 있을 만큼 열려 있는 유연한 구조를 지니고 있다.

왜 현존재는 죽지 않는가?

『존재와 시간』 §49에서 하이데거는 소멸, 사망, 죽음 사이의 구분을 제시했다.[4] 그는 소멸을 "살아 있는 모든 것이 겪는" 죽음의 종류라고 규정하면서도, 곧이어 "현존재는 결코 죽지 않는다"(BT, 247)라고 말했다. 그러나 현존재가 인간존재를 지시하는 개념이고, 존재가 *살아 있음*과 관련이 있다면, 우리는 현존재는 죽지 않는다는 모순을 어떻게 이해해야 할까? 그 해답은 말할 필요도 없이 현존재를 규정하는 하이데거의 독특한 방식에

---

4 (옮긴이) 하이데거에게 소멸(perishing/Verenden)은 생명체 일반이 생물학적으로 끝나는 것이고, 사망(demise/Ableben)은 인간이 사실적으로 사망하는 사건을 뜻하며, 죽음(dying/Sterben)은 현존재의 존재 방식으로서 세계 이해와 연결되는 것이다. 큰 틀에서 소멸, 사망, 죽음은 죽음(death)을 뜻하지만, 하이데거는 실존적 의미 상실이자 유한한 자신의 존재를 선취하며 살아가는 존재 방식으로서 죽음(dying)에 주목한다.

있다. 그는 현존재를 생물학적 유기체나 생화학적 실체로 간주해서는 안 되며, 상황 속에 놓여 스스로를 해석하는 하나의 *존재 방식*으로 이해해야 한다고 강조했다. 다시 말해, 현존재의 존재는 "*무엇이냐*"로 구성되는 것이 아니라, "*어떻게 존재하는가*" 즉, 우리가 서로 공유하는 다양한 맥락 속에서 자신을 이해하고 해석하는 방식에 의해 구성된다. 사태를 이해하고 의미를 부여하는 우리의 고유한 방식이 곧 우리의 "*존재할 수 있음*"을 이룬다.

　따라서 현존재가 "살아 있다"고 말할 때 이는 생리적 과정과 거의 관련이 없다. 인간존재가 혈액을 순환시키는 심장이나 신호를 신체 각 부위로 전달하는 신경 회로를 가진다는 사실은 하이데거의 주요 관심사가 아니다. 그의 사유의 핵심은 오히려 "존재물음"(*Seinsfrage*)에 있다. 존재물음은 "일반적으로 존재라는 것이 무엇으로서 이해 가능해지는지를 가능하게 하는 [그래서] … 지평을 드러내고, 나아가 존재에 대한 어떤 이해가 어떻게 가능한지를 해명하려는 물음이다. 이러한 존재 이해는 현존재라 불리는 존재자의 구성에 본질적으로 속하는 것이다"(BT 231). 그러므로 중요한 것은 신체의 생리적 과정을 해석하고 의미를 부여할 수 있게 하는 실존적 조건과 구조이지, 생리적 과정을 결정하는 성격이 아니다. 바로 이러한 해석적 활동―곧 존재 이해―이 현존재를 다른 동물과 구별 짓는다. 현존재는 오직 세계-내-존재로서 살아가거나 존재한다. 이러한 이유에서 하이데거는 동물의 존재가 항상 빈곤하거나 "세계-내-존재가 빈곤한"(*weltarm*) 상태라고 강조한다. 동물에게는 스스로 공유하는 역사적 맥락이 부재할 뿐만 아니라 사물에 의미를 부여하고 해석하는 능력도 결여되어 있기 때문이다. 하이데거는 자연과학이 정식화한 환원적·결정론적 생명 개념과 인간의 "사실적 삶"(*faktische Leben*) 사이의 차이를 설명하면서 이 점을 명확히 했다. 인간의 사실적 삶은 이미 세계에 얽혀 있으며, 이러한 얽힘은 내가 사물에 *대해 무엇으로* 어떻게 염려하고 돌보는지를 규정한다. 즉 인간의 얽힘이라는 상호 주관성은 자신의 정체성을 형성하는 자기 규정적 역할·기획·책임을 규정한다. 이는 현존재가 세계에 몰두하고 그 세계를 이해하는 한에서만 "살아 있다"고 할 수 있으며, 이러한 이해가 곧 현존재로 하여금 자기 자신으로 존재할 수 있게 한다는 것을 뜻한다. 반면, 동물은 본능의 "영역"(*Umring*) 속에 갇혀 있으며, 스스로 의미 있는 정체성을 창조하거나 유지할 능력이 없다. 이로 인해 동물은 "환경 속에서 행동할 뿐, 결코 세계 속에서 행동하지 않는다"(FCM, 239). 이런 의미에서 동물은 상실할 만한 역사적 정체성을 갖고 있지 않다. 하이데거는 다음과 같이 설명했다.

> 따라서 유기체를 역사적(*geschichtlich*) 존재, 혹은 더 나아가 역사학적 존재라고 부르는 것이 의문시되듯, 비록 물리화학적·생리적 상관관계가 확인될 수 있다 하더라도 인간의 죽음과 동물의 죽음이 동일한 것인지 역시 의문이다(FCM, 267).

이러한 차이를 근거로 하이데거는 "오직 인간만이 죽으며, 동물은 [그저] 소멸할 뿐이다"(TT, 176)라고 말했다.

이제 하이데거가 "현존재는 결코 죽지 않는다"라고 말할 때 그가 의미하는 바는 더욱 명확해진다. 우리가 죽을 때 종말을 맞는 것은 생리적 신체의 소멸이지, 존재 이해가 아니다. 물론 이는 존재 이해가 생물학적 과정이 정지한 이후에도 계속 존재하는 비물질적 실체나 영혼과 유사하다는 뜻이 아니다. 다시 말해, 현존재는 어떠한 실체가 아니라 스스로를 해석하는 활동이며, 이 활동은 존재론적 죽음 속에서 죽을 뿐이다. 정신질환에 걸린다고 하더라도 존재론적 죽음은 신체가 여전히 살아 있다면 발생할 수 있다. 하이데거는 현존재가 "신체사물"(*Körperding*)을 가리키지 않는다고 명시함으로써 신체의 죽음과 존재론적 죽음의 구분을 더욱 분명히 하는데(BT, 238), 이것이 『존재와 시간』에서 신체에 대한 언급이 극히 적은 이유이다. 그의 초기 작업의 중심 목표 중 하나는 인간을 연장(extension), 물질적 구성, 인과적 결정성을 지닌 일종의 물리적 실체로 간주하는 자연주의적 가정의 해체였다. 하이데거가 볼 때 자연주의적 관점은 이미 세계 속에 얽혀 있는 *나의 몸*을 설명하지 못한다. 몸은 생물물리학적 기계가 아니라, 존재 이해를 통해 세계를 살아 내고 경험하는 *방식* 그 자체이다. 물론 하이데거는 우리의 존재 이해가 "각각의 경우에서 하나의 몸으로부터 흩어져 있다"(MFL, 137)고 인정한다. 하지만 그에 따르면, 자연과학적 신체 개념은 우리가 세계와 자신을 해석하고, 경험하고, 의미를 부여하는 *존재 방식*과 거의 관련이 없다.

이 지점에서 생물학적 죽음 개념의 한계가 분명하게 드러난다. 하이데거가 "의학적 의미의 '죽음(*exitus*)'"(BT, 241)을 언급할 때, 그는 그것이 현존재의 죽음을 지시하지 않는다는 점을 강조했다. 그는 오히려 의미가 드러나는 장(場)으로서의 세계의 구조적 취약성, 그리고 우리 자신의 자기 해석이 지닌 취약성을 드러냈다. 비록 하이데거가 현존재의 발달사적 기술을 제시하지는 않았지만, 세계에 대한 이해와 함께 예컨대 "좋은 아들" 혹은 "충실한 친구" 등으로 자신의 정체성을 해석하는 순간부터, 그 정체성은 종말에 이를 가능성을 갖는다. 그런데 심각한 정신질환이 발병하면 모든 의미 있는 정체성은 붕괴될 수 있으며 인간은 존재론적 죽음을 경험한다. 특이한 것은 이러한 죽음은 세계-내-존재의 의미에서 아직 살아 있지 않은 신생아나 어린아이에게는 발생할 수 없다는 점이다. "죽음"은 오직 현존재에게만 가능한 일이다. 하이데거가 말하듯, 그것은 "현존재가 존재하는 한 항상 떠맡고 있는 *하나의 존재 방식*"(BT, 245, 인용자 강조)이다. 유아의 단계에서 존재론적 죽음을 찾을 수 없듯, 생애의 말기에서도 존재론적 죽음은 경험되지 않을 수 있다. 혼란과 치매로 인해 *더 이상* 현존재로 존재하지 못하게 되는 경우가 그렇다. 사실 하이데거는 "현존재는 종종 그 끝에 이르기 전에 이미 무르익을 시기를 지나 버릴 수 있다"(BT, 244)라고 간략히 언급할 뿐, 이에 대해 자세히 서술하지 않았다. 『존재와 시간』에 제기된 강력한 비판 중 하나는 그가 강건하고 건강한 현존재만을 제시했다는 점이다. 하이데거는 의미를 구성하고, 목표 지향적인 과업에 매끄럽게 몰두하며 작업장의 도구들을 능숙하게 다루는 현존재의 모습만이 일상적 인간 존재의 전형처럼 그렸다. 존 카푸토(John Caputo)가 언급하듯, 하이데거의 세계에는 "거지·나병 환자·병원·노숙자·[혹은] 아이들"이 없다(1994, 332). 카푸토의 이러한 비판은 우리의 주제와 특별히 관련 깊다. 왜냐하면 카푸토의 비판은 타당하지만 분명한 것은 질병 경험이 존재론적 죽음의 현상을 조명해 주며, 이 죽음의 경험에 대해 더욱 정교하고 확장된 이해를 가능하게 하기 때문이다.

현존재의 죽음

하이데거에 따르면 소멸과 죽음의 차이는 앞서 제시된 두 가지 신체 개념의 관계를 통해 이해할 수 있다. 소멸은 *물리적 신체(Körper)*의 죽음이며, 죽음은 *살아 있는 신체(Leib)*, 즉 다가올 물리적인 신체의 죽음을 우리가 정서적으로 경험하고, 해석하며, 의미를 부여하는 살아 있는 신체와 관련된다. 그리고 죽음은 죽음을 인식하고, 이해하며, 심지어 그 앞에서 전율할 수 있는 능력을 포함하는 문제이기 때문에 현존재에게만 속하는 사건이다. 실존주의적 해석에 따르면 우리의 물리적 실존은 우발적이며 유한하기 때문에, 우리의 모든 자기 규정의 시도들은 궁극적으로 헛되고 무의미하다. 헛되고 무의미하다는 자각으로부터 드리워지는 두려움이 곧 실존주의적 죽음-불안이다. 톨스토이는 자신의 회고록에서 이 경험을 고전적으로 묘사했다:

> 나는 내 삶 전체에서 그 어떤 행위도 합리적 동기를 갖고 있었다고 말할 수 없었다. 오히려 왜 이것을 처음부터 깨닫지 못했는지 놀라울 뿐이었다. 이는 오래전부터 나에게 알려진 사실이었다! 병과 죽음은 결국 오고야 말 것이다. … 내가 사랑하는 사람들에게도, 나 자신에게도, 남는 것은 오직 악취와 구더기뿐이다. 내가 무엇을 하든, 나의 모든 행위는 결국 잊힐 것이고, 나는 아무 데도 없을 [것이다]. 그렇다면 무엇 때문에 마음을 그렇게 쏟아야 한단 말인가?(1994, 16)

이처럼 소멸과 죽음은 정도의 차이가 아니라 종(種)의 차이이다. 하이데거가 "현존재의 본질은 현존재의 실존에 있다"(BT, 42)라고 말할 때, 그는 인간이란 고정된 본성이나 예정된 실체적 특성을 지닌 생물물리학적 존재가 아님을 강조한 것이다. 인간은 언제나 자신에게 주어진 생리적 조건들을 해석할 수 있는 자기-형성적 존재로서 스스로에 *대해* 존재한다. 이러한 자기-형성 활동에는 자기를 보장하는 그 어떤 근본적 토대도 미리 제공되지 않는다. 나는 언제나 "아직-아님"이며 "가능한 존재"로서 나의 존재가 끝날 때까지 끊임없이 나 자신을 구성해 가는 중이다. 그러나 하이데거는 자기-형성 활동이 단지 삶이 끝날 수 있다는 정서적 불안을 마주할 때만 붕괴하는 것이 아니라, *언제든지*, 곧 *"현존재 자신으로부터 비롯되는 지속적 위협"*(BT, 265)에 의해 붕괴될 수 있다고 주장했다. 이는 내가 비교적 젊고 건강하더라도 나의 존재할-수-있음은 당연시될 수 없음을 뜻한다. 존재론적 죽음에서 비롯되는 불안은 신체가 쇠퇴하거나 질병에 걸리는 혹은 노년의 단계에 이르러서야 나타나는 먼 미래의 사건으로 미룰 수 있는 게 아니다. 이 점에서 하이데거는 "의학적 · 생물학적 연구는 … [오직] 죽음에 대한 실존적 해석의 기본적 방향이 확보될 때에만 존재론적으로 의미를 가질 수 있다"(BT, 247)고 말했다. 실존주의자들이 주장하듯, 마주하게 될 생물학적 죽음은 내가 존재론적 존재이기 때문에 의미가 있다. 즉 나는 나의 죽음에 대해 해석하고, 의미를 부여할 수 있기 때문이다. 죽을 수 있다는 생각 속에서 확실하게 들이닥친 공포는 나의 모든 기획의 우연성과 유한성을 드러내며, 궁극적 질문―"나는 누구인가?" "나는 어떻게 살아야 하는가?"―과 대면하게 한다. 그러나 죽음이라는 최종 사건이 막연한 미래로 밀려날 수 있다는 사실은 우리로 하여금 그것을 부정하게 만들며, 존재 구조의 "무(無)화됨"에서 비롯되는 섬뜩한 불안이 마치 관리 가능한 특정 대상에 대한 두려움이라고 생각하게 만든다.

공포와 불안의 구분은 사망과 죽음의 차이를 이해하는 데 핵심적이다 (cf. Thomson 2013). 하이데거에게 공포(*Furcht*)는 특정한 원인과 대상에 향해 있는 정서로서, "항상 세계-내의 존재자들[사물이나 사건]로부터 비롯되며" 경험의 방향성이 있다. 반면 불안(*Angst*)은 "*아무 데서도 오지 않으며 아무것도 향하지 않는다*"(BT, 187). 따라서 다가오는 물리적 신체의 죽음을 자각하면서 경험하는 세계-붕괴는 공포로 해석될 수 있다. 이러한 공포는 미래에 일어날 "무엇"에 대한 두려움이기 때문에 외재화되거나 어느 정도 거리를 두고 관리될 수 있다. 하이데거는 이 관점이 "우리로 하여금 죽음을 계산적으로 다룰 수 있다고 믿게 함으로써 [죽음]을 약화시킨다"(BT, 261)고 지적했다. 그러나 내가 무엇을 염려하는지 가리킬 수 없는 불안이 확산된 상황에서는 무엇이 나를 위협하는지 지적할 수 없다. 왜냐하면 세계-붕괴라는 취약성은 저 멀리 있는 미래 사건이 아니라 존재 자체의 존재론적 구조이기 때문이며, 존재론적 죽음의 경험은 "언제든지 발생할 수 있기 때문이다"(BT, 258).[5] 불안 속에서 우리의 구조적 취약성이 드러날 때, 익숙한 의미 세계는 붕괴한다. 이는 "'세계'가 더 이상 아무것도 제공하지 못하며, 이로써 현존재는 자기 자신을 이해할 가능성을 박탈당하기 때문에"(BT, 187) 우리는 죽는다. 따라서 하이데거가 죽음을 논할 때 그는 실존주의적 설명에 동의하지만 좀 더 강한 주장을 내세웠다. 즉 자기-이해의 붕괴

---

5 세계-붕괴를 현존재의 구조로 해석하는 것은 하이데거가 "'무(無)'는 불안이 맞서게 되는 것에서 스스로를 드러내며, 이는 곧 *세계-내-존재*[혹은 현존재] 자체가 불안해하는 바로 그것이라는 의미이다"(BT, 187)라고 말한 진술의 의미를 이해하는 데 도움이 된다.

는 단지 다가올 신체의 물리적 죽음에 대한 고통스러운 자각 속에서만 일어나는 것이 아니라, 애초부터 우리의 정체성은 자신의 붕괴 가능성에 의해 구조화되어 있기 때문에 항상 불안정하다는 것이다. 이 때문에 하이데거는 "현존재는 사실적으로, 그리고 끊임없이 죽어 가고 있다. 그것이 아직 사망에 이르지 않는 한"(BT, 259)이라고 말했다. 나아가 "현존재는 단순히 멈춰 버리는 종말을 갖는 것이 아니라, [오히려] *유한하게 존재한다*"(BT, 329)고 주장했다. "유한하게 존재한다"는 것은 언제나 세계-붕괴의 가능성에 노출되어 있으며, 그 가능성의 발생은 우리의 존재할-수-있음의 종말을 뜻한다. 따라서 사망과 달리 죽음은 "실존의 *불-가능성의 가능성* … [이며] 현존재의 '종말'에 덧붙여지는 것이 아니다"(BT, 306). 이 설명은 정신질환의 발병이 지니는 특별한 공포를 드러낸다. 즉 우리는 정신질환이 발병할 때 세계의 붕괴, 자기의 마비와 해체를 경험하고 고통받는다. 정신질환에 걸리면 우리는 살아 있으면서 동시에 죽게 된다. 우리는 사물을 지각하고 다루며 경험하지만, 그 모든 것에 의미나 중요성을 부여할 수 없다.

이러한 순간들에서, 과거에는 즐거움을 주던 활동과 기획들이 모두 의미를 잃고, 미래의 사건들은 더 이상 정서적으로 공명하지 않으며, 세계와 관계 맺고 앞으로 나아가려는 동기 자체도 붕괴한다. 그러나 하이데거에게 이러한 질병의 발생은 신경화학적 균형을 통해 약물로 통제하거나 제거할 수 있는 의학적 질병의 발생을 뜻하지 않는다. 불안은 현존재의 존재론적 구성에 속하는 것이기 때문에 의료적 처치로 고칠 수 없다. 이러한 관점에서 생의학적 설명으로는 존재론적 죽음의 의미를 파악할 수 없는데, 그 이유는 "[불안을] 실존적·존재론적 구성의 원리에 따라 해석할 수 없기" 때문이다(BT, 190). 따라서 하이데거는 "존재의 깊은 차원에서 근본적으로 현존재는 불안하기 때문에, 생리적인 불안도 유발될 수 있는 것"이라고 말했다(BT, 190). 이 말은 모든 사람이 죽음-불안을 실제로 경험한다는 뜻이 아니라, 우리의 자기 해석이 구조적으로 취약하기 때문에 언제나 가능한 것이라는 뜻이다.[6] 동시에, 죽음은 단순히 자아를 무의미하게 파괴하는 적대적인 사건만은 아니다. 하이데거에 따르면, 죽음을 특정한 방식으로 앞질러 예견할 때, 죽음은 우리의 정체성이 갖는 취약함과 무상함을 드러내어 개인적 성찰과 변화의 기회를 제공한다. 이는 우리가 어떤 선택과 행위를 통해 자신을 형성해 왔는지를 직면하게 만들며, 또 다른 자기 해석의 가능성을 열어 준다.

존재론적 죽음 앞에서 사회적으로 주어진 정체성에 매달리거나 그러한 죽음의 불안을 외면한 채 익숙한 자아의 편안함 속으로 도피해 버린다면, 우리는 "비본래성"(*uneigentlich*) 속에 머무르게 되며, 자신의 구조적 취약성을 인정하지 않게 된다. 하이데거에 따르면 이러한 부정이나 회피는 죽음에 대한 우리의 일상적 반응이며, 현존재가 "대체적으로, 대부분의 경우 유지하는"(BT, 260) 방식이다. 앞선 장에서 보았듯, 본래적 존재가 되기 위해 하이데거는 "결단성"(*Entschlossenheit*)의 중요성을 강조했다. 결단성은 죽음을 앞질러 예견하며 세계-붕괴의 가능성에 한결같이 대비하는 태도이

---

6 이 때문에 하이데거는 존재론적 죽음이 "확정적"(*gewiss*)인 동시에 "불확정적"(*unbestimmt*)이라고 말한다. 일상인(das Man)은 "죽음의 확정성이 지닌 고유한 의미—즉, 죽음이 언제든지 가능하다는 사실—를 은폐한다. 죽음의 확정성과 더불어 그 '언제'에 대한 불확정성은 늘 따라온다"(BT, 258). 죽음이 확정적이라는 것은 인간존재의 자기 해석적 활동이 항상 붕괴 가능성에 노출되어 있다는 의미이며, 불확정적이라는 것은 이 붕괴가 실제로 언제 발생하는지조차 알 수 없다는 것을 뜻한다.

다. 결단적 태도 속에서 "[현존재는] 자신의 실존의 근본 토대가 본래적으로 무(無)로 있다는 사실을 수용한다"(BT, 306). 그러나 "결단성"이라는 단어는 오해를 낳기 쉬운데, 이는 마치 단단히 고집스러운 정신적 태도로 읽혀지기 쉬우며, 익숙한 정체성에 집착하며 죽음을 부정하는 비본래적 현존재의 자세와 유사하게 보인다. 하이데거에게 결단성은 고집스런 태도가 아닌 수용적 태도를 뜻하며, 실존의 우발성에 대한 개방성, 더 나아가 나 자신을 해석하는 방식을 융통성 있게 조정하고, 더 이상 지속될 수 없는 자기 해석을 기꺼이 놓아 버릴 수 있는 정신적 태도를 의미한다. 따라서 내가 결단과 함께 어떤 정체성을 선택하거나 거기에 헌신하더라도, 나는 항상 "그 정체성을 *취소할* 가능성에 [자신을] 열어 두어야 한다"(BT, 308). 이러한 방식으로 죽음-불안에 응답할 때, 우리는 자신에 대해 안정적이고 지속되는 무엇이 있다는 생각을 내려놓을 수 있으며, 이를 통해 자신의 구조적 취약성을 기꺼이 인정하고 비본래적 집착으로부터 벗어날 수 있다. 이러한 죽음에 대한 예견과 준비는 "실존에게 최상의 가능성이란 바로 자신을 *포기할* 줄 아는 데 있다는 사실을 드러내며, 이로써 실존이 도달한 어떠한 방식에 대한 집요함도 산산이 부순다"(BT, 308, 필자 강조).

홍미롭게도, 하이데거는 이러한 변화와 해방의 가능성을 지닌 본래성이 대부분의 사람들에게는 도달하기 어려운 것일 수 있다고 암시했다. 그는 이를 "타락과 대중성이 지배"(BT, 190)하는 상황 때문이라고 보았는데, 여기서 타락과 대중성이 지배한다는 것은 우리의 일상적 사회 관행과 문화 제도 속에 깊이 자리 잡은 광범위한 사회적 "평준화"(*Einebnen*) 혹은 순응주의를 뜻한다. 이러한 구조는 인간존재에 어떤 항구적이고 견고한 실체가 있다는 환상을 만들어, 우리 스스로의 유한성을 가리는 효과를 낳는다.

이 때문에, 하이데거에게 "진정한" 혹은 "본래적인 불안"(*eigentliche Angst*)을 경험한다는 것은 극히 드문 일이다(BT, 190).[7] 이런 점에서 본래성에 대한 낭만적 서사가 생성되는데, 왜냐하면 이는 불안의 정서적 힘을 체험하고, 일상인(*das Man*)[8]이 만든 우리를 왜곡하고 평준화하는 영향력을 꿰뚫어 볼 수 있는 힘이 소수에게만 허용되는 일종의 특권처럼 보이기 때문이다. 그러나 존재론적 죽음의 현상을 치명적인 질병의 관점—하이데거가 말한 "불안 현상의 사실적 희소성"(*die faktische Seltenheit des Angstphänomens*)(BT, 190)이 아닌—에서 접근하는 것은 특별히 유익하다. 왜냐하면 *일상인*은 결국 몸의 취약성으로부터 스스로를 보호할 수 없기 때문이다. 노화와 질병은 사실상 희귀하지 않으며, 삶의 과정에서 피할 수 없는 사건이다. 그리고 질병은 사망이라는 종말적 사건뿐 아니라, 죽음이라는 구조적 취약성 또한 드러내 보인다. 더 나아가, 우리의 자기-구성의 불안정성을 끊임없이 상기시키는 이러한 신체적 조건들은 세계-붕괴 이후 정체성을 기꺼이 내려놓을 수 있는 태도의 중요성을 조명해 준다.

---

7 하이데거는 다음과 같이 설명한다. "[불안] 현상이 희귀하다는 사실은 현존재에게 … 은폐되어 있는데 그 이유는 '익명의 세인들'이 사태를 사회적으로 해석해 온 방식 때문이다"(BT, 190).

8 하이데거는 또한 "불안은 종종 '생리적 요인들'에 의해 조건지어진다"(BT, 190)고 언급한다. 이것이 정확히 무엇을 의미하는지는 분명하지 않지만, 이는 개인의 신경 체계가 강하냐 약하냐에 따라 죽음-불안이 지니는 힘이나 정서적 체험의 강도가 좌우될 수 있음을 암시하는 것으로 보인다.

존재론적 죽음과 질병 서사

하이데거는 존재론적 죽음이 중병(critical illness)의 트라우마에 의해 어떻게 촉발될 수 있는지를 직접 탐구하지는 않았다. 그러나 질병 서사에서 반복적으로 등장하는 주제를 살펴보면, 이 서사들이 존재론적 죽음의 정서적 측면을 상당 부분 포착하고 있음을 알 수 있다. 이러한 서사들은 고통을 단지 신경화학적 문제로 축소해 버리는 협소한 관점에서 벗어나, 세계-붕괴에 필연적으로 수반되는 실존적 · 존재론적 고통을 다룰 수 있도록 시야를 확장시킨다. 의사회학자(medical sociologist) 캐시 차마즈(Kathy Charmaz)는 존재론적인 실존적 고통을 다음과 같이 설명한다. "이는 기존의 자기 이미지가 붕괴되었음에도 불구하고, 그에 필적하는 새로운 이미지가 형성되지 않은 상태를 뜻한다. 그 결과, 과거에 긍정적으로 자기 이미지를 지탱하던 경험과 의미들은 더 이상 이 환자들에게 의미 있는 자원으로 기능하지 않는다"(1983, 168).[9] 이 지점에서 하이데거의 본래적인 죽음을 향한 존재 개념은 중요한 시사점을 제공한다. 이는 자기 해석의 구조적 취약성을 명료하게 인정하도록 하면서, 중병의 세계에서 더 이상 유효하지 않은 정체성을 내려놓는 실존적 태도를 형성한다. 그 결과, 새로운 의미에 대한 개방성이 증대되고, 새로운 자기 해석을 서사화할 수 있는 가능성이 열린다. 아서 프랭크(Arthur Frank)의 회고록 『아픈 몸을 살다』(*At the Will of the*

---

9 차마즈의 연구 자료는 "심혈관 질환, 당뇨병, 암, 다발성 경화증, 루푸스 등의 다양한 진단을 받은 북부 캘리포니아 지역의 만성질환자 57명을 대상으로 한 73개의 심층 인터뷰에서 수집된 것"이다(1983, 171).

Body, 1991)는 이러한 주제를 풍부하게 보여주는 강렬한 사례이다.

프랭크는 서른아홉에 심장마비를 겪고, 이어 마흔에 고환암 진단을 받는다. 그는 자신의 정체성을 지탱하던 의미들이 붕괴하면서 폭발적으로 분출된 정서적 공포를 다음과 같이 묘사한다. "당신의 일, 당신이 *누구인지*를 알리는 감각들, *무엇이 될 수 있다고* 생각했던 당신의 모습, 그리고 삶이 무엇이며 무엇이어야 한다고 여겼던 모든 것이 변한다. 그 변화는 공포스럽다"(1991, 6). 이 붕괴는 프랭크가 전문적인 의료기술의 세계에 들어가면서 더욱 증폭된다. 그는 중병을 살아낸 주체가 아닌, 생물학적 대상으로 환원되고, 의사들로부터 자신의 경험 세계에 대한 인정이 거의 주어지지 않는 상황에서 자기소외를 경험한다.

그는 물리적인 몸과 살아 있는 몸의 구분을 비추어 다음과 같이 말한다. "내 몸이 망가질 때 일어나는 일은 단순히 몸에게만 발생하는 것이 아니라, 그 몸으로 살아가는 나의 삶 전체에 발생한다. 몸이 무너지면 삶도 무너진다"(1991, 10). 임상적 만남 속에서 그는 다음과 같은 사실을 깨닫는다. "*나의 몸*, 살아 있다는 나의 지속적 경험은 측정되고 대상화된 객체로서 그 몸(*the* body)이 된다"(1991, 12). 프랭크의 의사들이 그의 살아있는 경험을 인정하려 하지 않았던 사실은 고통을 생의학적으로만 해석하는 관점의 한계를 드러낸다. 그뿐만 아니라 질병을 측정하고 통제 가능한 "그것"으로 지시하는 의학의 탈인격적 언어가 어떻게 우리의 구조적 취약성으로부터 우리 눈을 가리고 있는지를 보여준다. 환자는 의학이 지시하는 생의학적인 몸, 통제가능한 몸으로만 자신의 몸을 바라보면 안 된다. 왜냐하면 "환자는 '물리적인 몸'은 순전히 자신의 일부만으로 존재한다는 사실을 잊게 되기 때문"이다(1991, 13). 결국 환자는 다음과 같이 물어야 한다. "나에게 무슨 일이 일어나고 있는가? *물리적 몸이 아니라, 나에게?*"(1991, 13). 이러한 방식으로 중병은 건강할 때는 거의 드러나지 않는 우리의 존재론적 구성의 핵심 측면이 무엇인지를 비춰준다.

프랭크는 자신의 경험을 표현하고 의미를 담은 서사를 통해 하이데거가 말하는 "[자신의] 무(無)의 무-근거(null basis)"와 맞닥뜨린 과정을 기술한다. 육체의 취약성을 경험하는 것은 곧 그의 존재 자체의 더 근원적인 취약성을 드러낸다. 건강했을 때, 프랭크의 세계는 미래를 열어두었으며, 그는 그 가능성과 의미의 지평을 통해 자신을 구성하고 정체성을 유지할 수 있었다. 그러나 질병과 함께 세계-붕괴가 찾아왔을 때, "미래는 사라졌다"(1991, 127). 그가 겪은 공포의 상당 부분은 자기 정체성의 죽음을 마주해야 한다는 데 있었다. 세계는 여전히 존재했지만, 이제 더 이상 그에게 의미를 제공하지 못했다. 그것은 섬뜩하고 "친숙하지 못한(un-homelike)"(Svenaeus 2011), 낯설고 괴상한 것으로 나타났다. 프랭크는 이를 "비현실적이면서도 완전히 현실적인 악몽 속을 걷는 것"(1991, 27)이라 표현한다. 그는 또한 생의학적 담론의 객관성이 자신의 비현실적인 경험을 평가절하한다는 사실을 깨달았고, 그의 경험을 가장 잘 이해하고 인정해 준 이들이 의료진이 아니라 중병을 경험한 동료 환자들이라는 사실을 발견한다.[10] 동

---

10 예를 들어, 프랭크는 간호사들이 자신의 신체적 고통에만 관심을 기울였던 방식, 간호사들이 자신의 주변에서 "암"이라는 단어 사용을 피하고 그를 "53번 [병실]의 세미노마(seminoma)"로 지칭했던 방식, 그리고 다른 환자들이 자신보다 "훨씬 더 심각한 상태"라고 자주 언급했던 방식에 대해 서술한다(1991, 100-101). 실제로 그가 자신의 고통 경험에 대해 외과의와 의미 있는 대화를 나눌 수 있었던 유일한 방법은 동의서(수술 동의서)에 서명하기를 거부하는 것이었다.

료 환자들의 인정—"그들이 [나를] 똑바로 바라보고, 그들이 본 것을 [받아들여] 주었을 때"(1991, 104)—은 동료 환자야 말로 여러 면에서 그의 주요 돌봄 제공자가 되었음을 보여주었다. 의료진이 그의 신체적 회복을 도왔지만, 동료 환자들은 *하나의 인격자*로서 그의 붕괴된 정체성을 의미 있게 표현하고 이해할 수 있도록 하는 인정의 장과 언어적 맥락을 제공해 주었다.

동료 환자들과 함께함으로써 프랭크는 자신의 존재론적 죽음을 통과하며 그것에 의미를 부여할 수 있었고, 고통을 함께 경험하는 동료들과의 관계를 기반으로 새로운 정체성을 형성할 수 있었다. 이러한 서사적 재구성을 통해 그는 자신의 고통이 지닌 가치를 보게 되었다. 고통은 단지 일상의 분주함 속에서 "속도를 늦출 권한"을 준 것만이 아니었다. 중요한 것은, 질병 이전에 자신이 어떻게 살고 있었는지를 보게 했으며, 고통은 우리가 [건강]을 당연하게 여길 때 [흔히] 잃어버리는 삶의 균형감을, 즉 삶에서 무엇이 실제로 중요한지를 다시 깨닫게 해주었다(1991, 120). 건강했을 때 프랭크는 자신의 직업적 정체성이 부과하는 조급한 요구들 속에 휘말려 있었고, 자신이 왜 그런 방식으로 살았는지 거의 인식하지 못했다. 그는 눈이 멀어 "어떤 체계의 요구를 충실히 이행하느라"(1991, 119) 시간을 보냈고, 마치 논문을 한 편 더 발표하거나 위원회를 하나 더 맡는 것이 자신의 존재를 더 견고하고 실재적인 것으로 만들어 줄 것처럼 이력서를 채우는 데 분주했다. 질병은 이 외피를 산산이 부수었고, 야심찬 학자 정체성을 만들고자 분주하게 노력하던 자신을 마침내 내려놓도록 강제했다. 이러한 내려놓음은 인간존재의 무상함과 그의 정체성을 지탱하던 관계망의 취약함에 그를 열어주었다. 그는 다음과 같이 이야기한다. "질병의 궁극적 가치는 살아 있다는 것의 가치를 알려준다는 데 있다. 이것은 병든 사람들이 단순한 동정의 대상이 아니라 우리가 소중히 여겨야 할 존재인 이유를 알린다. 질병, 궁극적으로 죽음은 우리에게 살아 있음을 상기시킨다.… 죽음은 삶의 적이 아니다. 죽음은 삶의 가치를 회복시킨다"(1991, 120). 그러나 여기서 프랭크가 말하는 "죽음"은 단순한 생물학적 종말이 아니라, 그의 정체성에 내재한 구조적 취약성을 가리킨다. 즉, 그것은 그의 사회적 자아의 외피를 뚫고 오랫동안 은폐되어 있던 의미와 가치들을 표면으로 떠오르게 한 취약성이었다.

프랭크 자신의 개별적 변화는 하이데거의 본래성 개념을 구체적으로 보여준 사례이다. 프랭크의 개인적 변형 경험은 하이데거의 본래성 개념을 구체화하는 데 도움이 된다. 하이데거에게 본래성이란, 일상의 표면적 껍질 아래에 숨겨진 어떤 "진정한"(real) 혹은 "고유한"(eigentliche) 자아를 회복하는 것과는 거의 무관하다. 오히려 본래성은 '진정한 자아'라는 관념 자체가 환상이며, 사회적 세계가 만들어낸 의심스러운 허구에 불과하다는 사실을 깨닫게 한다(BT, 278).[11] 우리는 자기 해석이 본질적으로 안정적이고 신뢰할 만하다는 잘못된 확신에 사로잡혀 "일상인 속에 길을 잃고"(BT, 383), 자신이 갖는 구조적 취약성을 인식하지 못한 채 살아간다. 프랭크의 질병 이후 발견한 불안은 이러한 환상을 파괴했고, 그의 정체성이 궁극적으로 결핍에 의해 구성되어 있다는 사실을 드러냈다. 이 결핍을 이해하고

---

11 물론 이것은 하이데거가 자기성(selfhood)을 일종의 포스트모던적 방식으로 폐기하자는 입장을 옹호했다는 뜻이 아니다. 현존재의 해석적 활동은 전체로서 비교적 응집되고 통일된 자아 감각을 가능하게 한다. 문제가 발생하는 지점은 내가 이러한 해석적 응집성을 영속성과 혼동하고, 내가 가진 자기 해석이 곧 "진짜 나"라고 확신하게 될 때이다.

자신의 죽음을 예견하는 과정에서, 프랭크는 새로운 정체성을 형성한다. 이 정체성은 더 넓고 다양한 자기-형성의 기획에 열려 있으며, 생산성·분주함·업적·소유 중심의 삶만을 유일한 삶의 방식으로 여기는 일상인의 평준화된 유행에서 벗어난다.[12] 그러나 본래적 결단성은 이러한 모든 기획들 역시 어떤 방식으로도 안정적이고 영속적인 정체성을 가져다줄 수 없음을 냉철하게 인정하게 한다. 그래서 결단성은 변화하는 상황 속에서 정체성을 내려놓을 수 있는 용기와 "지속성"(*Beständigkeit*)—즉 유연한 고결함—을 요구한다(BT, 322). 이러한 방식으로 이해된 결단성은 우리를 노화·질병·죽음의 불가피한 흐름에 대비하게 할 뿐 아니라, 이혼, 실직, 자녀의 독립, 부모의 죽음과 같은 삶의 수많은 "작은 죽음들"(little deaths)에도 대비하게 한다. 이러한 죽음들 앞에서 예견한 결단성으로 마주할 때, 우리는 자신이 안정적·불변적 존재라는 편안한 환상으로부터 벗어나게 된다. 이것이 하이데거가 "*죽음을 향한 자유*—'일상인'의 환상들로부터 해방된 자유"(BT, 266)라고 부른 것이다. 이 자유는 본래적 현존재가 자신의 정체성

---

12 하이데거가 실존주의자들(예: 사르트르)의 급진적·절대적 주체 개념—곧 주체가 자신의 정체성을 무에서(ex nihilo) 창조한다는 관념—을 거부한다는 점을 유념할 필요가 있다. 존재론적 죽음의 여파 속에서 현존재가 어떤 정체성에 헌신한다 하더라도, 그 정체성의 의미와 중요성은 이미 열린 세계에 의해 형성되고 해석되어 왔기 때문이다. 요컨대, 현존재는 본래적이든 비본래적이든 결코 '세계-없는 존재가 아니다. 이 때문에 하이데거는 다음과 같이 말한다. "결단성"(*Entschlossenheit*)은 본래적 자기-자신-존재로서 현존재를 세계로부터 분리시키지 않으며, 그것을 고립시켜 부유하는 '나(I)'로 만들지도 않는다. 결의성이 본래적 개시성으로서 본래적으로 아무것도 아닌 것이 곧 세계-내-존재인 이상, 어찌 그것이 그러할 수 있겠는가. 결단성은 자기 자신을, 현존재가 그때그때 근심하며 함께-존재하는 준비-되어-있음의 존재 방식 속으로 바로 데려가며, 사려함 속에서 타자들과 함께 존재하도록 밀어 넣는다"(BT, 298).

을 유연하게 다루며, 삶의 격변에 대응하여 자기 해석을 재구성하는 방식 속에 구현된다.

질병 서사를 통해 하이데거의 죽음 개념을 살피면, "현존재는 존재하는 한 죽어가고 있다"(BT, 251)는 그의 말을 잘 이해할 수 있다. 질병은 우리의 신체적 취약성을 일깨워줄 뿐 아니라, 자기-이해의 구조적 연약성, 그리고 존재할-수-있음의 허약성을 상기시켜준다. 이 통찰은 돌봄의 책임을 새롭게 성찰하게 한다. 중병 환자에 대한 돌봄은 단순히 병든 신체를 측정하고 치료하는 것으로 환원될 수 없다. 완화의료와 삶의 마지막 단계 돌봄에서의 최근 성과들이 보여주듯, 돌봄은 세계-붕괴의 경험을 이해하고 의미화하려는 개인의 고투를 공감하는 데 힘써야 한다. 프랭크의 서사가 보여주듯, 이는 임상의가 먼저 정체성 상실에 수반하는 실존적 불안과 혼란을 인정하는 것을 필요로 한다. 또한 환자가 자신의 경험을 표현하고 의미를 부여할 수 있도록 하는 담론적 맥락을 열어주어야 한다. 이 맥락은 각 개인의 자기 해석이 갖는 구조적 취약성을 열어주는 동시에, 급격히 변화한 세계에 더 이상 적합하지 않은 기존의 자기 해석을 내려놓을 수 있을 유연성으로 우리를 이끈다. 마지막으로, 임상의는 환자가 질병을 통해 주어진 것을 토대로 새로운 이야기와 새로운 정체성을 재구성하거나 '시적'(poetic)으로 재창조할 수 있도록 대안적 의미 틀을 제시해야 한다. 실존 심리치료사 한스 콘(Hans Cohn)은 다음과 같이 말한다.

치료는 우리 존재의 불가피한 특성들—육체 속에 있음, 타인과 함께 있음, 선택의 필요성, 죽음의 확실성—을 수용하도록 도울 수 있다. 그러나 치료는 또한 주어진 것들에 대하여 우리가 선택할 수 있는 고유한 반응의 다양한 가능성을 긍정하도록 도울 수도 있다(1997, 125).

　물론 이러한 돌봄의 재사유는 중병 환자의 영역을 훨씬 넘어선다. 우리는 심장마비나 암을 겪지 않더라도 존재론적 죽음을 경험할 수 있다. 하이데거가 말하듯 "우리의 자기 이해는 가장 사소한 상황에서도"(BT, 189) 붕괴될 수 있다. 문제는 다음과 같다. 이 붕괴에 우리는 어떻게 응답할 것인가? 익숙함에 매달리며 뒤로 물러설 것인가? 아니면 그것을 받아들이고 자신의 세계가 지닌 우발성과 취약성에 자신을 열어놓을 것인가?

2부

해석학적
정신의학

5장 정신질환의 맥락적 이해: 해석학적 정신의학의 가치에 대하여

6장 수줍음의 맥락적 이해

7장 스트레스의 맥락적 이해

8장 분노의 맥락적 이해

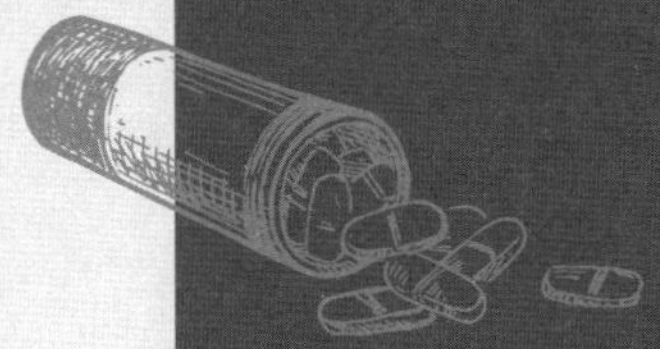

정신질환의 맥락적 이해

: 해석학적 정신의학의 가치에 대하여

CONTEXTS OF SUFFERING

1986년, 하이데거의 제자였던 한스-게오르크 가다머(Hans-Georg Gadamer)는 「신체 경험과 대상화의 한계(Bodily Experience and the Limits of Objectification)」라는 짧은 에세이를 발표하였다. 이 글에서 그는 인간이란 상황적이고 체화된 존재로 이해되어야 하지만 현대의학은 이러한 이해를 약화하면서, 우리 스스로가 "대대적인 소외"(*gewaltige Verfremdung*)를 초래했다고 지적했다(Gadamer 1996, 70). 본 장의 목적은 "살아 있는 몸"(*Leib*)과 "삶"(*Leben*)의 불가분성을 명료하게 드러내는 것과 자연과학의 방법론을 토대로 두는 현대의학이 대상화라는 틀 속에서 어떻게 삶과 살아있는 몸의 긴밀한 연관성을 볼 수 없게 만드는지를 탐구하는 데 있다. 가다머는 체화의 현상에 "해석학적 의식"(*hermeneutisches Bewußtsein*)을 도입함으로써, 의학적 대상화가 지닌 경계와 한계를 규명할 뿐 아니라, 정신질환의 경험적 분석을 위한 이론적 틀을 풍부하게 제시했다. 이러한 해석학적 의식은 생물정신의학과 DSM 설계자들이 주장하는 진단의 정밀성과 방법론적 중립성이라는 전제를 문제 삼는다. 가다머가 볼 때, 생물의학의 과학적 관점은 전혀 가치중립적이지 않은데, 왜냐하면 계몽주의 시대에 등장한 자연과학의 근본적 편견을 이미 전제하고 있기 때문이다. 즉, 현대의학은 데카르트적 혹은 경험론적 인식론으로부터 물려받은 대상화적 · 기계론적 관점을 그대로 재현하고 있다.[1] 이 관점은 무엇이 가치 있는지를 이미 규정하는 여러 "선 판단"(prejudgments)들로 구성되어 있다. 예컨대, 현대의학이 지닌 선 판단은 세계-내-존재로서의 우리의 상황성을 축소하고, 이론적 거리두기와 객관성을 우선시한다. 또한 기술적 절차나 방법을 통해 지식을 통제하고 입증하는 능력을 중시한다. 그래서 자아와 세계를 인과적으로 상호작용하는 물리적 객체들의 집합으로 파악하는 기계론적 세계관을 채택한다. 이러한 대상화적 관점은 정신질환을 이해하는 데 근본적으로 한계가 있는데, 해석학적 정신의학은 이러한 관점을 비판적으로 조명할 필요가 있다고 강조한다.

기계론적 관점을 내세우는 현대의학의 관점은 결국, 맥락에서 분리된 자아를 관찰하는데, 그러한 관찰은 자아를 인과적으로 결정된 객체로 보는 매우 협소한 해석으로 시도된다. 고통받는 사람은 뇌의 화학적 불균형으로 설명되는 증상들의 집합으로 환원된다. 해석학적 심리학자 필립 쿠시먼(Philip Cushman)은 DSM 설계자들이 개별적 자료들의 집합으로 자아를 이해하며 그런 자아를 어떻게 재구성했는지를 다음과 같이 설명했다.

---

1   메다르트 보스는 이러한 해석학적 의식을 주류 임상 실천에 도입하는 것이 얼마나 어려운지 설명한다. 그 이유는 해석학적 의식은 의사들이 오랜 시간 체득한 과학적·기술적 편견을 약화시키기 때문이다. 그는 다음과 같이 말한다. "많은 의료인(*Mediziner*)들은 여전히 의심을 품는다. 과학적이고 물질주의적이며 실증주의적 사고방식으로 단단히 경직된 이들은 나름의 이유를 가지고 있다. 현상학적 접근은 인간을 바라보는 이들의 절대적 주장에 위협을 가한다. 더욱이 기술 시대의 흐름 속에서 이들은 어떤 상황에서도 이러한 입장을 더욱 강하게 고수해야 한다는 의무감을 느끼고 있다" (Boss 2019, 191).

DSM에서 일어난 변화는 자아가 더 이상 복잡하게 상호작용하는 총체적 성격을 지닌 패턴으로 특징지어지지 않는다. 오히려, DSM 전문가들이 증상과 징후로 공식적으로 규정한 관찰 가능한 행위들의 데이터들로 구성된 자아를 의미한다. DSM의 자아는 일종의 단순한 장난감과 같은 부류의 자아로서, 구체적이고 단일한 행동들로 구성되며, 이 행동들은 더 큰—그러나 순간적인—자아 구성물을 만들기 위해 서로 쉽게 분리되고 재연결될 수 있다. 이 안에는 복잡함, 불확정성, 모호성이 거의 존재하지 않는다 (Cushman 2003, 108).

이러한 기계론적 관점은 자연과학의 영역에서는 크게 문제되지 않을 수 있지만, 인간 존재에 적용될 때는 문제를 낳는다. 핵심적 이유는 이 모델이 인간이 무엇이냐는 근본적인 문제를 간과하기 때문이다. 따라서 정신의학이 실질적인 임상의 과정에서 해석학적 지향을 통합하는 일은 중요하다. 해석학적 접근은 고통받는 이의 구체적인 상황에 따른 세계-내-존재 방식에 대한 해석을 제공하기 때문이다. 여기서 "세계"(*Welt*)는 인과적으로 상호작용하는 *실질적인* 물리적 객체들의 집합소와 같은 기계적 세계로 이해되지 않는다. 오히려 세계는 이미 던져져 있는 역사적 의미들의 지평을 뜻한다. 하이데거가 이러한 맥락에서 사용하는 "역사"(*Geschichte*)는 "역사학"이나 "역사적 연구"(*Historie*)를 의미하지 않는다. 그것은 현존재에게 의미로 드러나는 "사건적 운동"(*Geschehen*)을 가리킨다. 해석학적 정신병리학의 기본 목표는 바로 이러한 의미 개시의 지평을 "드러내고", "해명하는 것"(*freilegen*)이다. 이 지평이 있어야만 정신질환은 정서적으로 자신을 온전히 드러낼 수 있다.

이러한 목적을 위해 해석학적 정신의학은 의료 모델 속에 있는 비판되지 않은 전제들을 폭로한다. 의료 모델은 방법론적 거리두기·객관성·중립성의 원칙에 의존하는데, 객관주의 의학은 이를 통해 병리 현상을 있는 그대로 묘사할 수 있다고 본다. 예컨대 저명한 정신과 의사 리처드 와이어트(Richard Wyatt)는 DSM이 "사태를 *있는 그대로* 기술하려는 시도이며… 정신의학적 증후군들에 대한 명료하고 모호함 없는 기술을 향한 움직임"이라고 주장한 바 있다(Lewis 2006, 5 재인용; 필자 강조). 그러나 해석학적 접근은 어떤 질환도 *있는 그대로* 모호함 없이 기술될 수 없다고 반박한다. 우리는 "역사적"(*geschichtlich*) 존재이기에 모든 의미들은 이미 형성된 가치들로부터 형성되기 때문이다. 정신질환을 이러한 방식으로 위치 지어 보면, 1960년대에서 1970년대 미국의 특정한 사회·역사적 조건과 정치적 격변이 DSM의 내용을 어떻게 급격히 변화시켰는지를 이해할 수 있다. 미국의 사회적·역사적·정치적 배경으로 보면, DSM에서는 동성애가 정신질환 범주에서 제외되었으며, 베트남 참전용사들의 외상 후 스트레스 장애(PTSD)가 새롭게 인정되었다(Kutchins and Kirk 1997). 이 사례는 정신의학이 인간 조건을 넘어선 초역사적 진리를 발견하는 것이 아님을 보여준다. 오히려 세계의 편견이 바뀌면 정신의학의 진리도 함께 바뀐다. 따라서 임상가에게 요구되는 것은 다음과 같은 통찰이다. "모든 이해에는 어떤 형태의 편견이 개입된다는 것을 근본적으로 인정해야 한다"(Gadamer 1994, 270). 자신의 이해가 자신이 위치한 세계의 편견들에 의해 어떻게 형성되는지를 인식할 때, 정신의학은 고통이 어떻게 상황과 맥락에 따라 의미를 부여받는지를 볼 수 있게 된다. 이러한 점은 리쾨르(Ricoeur 1981)가 구분한 인식론적 해석학(epistemological hermeneutics)과 존재론적 해석학(ontological hermeneutics)의 차이를 통해 더욱 분명하게 설명된다.

인식론적, 존재론적 해석학

해석학에 대한 인식론적 접근은 빌헬름 딜타이(Wilhelm Dilthey)의 작업에서 결정적인 형태를 갖추었다. 딜타이는 "자연과학"(*Naturwissenschaften*)으로 특징짓는 재현적 인식 모델과 결별하는 "인문과학"(*Geisteswissenschaften*)이라는 방법론적 설명을 제시했다. 자연과학에 대한 인식론적 관점은 주로 뉴턴, 갈릴레오, 데카르트와 같은 근대 초기 사상가들로부터 방향을 잡는다. 이들은 진정한 인식이란 그 토대가 "확실성"으로부터 구성된다는 생각을 정립했고, 이러한 확실성의 기준은 경험적이거나 시각적으로 검증할 수 있는 것, 그리고 그것이 수학적 법칙으로 추상화될 수 있는가에 달려 있다고 보았다. 가다머는 다음과 같이 설명했다.

17세기에 이르러 경험은 더 이상 인식의 근원이나 출발점이 아니라, "실험"이라는 의미에서 수학적으로 설정된 법칙의 타당성이 확인되거나 반박되는 검증의 법정이 되었다. 갈릴레오는 자유낙하 물체의 법칙을 경험으로부터 우연히 얻은 것이 아니었다. … 그것은 개념적 기획으로부터 온 것이다. "*mente concipio*," 즉 "나는 구상한다."—좀 더 정확히 말하면, "나는 마음속에서 기획한다"라는 뜻이다. 갈릴레오가 자유낙하 물체에 대한 그의 개념 속에서 이렇게 "기획"한 것은 분명 경험의 대상이 아니었다. 진공은 자연 속에 존재하지 않기 때문이다. 그러나 바로 이러한 추상을 통해 그가 이해한 것은 인과적 관계들의 망 속에서 서로 얽혀 있어 구체적 경험 속에서는 분리될 수 없는 법칙들이었다(1996, 5).

여기서 자연과학(*Naturwissenschaften*)의 토대가 형성된다. 첫째, 자연과학으로부터 우리는 세계에 대한 이원론적 관점을 얻는다. 자연과학에서 물질적 사물들은 인식하는 주체와 분리되며, 공간적 연장을 지닌 것으로서 다른 사물들과 인과적으로 상호작용하는 것으로 이해된다. 둘째, 자연과학의 이원론적 관점은 관계적 맥락으로부터 사물들이 추출되거나 분리될 수 있다는 생각을 전제한다. 이는 맥락과 관계없이 사물을 익명적, 가치중립적 물질로서 시공간 좌표계 안에서 거리를 둔 채 파악할 수 있다고 보는 태도이다. 마지막으로 그러한 태도의 목표는 사물들을 질량과 운동에 관한 수학적 법칙 아래에 두어, 사물들 사이의 인과적 상호작용을 설명하는 데 있다. 이러한 인식론적 틀은 인간을 물리적 신체(*Körper*), 즉 객관적으로 분리되는 물질적 실체로 파악해야 한다는 표준을 만든다. 가다머에 따르면, 이러한 표준은 인간을 "객관적으로 손쉽게 측정될 수 있는 존재"(1996, 134)로 보게 만든다. 이것이 바로 정신과 의사가 임상 현장에서 맥락을 뺀 채 환자를 하나의 객관적 대상물로 보는 이유이다. 표준으로서 DSM은 분류학적 도구를 통해 정량화되기를 기다리고 있는 데이터 집합이 된다. 결국, 임상 장면에서 개인을 *대상화한다*는 것은 단순히 양적으로 측정한다는 것을 의미하며, 정신질환의 특징인 다양한 정서적·인지적·행동적 기능장애들은 정량화의 보편 법칙 아래에서 분류되고 포섭된다. 이러한 맥락에서 개인은 그저 수치화된 데이터로 환원될 뿐이다.

당연하게도, 인간을 대상화하여 이해하는 이러한 태도는 *살아있는* 인간의 몸을 간과한다. 다시 말해, 살아 있는 몸은 객관적으로 현전하는 신체적 사물을 가리키는 것이 아니라, 생활세계의 맥락 속에서 이해되고, 표현되며 살아가는 *자기* 경험, 감정, 지각의 총체를 가리킨다. 나 자신은 몸을 매개로 일상생활에서 사물을 경험하고 이해하기 때문에, 방법론적으로 내 몸을 나로부터 분리하여 자신을 이해할 수 없다. 특정한 역사적 맥락 속에 얽혀 있는 나의 몸은 그런 구조 속에서 이미 형성된 암묵적 실천적 지식(혹은 비결)을 드러낼 뿐이다. 이러한 실천적 얽힘은 정신과 신체, 자아와 세계 사이에 데카르트적인 분리가 존재하지 않음을 드러낸다. 요컨대, 나의 체화된 실존은 하나의 맥락 아래에 놓여 자기 해석을 수행하는 의미의 장이다. 이런 관점에서, 대상과 대립하여 서 있는 이론적 주체가 있다는 데카르트적 이해는 더 근원적인 현상으로부터 파생된 생각에 지나지 않는다. 딜타이에 따르면, 우리의 경험은 상황적으로 얽혀 있고 불완전하며 복합적이기 때문에, 결코 수학적 법칙이 요구하는 정밀성과 엄밀성의 방식으로 포착될 수 없다. 따라서 인간을 해석적으로 연구하려면 더 근원적인 현상을 이해하려는 인식론적 접근, 즉 우리의 상황적 이해를 대상으로 삼는 "인문과학"(*Geisteswissenschaft*)이 요구된다. 이러한 지식은 일상적 실천뿐 아니라 문화 제도와 언어, 역사적 사건, 예술 작품에 이르기까지 좀 더 일반적인 인간 현상 전반으로 확장된다.

이와 관련하여 인간 과학에 대한 딜타이 해명의 대표적인 공헌 중 하나는, 우리의 체화된 실천을 내적 정신 상태의 관점에서 이해하기보다, 공유된 의미의 맥락이나 분위기를 반영하는 자발적 "표현"(*Ausdruck*)으로 이해해야 한다는 점을 밝혔다는 것이다. 우리는 이러한 분위기 속에 거주함으로써 우리가 누구인지, 우리의 삶에서 무엇이 중요한지를 해석하고 이해하게 된다. 이와 관련하여 딜타이는 다음과 같이 설명했다.

> 우리는 이러한 [예지성의] 분위기 속에서 살아간다. 그것은 끊임없이 우리를 둘러싼다. 우리는 그 속에 잠겨 있다. 어디서든 우리는 이 역사적이며 이해 가능한 세계 속에서 자기 집에 있는 듯이 익숙함을 경험하며, 우리는 그것 전체의 [의미와 뜻(*Sinn und Bedeutung*)] 을 이해한다. 우리는 이러한 공유된 이해 속에 얽히고설켜 있다(1958, 147).

이러한 관점에서 볼 때, 임상 현장에서 정신과 의사가 보이는 정신과 의사의 날카롭고 예리한 움직임과 정서적으로 거리를 둔 관찰과 말하기 방식은 특정한 의미 맥락을 표현하는 것이며, 정신과 의사는 이 맥락에 적합한 몸짓과 태도를 표현함으로써 자신이 누구인지를 이해한다. 요점은, 정신과 의사의 무정서적 태도는 결코 가치중립적인 것이 아니라는 점이다. 오히려 정신과 의사의 태도는 하나의 목적 지향적이며 가치가 스며 있는, 세계 속에 내재한 삶의 방식이며 거리두기와 객관성을 참된 인식이라고 보고 이를 가치 있다고 규정하는 실천 양식이다.

따라서 인식론적 해석학의 관점에서 인간 경험을 이해한다는 것, 혹은 인식론적 해석학으로 인식한다는 것은, 우리의 경험을 형성하고 그것을 이해하게 만드는 사회-역사적 조건들, 즉 의미 구조에 대해 이해다는 것을 뜻한다. 그러나 이러한 인식론에는 근본적인 불완전성 혹은 순환성이 존재한다. 인간 경험에 대한 모든 서술은 이미 우리에게 던져져 있는 맥락적 상황에 의해 왜곡되어 있기 때문이다. 그 결과 인문과학에는 결코 "아무 곳에도 서 있지 않은" 객관적 관점이라는 것이 있을 수 없다. 우리는 언제나 자신의 제한되고 맥락화된 관점 속에서만 인간 현상을 이해하고 해석할 수 있다. 이는 곧 인간 존재의 조건 가운데 하나가, 우리는 언제나 자신의 해석적 상황 속에 얽혀 있다는 사실이며, 이는 방법론적 거리두기를 시도하여도 이로부터 완전히 벗어날 수 없다는 것을 의미한다. 왜냐하면 앞서 살폈듯, 가치중립적 거리두기 자체가 이미 역사적으로 구성된 것이기 때문이다. 정신의학이 자연과학의 인식론을 적용하여 환자를 탈맥락화된 객체로 간주하고 있다는 점을 알았다면, 이제 우리는 존재론적 해석학, 즉 자기를 해석하는 주체의 *존재 방식*으로 관심을 돌려야 한다.

폴 리쾨르(Paul Ricoeur)는 인식론적 해석학에서 존재론적 해석학으로의 전환을 강조했다. 그는 이러한 전환을 "인식론적 기획 자체보다 더 깊이 [파고들어], 그것의 존재론적 조건을 드러내려는 것"으로 설명했다(1981, 53).[2] 여기서 핵심은 어떤 특별한 종류의 탐구가 필요하다는 것이다. 우리에게 요구되는 탐구는 모든 인식 이론에 선행하는 탐구이며, 이 탐구는 이미 세계를 해석하고 이해하고 있는 실존의 존재 방식에 관계된 탐구이다. 따라서 해석학은 "인문과학에 대한 반성이 아니라, 그 과학을 성립할 수 있는 존재론적 토대를 해명하는 것"이다(1981, 55). 하이데거는 『존재와 시간』에서 인간 존재는 비물질적 정신도, 인과적으로 결정된 육체도, 이 둘의 단순한 결합도 아닌, 존재 자체의 해석적 활동이라고 주장함으로써 존재론적 해석학을 개척했다. 그에 따르면 "인간의 '실체'는 정신

2　여기서 나는 수년간에 걸쳐 해석학적 철학의 성격에 대해 나누었던 찰스 기뇽(Charles Guignon)과의 수많은 대화에 큰 빚을 지고 있다. 인식론적 해석학과 존재론적 해석학의 구별에 대한 풍부하고 포괄적인 논의는 Guignon(1999)을 참조할 것.

—곧 마음과 몸의 종합—이 아니라, 오히려 *실존이다*"(BT, 117). 하이데거는 일상적 상황 속에서 살아가는 인간 삶의 분석으로부터 출발한다. 도구를 다루고 타인과 관계 맺으며 일상의 의무를 수행하는 평범한 활동 속에서 인간은 이미 독특한 자기 이해 능력, 즉 "평균적이고 모호한 존재 이해"(*durchschnittliche und vage Seinsverständnis*)라는 것을 구현하고 있다. 이는 일상생활 한복판에서 우리가 사물들에 대해 암묵적인 "집-같은"(*heimelig*) 친숙성을 체현하고 있다. 우리는 이미 세계 속에서 우리가 처해 있는 환경에 깊이 연결되어 있다. 이러한 연결을 통해 "[우리의] 존재는 우리 자신에 대한 *문제*로 있게 된다"(BT, 12).

하이데거는 『존재와 시간』에서 밝힌 유명한 "도구"(*Zeug*) 분석을 통해 이러한 배경적 친숙성을 포착했다. 인간은 이미 의미의 맥락 속에 얽혀 있으며, 그러한 맥락을 다루며 살아가는 암묵적 이해를 몸소 드러낸다. 이러한 관점에서 그는 자아를 인식 주체로 파악하는 데카르트적 기획을 근본적으로 해체한다. 인간은 사물과 관계없이 객관적으로 대상을 이해하는 비 체화된 정신이 더 이상 아니다. 오히려 체화된 행위자로서 인간은 결코 이론화될 수 없는 방식으로 도구를 능숙하게 사용하고 타인과 관계 맺는다. 작업장에서 망치를 사용하는 예를 통해, 하이데거는 우리가 망치를 이해하는 일은 못 · 나사 · 판자와 같은 다른 도구들, 그리고 책상을 만들거나 지붕을 수리하는 것과 같은 목적 지향적 과제들과의 관계 속에서만 가능하다고 보여준다. 여기서 핵심은, 도구는 전체적인 실천 맥락과의 관계 속에서만 이해 가능하다는 점이다. 도구는 언제나 "다른 도구들에 속해 있으며, [그래서] 엄밀히 말하면 '도구 그 자체'라는 것은 없다"(BT, 68). 도구가 우리에게 이해 가능하게 드러나는 것은 오직 맥락적 상호의존성 때문인데, 우리는 이미 전체 맥락 속에서 있기 때문에 도구를 이해한다. 도구에 대한 우리의 이해는 그 속성에 대한 이론적 검토를 통해 드러나는 것이 아니라, 오히려 우리가 그것을 아무 생각 없이 "붙잡[고] 사용[함]으로써"(BT, 69) 드러난다. 망치는 바로 망치질이라는 사용 행위 속에서 *망치*로서 자신을 드러낸다. 실제로 일상생활 속에서 우리는 도구를 우리와 분리된 객체로 의식하지 않는다. 우리는 도구적 맥락 속에 너무 깊이 얽혀 있어서, 도구는 오히려 우리의 인식적 주의로부터 사라지거나 "물러나 있다"(*zurückzuziehen*). 오직 우리가 의도적으로 반성적 거리두기를 취하거나, 그것이 고장 나 사용할 수 없게 될 때만 도구는 하나의 객체로 모습을 드러낸다.

하이데거의 요점은, 자연과학의 방법론적 기준이자 토대인 대상화적 관점이 사실상 일상생활의 선-객체적 실천성과 친숙성에 기생하고 있다는 것이다. 우리는 하이데거의 작업장의 비유를 정신질환 현상에도 적용할 수 있다.

정신질환을 해석학으로 보기

하이데거의 도구 비유를 적용하여 우리의 신체를 이해해 보자. 예컨대 내 손이 무의식적으로 자동차 열쇠를 집어 들고, 문을 열고, 휴대전화를 집어 드는 방식에서 도구들은 드러난다. 실제로 하이데거는 "기관"이라는 단어의 어원을 그리스어 *organon*, 곧 도구 혹은 기구라는 뜻으로부터 가져왔다. 그에 따르면 "[신체적인] 기관은 작업 도구(*Werkzeug*), 곧 작동하는 도구"이다(FCM, 213). 도구와 마찬가지로, 내 손 또한 어깨, 가슴, 몸통, 전체 지각장 등은 다른 더 큰 전체와 연결되어 있으며, 목적 지향적 활동을 수행하는 과정에서 내 의식으로부터 사라지거나 물러난다(cf. Cerbone 2000). 앞서 살펴본 바와 같이, 사물이 원활하게 작동할 때 나의 몸은 의미의 맥락 속에 매끄럽게 얽혀 있으며 이미 그 맥락 속에서 어떻게 움직여야 할지 잘 이해하고 있다. 이러한 체화된 친숙성은 외부 사물을 정확하게 재현하는 데카르트적인 내적 인식 활동과 거의 관련이 없다. 세계-내-존재는 내적/외적 구별 자체를 해체한다. 나는 나의 인식 내용을 살핌으로써 사물의 의미를 파악하는 것이 아니라, 내가 정서적으로 관계를 맺고 있는 전체 지평이나 경험장을 통해 의미를 파악한다. 이러한 이해는 유년기 때부터 체험하는 문화화 과정, 즉 맥락 속으로의 침전되는 과정을 통해 점진적으로 형성된다. 딜타이는 다음과 같이 설명했다.

> 아이가 말을 배우기 전에 이미 공통성의 매체 속에 완전히 잠겨 있다. 아이가 몸짓과 표정, 움직임과 설명, 단어와 문장을 이해하게 되는 것은, 그것들이 언제나 동일한 의미와 표현의 관계 속에서 반복적으로 나타나기 때문이다. 이렇게 하여 개인은 세계 속에서 방향을 잡게 된다(2002, 229-230).

가다머는 이러한 배경적 능력을 "건강"(*Gesundheit*)이라고 부르는데, 그에 따르면 건강은 일상생활의 실천적 흐름 속으로 사라지는 것으로서 잊힌 상태로 있다는 것이 특징이다. 건강의 수수께끼란 곧 은폐성, 다시 말해 "숨어있음"(*Verborgenheit*)이다. 건강은 "끊임없이 우리에게서 숨겨진 상태"(1996, 112)에 있는 체화된 생체리듬의 균형이다.

건강은 단순히 통증의 부재나 신체 기관과 신경 체계의 정상 작동만으로 규정되지 않는다. 건강은 "세계-내-존재, 타인과 더불어 존재, 일상의 과제에 활발하고 보람 있게 몰입하여서 참여하는 상태"(Gadamer 1996, 113)이다. 이러한 균형 잡힌 몰입 속에서 사람은 암묵적인 안녕감, 즉 세계 속에서 편안하고 "집 같은" 친숙함을 느낀다. 그러나 정신질환의 국면에서는 이러한 연결감과 집 같은 느낌이 불안정한 섬뜩함의 느낌으로 대체된다. 익숙하게 편안함을 주던 것들이 이해 불가능하고 낯선 것으로 변한다. 당연하게 여겨지던 세계의 일관성과 이해 가능성은 혼란스럽고 낯선, 심지어 적대적인 장소가 된다. 이런 의미에서, *나*의 세계(my world)는 그 세계(the world)로 바뀐다. 작가 톰 스팬바우어(Tom Spanbauer)는 이러한 불안감을 다음과 같이 포착했다.

[불안 속에서] 세계의 사물들은 그저 사물일 뿐이다. 집, 식탁, 노트, 컴퓨터, 침대, 칫솔, 옷, 신발, 양말, 자동차, 음식. 그것들은 당신과 무관하게 저마다의 삶을 갖는다. 마치 당신이 이미 죽었고, 세계가 당신을 더 이상 인식하지 못하는 것 같다. 그리고 거기에 더해 또 다른 어떤 것이 있다. 세계의 사물들이 당신을 인식하지 못하기 때문에, 다시 말해 당신의 세계가 더 이상 당신의 세계가 아니라 그저 세계일 뿐이기 때문에, 익숙한 연결 대신에 당신은 그 연결이 있던 자리에 남겨진 공허를 느끼게 된다. 그리고 그 연결이 사라진 채로 떠다니는 가운데, 사물들은 당신에게 일종의 에너지 장벽을 두르고 있는 것처럼 보인다. 그리고 그 장벽의 에너지는 전혀 새로운, 기묘하고 깊은 불안이다(2013, 293).

스팬바우어의 경험 속으로 공감적인 진입을 위해 정신과 의사는 환자의 불안의 원인을 과학적으로 "설명할 수 있는 것"(*erklärbar*)으로 보는 것과, 그 경험 자체에 대해 "이해할 수 있는 것"(*verständlich*)으로 보는 태도를 구별할 필요가 있다.

"설명"(*Erklärung*)과 "이해"(*Verstehen*)를 명확히 구분하는 것은 해석학적 정신의학의 핵심이다. 1913년 『일반 정신병리학』에서 칼 야스퍼스는 이 차이를 이미 제시한 바 있다. 그에 따르면 설명의 방법은 물질의 인과적 관계를 연구하고 정량화하는 물리학자의 접근과 유사한 방식으로 정신질환을 다룬다. 정신병리학에서 정신과 의사는 뇌 구조를 조사하고, 심박수와 호흡을 측정하고, 식습관과 수면 패턴을 검토하고, 유전적 요인을 분석하는 방식으로 특정 인과적 연결을 규명한다. 여기서 정신과 의사는 환자를 하나의 객체로 간주하며 환자와 냉정한 거리를 유지한다. 이에 반해 이해의 방법은, 야스퍼스의 말처럼, "우리가 [환자의] 정신적 상황으로 들어가 *공감을 통해* 한 정신 사건이 다른 정신 사건으로 어떻게 생겨나는지를 *발생적으로* 이해하는 것"이다(1997, 301). 환자를 데이터를 주는 대상물로 환원하고 그 데이터를 DSM의 사전 규정된 범주 속에 끼워 맞추는 대신, 정신과 의사는 환자를 이해할 수 있게 하는 환자 자신의 복잡한 의미망을 확인하기 위해 공감적 대화를 열어야 한다. 이 대화 속에서 정신과 의사는 자신이 객관적이거나 중립적인 관점에 서 있는 것이 아님을 인식한다. 정신과 의사의 해석은 언제나 선이해와 편견이라는 "선구조"(*Vor-Struktur*)에 의해 영향을 받기에 의사는 특히 이에 주의를 기울일 의무가 있다. 가다머는 해석학적 대화에 필요한 민감성에 대해 다음과 같이 이야기했다.

해석학적 대화의 민감성은 결코 내용에 대한 "중립성"이나 자기 소멸을 의미하는 것이 아니다. 오히려 자신의 선의미와 편견을 전면화하고 성찰하는 것이다. 중요한 것은 자신의 편향을 인식하는 것이다. 그래야만 [삶의 이야기가 온전히 다른 것으로서 자신을 드러내고, 우리의 선이해에 맞서 자신의 진리를 주장할 수 있기 때문이다(1994, 269).

가다머에 따르면, 이해의 방법은 "타인의 [경험]의 의미에 대한 열린 태도를 요구한다"(1994, 268). 즉, 정신과 의사는 환자의 이야기가 전개되도록 내버려두되, 자신 또한 편견에 의해 형성된 존재이기 때문에, 그 어떤 해석도 본질적으로 모호하며 열린 상태로 남을 수밖에 없다는 점을 인식해야 한다.

이러한 방식에서, 정신과 의사는 환자의 불안이나 낙담을, 그가 겪은 증상의 의미를, 냉정하게 규정하지 않는다. 의미는 오히려 환자가 이미 그 속에 잠겨 있고 익숙하게 살아가고 있는 문화적 조건과 사회적 양식에 의해 규정된다. 정신과 의사는 환자의 세계를 구성하는 의미망 속으로 스며듦으로써 환자의 경험을 이해해야 한다. 예컨대 "우울하다"거나 "공허하다"는 막연한 호소에 대해, 정신과 의사는 간단하게라도 환자의 삶 속에서 중요한 의미가 있는 사건들에 대해 질문할 수 있다. 최근에 이혼하셨습니까? 새로운 지역으로 이사하셨나요? 직장을 잃으셨는지, 혹은 파산 신청을 하셨는지요?[3] 이렇게 환자의 삶을 파고드는 질문들의 실마리를 따라가며

---

3 Bracken과 Thomas는 정신의학이 어떻게 환자의 경험을 대상화하는지를 다음과 같이 설명한다. "정신의학에서 한 사람은 자신이 '공허하다', '방향을 잃었다', '신물이 난다', 혹

환자가 자신의 상황을 설명하도록 만들면, 대상화하는 방식이 아니어도 정신과 의사는 환자의 세계로 서서히 들어가, 환자가 처한 사건들, 가치들, 환자가 중요하게 생각하는 게 무엇인지를 이해할 수 있다. 이러한 대화의 방법을 통해 환자를 둘러싼 현재 삶의 의미 구조를 더 깊게 들여다볼 수 있으며, 환자는 자기 삶의 구조가 무엇이며 그 속에서 형성되고 있는 게 무엇인지를 탐구할 수 있다. 이를테면 페이스북과 인스타그램의 시대 속에서 공동체와 소속감이 상실된 문제, 점점 더 세속화된 사회 속에서 영적 공허와 도덕적 확실성이 사라진 문제, 대량 소비사회가 낳은 권태와 저급한 물질주의, 생태적 파괴, 혹은 서로에게 상호의존적인 존재라기보다 전능한 개인으로 자신을 이해함으로써 생기는 고립감, 등 다양한 문제에 대한 탐구를 포함할 수 있다. 이런 관점에서 환자가 경험하는 공허와 소외는 뇌 속의 화학물질 불균형으로 환원될 수 없다. 그것은 바로 세계-내-존재로부터 발생하기 때문이다. 알렉(Alec)의 사례를 참고해 보자.

알렉은 마흔두 살의 미혼 남성으로, 평생 대부분의 시간 동안 외로움과 소외감을 느껴왔다. 그는 정치에 별 관심이 없고, 자신을 불가지론자라 여기며, 지속적으로 몰두하고 싶은 취미나 관심사를 가져본 적도 없다. 그는 자

은 단지 '견디기 힘들다'고 호소할 수 있다. 이러한 감정은 종종 불행한 인간관계, 어려운 직장 상황, 혹은 신체적 건강 문제와 같은 것들과 얽혀 있다. 그러나 정신과 의사의 진단 속에서 이러한 감정은 '불쾌 기분'(dysphoric mood)이나 '우울증 증상'(symptoms of depression)으로 변환된다. 자신의 삶을 끝내는 가능성에 대해 떠올리는 고통스러운 생각들, 그리고 그러한 생각을 필연적으로 불러일으키는 문화적 · 종교적 · 개인적 · 가족적 의미와의 결별 등 자기 삶을 끝낼 가능성을 떠올리는 고통스러운 생각을 단순한 '자살 사고'(suicidal ideation)'로 환원된다"(2005, 108).

신에게 사실상 자아가 있다고 생각하지 않는다. 그는 두 차례 심리치료를 받았지만 두 번 다 결론 없이 끝났고, 여전히 만성적인 저강도의 우울 상태를 겪고 있다. 최근 들어 그는 조금 더 나아지고 있다고 느낀다. 그는 알코올 중독자 성인 자녀 모임에 참석하기 시작했고, 그곳의 사람들은 그의 고통을 이해하고 정당하게 인정해 주는 것처럼 느낀다. 그는 그곳에서 친구를 사귀고 있으며, 군대를 떠난 이후 처음으로 자신이 "소속되어 있다"고 느낀다. 그러나 그는 자신이 알코올 중독자 가정에서 자란 사람이 아니기 때문에 그 사실이 "좀 찜찜하다"라고 치료사에게 고백한다. 그는 이 모임에서 제공하는 진단을 믿는 척하며 그 공동체에 참여하고 있지만, 이 공동체의 12단계 이데올로기를 실제로 믿는 것은 아니다. (Elliott 2016, 127-128)

해석학적 정신의학의 관점에서 볼 때, 알렉이 겪고 있는 상태는 그의 머릿속, 즉 세로토닌이나 도파민 결핍의 문제로 설명될 수 있는 것이 아니다. 오히려 그것은 그가 던져져 있는 세계의 더 넓은 사회적 기대나 의미의 구조와 조화를 이루지 못하는 데에서 혹은 일관되게 결속되지 못하는 데에서 발생한 것이다.[4] 따라서 목표는 단순히 프로작과 같은 항우울제를 통해 알렉의 실존적 고통을 제거하는 것이 아니다. 오히려 알렉의 위치가 어디

---

4   바로 이러한 이유로 정신적 고통은 문화와 역사적 시대에 따라 체화되고 이해되는 방식이 서로 다르다. 예를 들어 정신과 의사 토마스 푹스(Thomas Fuchs, 2013b)는 어떤 문화권에서는 우울이 DSM이 주장하듯 "정서적 기분 장애"(affective mood disorder)로 경험되지 않는다고 지적한다. 오히려 그것은 피로와 탈진이라는 신체적 호소의 형태로만 경험되며, 서구적 진단과 함께 나타나는 슬픔, 죄책감, 불안에 대해서는 거의 혹은 전혀 자각하지 못하는 경우가 많다.

에 있는지 살피고, 그러한 위치 지음으로부터 사회·역사적 근원과 의미를 직면하게 하는 것이다. 이러한 맥락적 탐색이 결국 알렉을 "자기 이해"(*Sichverstehen*)의 방향으로 나아가게 만든다. 이러한 대화적 교류는 정신과 의사로 하여금 알렉을 자연적 대상 이상의 존재로 이해하게 하며, 알렉의 고통에 대한 해석이 본질적으로 모호하고 결정 불가능한 것임을 인식하게 한다.[5] 따라서 정신과 의사가 단순히 환자의 경험을 "재구성"한다고 생각하는 것은 잘못이다. 가다머는 다음과 같이 말했다. "질문은 언제나 사물의 미 결정적 가능성을 드러낸다. 이것이 이해가 항상 타인의 의미를 재현하는 것 이상인 이유이다. 질문은 의미의 가능성을 열어젖히며, 이로써 의미 있는 것들이 사유하는 자의 사고 속으로 들어오게 된다"(1994, 375).

해석학적 치료에서 정신과 의사와 환자는 자기 이해를 향해 나아가면서 함께 대화적 "주고받음" 속에 몰입한다. 환자의 타자성에 대해 유연하고 민감한 태도를 유지함으로써, 정신과 의사는 DSM의 환원적 질병 분류를 잠정적으로 유보하고, 환자의 상황적 경험이 자신의 방식으로 *드러나고* 표명될 수 있도록 열린 상태를 유지한다. 이러한 해석학적 개방성 속에서 정신과 의사는 "타자가 말하는 것을 들을 *수 있게* 된다"(Gadamer 1994, 316). 그러나 이러한 듣기의 가능성은 생물 정신의학의 환원적 틀 속에서 자주 억압된다. 그 결과, "[정신과 의사는] 환자의 눈에서 질병을 보려 하거나 환

5　이 점이 가다머의 다음과 같은 주장에 대한 설명이 된다: "[우리는] 우리 자신에게도, 타인에게도 알 수 없는 신비로운 방식으로 존재한다. 공공의 인물로서, 이웃으로서, 가족 안에서, 그리고 일터에서, 우리 각자는 무수하고 측정 불가능한 영향과 작용, 부담과 문제들에 반응하며 살아간다"(1996, 164).

자의 목소리에서 고통을 들으려 하기보다, 진단 도구로부터 데이터만을 읽어내려 한다"(Gadamer 1996, 98). 해석학적 관점에서 정신질환의 진리는 객관적 데이터를 측정하는 데 있는 것이 아니라, 가다머가 말하는 "사이"(in-between), 즉 정신과 의사와 환자의 이해 지평이 대화의 흐름 속에서 융합되고, 이 사건에 의해 모두 변형되는 공간에 있다. 이러한 순간들에서 해석학적 대화는 의사와 환자 사이를 이어주는 "다리 놓기"(*Überbrückung*)의 역할을 하며, "여기서 언제나 두 인간 사이의 관계가 포함된 사실을 적절히 인정하도록 한다"(Gadamer 1996, 171).

따라서 정신의학을 "자연과학"이라기보다 "인문과학"으로 이해하는 것이 더 정확하고 궁극적으로 더 생산적이라는 것을 알 수 있다. 인문과학으로서의 해석학적 정신의학은 우리의 세계-내-존재가 단순히 올바르게 적용하면 정신질환에 대한 초역사적 진리에 도달할 수 있다고 약속하는 기술적 절차나 방법으로 환원될 수 없다는 점을 상기시킨다. 인간을 정신의학적 치료 속으로 다시 되돌려 놓기 위해서는 *방법주의*와 기술적 전문성의 패권을 비판적으로 성찰해야 한다. 재차 말하지만, 문제는 자연과학적 관점 그 자체가 아니다. 하이데거가 분명히 했듯, 문제는 "과학에 대한 *과학적 방법의 승리*"(ZS1, 134), 즉 인간의 유한한 던져짐까지도 모든 것에 유전적-인과적 설명을 무비판적으로 적용하려는 태도이다. 생물 정신의학이 고수하는 엄격한 방법 중심주의는 환자로부터 정신과 의사를 계속 분리시키는 것이다. 언제나 "과학적 방법의 영역을 넘어서는"(Gadamer 1994, xxii) 환자의 자기 이해라는 더 깊은 진리에 의사는 다가서지 못하게 된다. 인문과학으로서 정신의학은 약물 사용이나 DSM의 진단 분류 자체를 배제하지 않는다. 다만 인문과학적 정신의학은 언제나 환자의 삶과 그것이 세계와 불가분하게 얽혀 있는 방식에 대한 주의를 최우선으로 둔다. 바로 이러한 이유로 정신의학은 응용과학이라기보다 해석적 기술(art)에 더 가깝기에 정신과 의사에게는 언제나 "과학적 · 기술적 지식과 전문적 경험 그 이상이 필요하다"(Gadamer 1996, 172).

이제 해석학적 정신의학의 개념적 토대와 임상적 의의를 정리했으므로, 논의를 확장하여 현대 사회에서 암묵적으로 정상성의 기준이 어떻게 형성되었고 이 정상성에 부합하지 못할 때 어떻게 정신의학적 진단이 내려졌는지를 검토할 수 있다. 해석학적 관점에서 보면, 미국 정신의학이 인간 조건의 다양한 측면을 의료화해 온 방식은 뇌 속 화학적 불균형에 대해 말해주기보다, 오히려 *우리가 누구이며 오늘날 우리에게 무엇이 중요한지*를 드러낸다. 우리는 미국적인 자아가 사교적이고 단호한 외향형으로 형성되었으며 그런 자아를 정상으로 여기는 사회—역사적 조건을 살펴볼 것이다. 이와 함께 외향성의 가치를 특권화하는 것이 어떻게 필연적으로 내향성, 성찰, 감수성의 가치를 축소시키는지 살펴볼 것이다. 미국 문화에서 외향성을 건강과 성공의 기본적인 규범으로 정상화한 것은 수줍음을 병리화하고 DSM에 새로운 진단 범주인 사회불안장애(사회공포증)를 도입하는 기반을 만들었다. 이러한 경향은 이를 치료하기 위한 각종 약물과 기술의 홍수를 열어젖혔고, 결국 자신감 있고 자기 홍보적인 삶의 양식을 하나의 의무로 만들어 버렸다.

6장

수줍음의 맥락적 이해

CONTEXTS OF SUFFERING

외향성의 특권과 미국적 자아

1846년, 키에르케고르는 당대의 시대정신에 대해 가혹한 비판을 제기하면서, 근대적 자아를 잡담과 호기심에 집착하며 늘 새로운 자극을 산만하게 찾아다니는 사교적 존재로 묘사했다. 키에르케고르는 "만약 내가 [그런 사람을] 상상해 보자면, 나는 아마도… 잘 먹고 살이 포동포동 찐 커다란 인물을 떠올릴 것이다. 그는 지루함에 시달리며 오직 웃음이라는 감각적 도취만을 찾아 헤맨다"라고 풍자했다(1973, 267). 키에르케고르는 대중사회가 지니는 "평준화"의 성격, 즉 사람들이 모두가 하는 일을 따라 할 때 안전하고 행복하다는 느낌을, "모두가 공통의 분모로 환원되는"(1973, 269) 그런 현상을 조롱했다. 그 결과, 키에르케고르에게 중요한 문제는 대중적인 사교성의 기준에 순응하는 것이었다. 파티에서 분위기를 주도하는 사람은 칭송받지만, 고독하고 섬세한 유형의 사람은 비정상적, 심지어 음흉한 범죄적 존재로 낙인찍힌다. 그는 『죽음에 이르는 병』(1849)에서 이렇게 썼다.

우리 시대의 끊임없는 사교성 속에서 사람들은 고독을 너무나 두려워한 나머지, 그것을 사용할 줄 아는 방법이 오직 하나뿐이라고 생각하는 듯하다(오, 놀라운 경구여!), 곧 범죄자에 대한 벌로 사용하는 것이다. 그러나 결국 우리의 시대에서는 정신을 갖는 것이 범죄라는 사실을 고려한다면, 그런 사람들, 즉 고독을 사랑하는 사람들이 범죄자들과 같은 범주에 포함되는 것은 자연스러운 일이다(1973, 363).

키에르케고르는 대중이 요구하는 외향성에 대한 기대와 자신의 조용하고 성찰적인 내향적 기질을 나름 화해시키고자 노력했다. 하지만 키에르케고르는 파티에서 사교적 가면을 쓰는 일을 견디기 힘들어했다. 그는 일기에서 다음과 같이 고백했다.

나는 방금 파티에서 돌아왔다. 그곳에서 나는 분위기의 중심이었고, 재치는 내 입에서 흘러넘쳤으며, 모두가 웃고 나를 칭찬했다. 그러나 나는 그 자리를 떠났고—그 간극은 지구의 궤도만큼이나 길었으며—나는 자신을 죽이고 싶었다(1973, 363).

키에르케고르는 정상성의 기준에 부합하지 않는 자신의 기질을 대중이 받아들이려 하지 않는 태도에 대해 깊은 의문을 가졌다. 근대 민주주의의 핵심 원리가 "모든 사람이 서로에게 동등하다"는 것이라면, 왜 고독하고 섬세하며 내향적인 개인이 설 자리는 없단 말인가. 그의 외향성을 강제하는 경향에 대한 비판은 다소 극단적으로 보일 수도 있지만, 오늘날 미국에서는 그의 통찰이 유의미하다. 왜냐하면 미국에서 수줍음은—사회적인 상황에서 최소한 불안이나 고통을 동반한 행동 억제 양식으로 이해될 때—비정상적인 것으로 해석될 뿐 아니라 정신질환으로 병리화되었기 때문이다. 학술지 *Psychology Today*에서는 1990년대 초반까지 이미 수줍음을 "10년의 장애"라 불렀고, *Harvard Review of Psychiatry*에 게재된 한 논문에서는 그것을 "주요 우울장애와 알코올 의존 다음으로 흔한 세 번째 정신질환"이라고 언급했다(Lane 2007, 5; Rettew 2000, 2985). 병리적 수줍음, 곧 사회불안장애(또는 사회공포증)는 이제 인구의 13퍼센트, 즉 여덟 명 중 한 명에게 영향을 미친다고 주장된다(Horwitz 2002, 95; McDaniel 2003, 9; Cottle 1999).

이미 1960년대부터 R. D. 랭(R.D. Laing), 토머스 사즈(Thomas Szasz), 어빙 고프먼(Ervin Goffman), 미셸 푸코(Michel Foucault)와 같은 비평가들은 인간 조건을 의료화하려는 정신의학의 시도를 비판하기 시작했다. 그리고 1장에서 살펴본 바와 같이, 이러한 의료화의 흐름은 최근 수십 년 동안 절정에 달했으며, APA는 점점 더 환원적인 정신질환 개념을 채택했고, 연구와 재정 면에서 제약 산업과 불가분하게 결합되었다. 그 결과 다양한 행동과 정서를 신속하게 해결하려는 약물의 폭발적 확산이 나타났다. 이러한 양상은 특히 수줍음과 같은 상황에서 문제가 있다. 왜냐하면 수줍음은 조용함, 섬세함, 성찰, 겸손, 얌전함과 같은 성향적 묶음을 가리키는데, 이는 역사적 맥락 속에서 오랫동안 칭송받을 만한 가치 있는 것으로 간주되어 왔기 때문이다. 하지만 제2차 세계대전 이후 미국에서 내향적 성격의 특성은 수전 케인(Susan Cain, 2012)이 지칭한 "외향성 이상"(Extrovert Ideal)이라 부르는 것─즉 외향적이고, 단호하며, 자기표현적인 사람들을 특권화하는 문화적 이상─으로 바꿔야 하는 것이 되었다. 이러한 문화적 흐름은 수줍음을 병리화하려는 정신의학적 시도가 화학적 불균형으로 발생했다기 보다는 후기 근대성 속에서 우리가 자아를 어떻게 이해하고 해석하는지로부터 발생한 것으로 보인다.

수줍음을 맥락에서 떼어내고 독립된 의학적 실체로 다룸으로써, 미국 정신의학은 외향성 이상이 처음에 어떻게 등장했으며 왜 우리에게 중요한지에 관한 질문을 다룰 수 없게 되었다. 여기서 해석학적 접근이 매우 유용해진다. 인간 존재를 세계-내-존재로 해석함으로써, 임상가는 환자를 고립된 증상의 집합체가 아니라 이미 세계와 관계 맺고 있는 맥락적 존재로 이해하게 된다. 이러한 점에서 해석학적 정신의학은 정서와 행동을 맥락화할 가능성을 열어주며, 그것들이 얼마나 역사적으로 내재되어 있는지, 그리고 일상 속에서 얼마나 우리 자신의 정서와 행위를 무의식적으로 재현하고 고착화하는지를 드러낸다. 이러한 분석은 오늘날 미국 사회에 존재하는 일종의 강제적 외향성을 비춘다. 즉, 외향적이고 자기를 자신감 있게 드러내는 태도는 우리가 반드시 원해서라기보다, 극도로 개인주의적이고 경쟁적인 사회에서 성공하기 위해 갖춰야 할 태도가 되어 버린 현실을 비춘다. 그러나 이러한 해석학적 분석을 시작하기 전에, 우리는 최근의 수줍음의 의료화를 맥락 속에 위치시키는 작업부터 해야 한다.

DSM과 수줍음의 의료화

1장에서 보았듯이, 미국 정신의학에서 의료화가 가속화된 것은 주로 정신질환 진단 방식의 근본적인 변화에서 기인한다. 이 변화는 1980년 DSM-III 출판과 함께 정점에 이른다. DSM-III는 소위 "정신의학의 성서"가 되었고, 경험적 과학의 객관성과 중립성으로의 회귀를 표방하면서, 정신역동이론(혹은 정신분석학)이 가지고 있던 이데올로기적 편향과 진단적 부정확성을 거부했다. DSM-III에 따르면 정신 분석학은 진단 문제를 해결하는 방식이 모호하다. 게다가 이데올로기적으로 과부하된 용어, "신경증"(neurosis)은 병리적 상태를 정상화하고, 일상적 행동과 질병을 구분하기 어렵게 만드는 경향이 있다. DSM-III는 신경증이라는 용어를 더 중립적이면서 실제 의학적 상태를 의미하는 "장애"(disorder)로 대체하였다(Horwitz 2002, 72; Horwitz & Wakefield 2007, 15). 이러한 전환의 결과, 정신분석에서 결정적인 위치를 차지했던 광범위한 진단 범주인 "불안 신경증"(anxiety neurosis)은 일곱 가지 새로운 장애로 분화되었다. 즉 광장공포증, 공황장애, 외상 후 스트레스 장애, 강박장애, 범불안장애, 단순 공포증, 그리고 사회 불안장애(또는 사회공포증)이다(Lane 2007).

새로운 분류 체계는 자연과학을 모델로 삼았다. 이를 위해 DSM은 정신질환의 병인에 관한 모든 이론적 가정을 명시적으로 거부하고, "기술적 접근"만을 제시하며 [이와 함께] 병인 이론들에 대해 "중립적으로 되려고 시도했다"(APA 1994, xvii-xviii). 이러한 병인적 중립성을 목표로 DSM 제작 참여자들은 오로지 증상에 기초하여 정신병리를 나누고 분류하는 데 집중했고, 새로운 장애는 증상의 존재와 빈도만을 기준으로 도입되었다. 그러나 이러한 경험적 접근은 심각한 문제를 드러냈다. 바로 진단 기준을 약간만 수정해도 특정 장애의 유병률을 쉽게 조작할 수 있게 된다는 점이었다. 이러한 문제는 특히 사회공포증의 경우에서 두드러졌다.

DSM-I과 DSM-II에는 사회공포증이 언급되지 않았다. 게다가 DSM-III에서 처음 등장했을 때조차 사회공포증[은] "상대적으로 드문 장애"로 간주되었다(APA 1980, 228; Cottle 1999). 그런데 1994년 DSM-IV가 출판될 즈음, 사회공포증은 인구의 2.75퍼센트에 불과한 비교적 희귀한 장애에서, 무려 13퍼센트의 인구—즉 거의 8명 중 1명—에게 영향을 미치는 폭발적 유행병으로 변해 있었다(Cottle 1999; Horwitz 2002). 정신과 의사 피터 크레이머(Peter Kramer, 1997)는 이를 "진단적 괄호 확장"(diagnostic bracket creep)이라고 부르며, 진단 기준의 작은 변화가 실제로 얼마나 많은 사람이 그 장애를 가졌는지 결정하게 된다고 설명했다(Lane 2007, 78). 사회공포증의 정의가 시간에 따라 변화해 온 방식은 이 장애가 얼마나 가변적인지 보여준다. 예를 들어, 1980년 DSM-III에서 사회 불안장애는 다음과 같이 정의되었다.

> 타인의 주시를 받을 수 있는 상황, 그리고 자신이 창피하거나 난처하게 행동할 것이라는 두려움 때문에, 그러한 상황을 회피하고자 하는 지속적이고 비합리적인 공포(APA 1980, 228).

그러나 1994년 DSM-IV에서는 정의가 다음과 같이 바뀌었다.

> 익숙하지 않은 사람들과 접촉하거나 타인의 주시를 받을 수 있는 하나 이상의 사회적 혹은 수행 상황에서 나타나는 현저하고 지속적인 공포. 개인은 자신이 창피하거나 난처하게 행동할 것(혹은 불안을 드러낼 것)을 두려워한다(APA 1994, 456).

그리고 2013년 DSM-V에서는 사회공포증 정의에서 이를 유발할 수 있는 구체적 상황의 사례가 추가되었다. 예컨대 "사회적 상호작용(대화하기, 낯선 사람 만나기), 타인으로부터 관찰되는 상황(식사하거나 음료를 마시는 상황), 타인 앞에서 수행하는 상황(연설하기)" 등이 포함되었다(APA 2013, 202).

이러한 정의의 미묘한 변화로 인해, 사회공포증은 더 이상 사회적 노출 상황을 "강박적으로 회피하려는 욕구"를 수반할 필요가 없게 되었다(Cottle 1999; Horwitz 2002; McDaniel 2003). 이제 사회공포증은 어떤 사회적인 일을 수행하든지 간에 "현저하고 지속적인 공포"를 경험하는 것만으로도 진단될 수 있게 됐다. 그 결과, 사회공포증을 앓는 미국인의 수는 폭증했고, 일상적 수줍음과 전면적인 정신장애를 구별하기는 점점 더 어려워졌다.[1]

DSM은 사회공포증만이 "임상적으로 유의미한 고통이나 기능 손상을 초래한다"(APA 2013, 203)고 주장함으로써 일상의 두려움과 사회공포증을 구별하려 했지만, 이 구별은 결코 명확하지 않다. 가령, 중요한 공개 연설을 앞두고 심각한 긴장과 고통을 겪는다면, 나는 정신질환을 앓고 있는 것인가? 결코 그렇지 않을 것이다. 이는 자주 있지 않은 고압적 상황에 대한 정상적 반응으로 이해될 수 있다. 그러나 만약 연설이 직업의 일부이고, 그 고통이 너무 심해 연설을 수행하지 못해 해고될 지경이라면 어떨까? 이는 분명 더 심각한 상황이며 누군가의 도움이 필요할 수 있다. 그렇다고 해도 여전히 이것은 의학적 질병을 의미하지 않는다. 오히려 현대 노동환경의 요구에 적절히 대응하지 못하는 한 개인의 어려움을 보여주는 것일 수 있다. 문제는 DSM이 사회·역사적 맥락 속에서 갖는 개별 증상의 의

---

1 앨런 호르비츠(Allan Horwitz)는 이러한 현상이 1990년대 초에 실시된 국가 공병률 조사(National Co-Morbidity Survey, NCS)에서 특히 두드러지게 나타났다고 지적한다. 이 조사에서 사람들은 다음과 같은 일상적 상황들 가운데 어느 하나에서라도 현저한 고통을 경험하면 사회공포증 진단을 받았다. 예를 들면, "대중 연설, 다른 사람과 이야기할 때 바보처럼 느끼는 것, 누군가 지켜보는 가운데 글쓰기, 소규모 그룹 앞에서 말하기" 등이 그것이다(2002, 95).

미가 무엇인지를 명확하게 위치시키지 못한다는 점이다. 왜냐하면 웬만한 두려움은 사회공포증 증상으로 진단될 수 있기 때문이다. 이는 당연히 거대한 항-수줍음 약물 시장을 여는 계기가 되었다. 1999년, FDA는 팍실(Paxil)을 사회불안장애를 치료하기 위한 최초의 항우울제로 승인했고, 이후 대대적인 광고 캠페인과 홍보 활동이 이어지면서 이 장애는 심각하게 과소 진단된 의학적 상태로 알려지기 시작했다(Lane 2007, 104-138; Horwitz 2002, 95).[2]

DSM-III의 출판을 앞두고, 정서와 행동이 사회적 · 문화적 맥락 속에 위치한다는 사실을 잘 알고 있던 미국의 저명한 정신과 의사와 심리학자들은, 수줍음을 의료화하려는 시도들에 대해 심각한 우려를 표했다. 크리스토퍼 레인(Christopher Lane, 2007)은 이러한 동향을 기록으로 남겼는데, 그의 기록 중 하나를 참고해 본다면, 정신과 의사 조지프 피니(Joseph Finney)가 1978년에 DSM-III의 설계자 로버트 스피처(Robert Spitzer)에게 보낸 메모가 있다. 피니는 수줍음의 의료화가 "우리의 진단 분류 체계에 내재한 문화적 편견을 반영한다… 우리의 문화는 외향적인 문화이며, 따라서 우리는 내향인을 낙인찍는 경향이 있다… 반대로 일본에서는 내향인이 정상으로

---

2 이러한 의료화 경향은 수줍음의 경우에 특히 문제가 있다. 왜냐하면 누군가는 분명히 건강하고, 만족스럽고, 높은 기능을 유지하면서도 동시에 수줍은 사람일 수 있기 때문이다. 예를 들어 DSM의 새로운 분류에 대해 임상심리학자 나오미 퀭크(Naomi Quenk)는 다음과 같이 쓴다. "이는 우리 사회의 가치 있고, 제대로 사회에서 제 기능을 하는 내향적 사람들에게 심각한 피해를 주는 일이다… 나는 그들의 정상적이고 건강한 태도에 병리적 낙인이 붙게 되는 것에 매우 우려한다. 정신의학계가 우리 사회의 외향성 편향을 장려하는 것이 적절하다고 판단했다는 사실은 매우 낙담스러운 일이다"(Lane 2007, 78).

간주되고 외향인이 비정상으로 여겨진다"고 지적했다(Lane 2007, 90).[3] 일부 정신과 의사들은 심지어 정신의학이라는 학문 자체가 내향적이거나 사회 불안적 성향을 지닌 인물들을 훈육의 대상으로 끌어들인다고 지적한다. 심리학자 메리 맥컬리(Mary McCaulley)는 스피처에게 보낸 메모에서 다음과 같이 말했다. "DSM-III가 정신의학과 심리학이라는 두 분야에 의해 개발되고 있다는 사실은 매우 아이러니하다. 왜냐하면 이 두 분야 모두에서 내향인이 다수를 차지하는 것으로 보이기 때문이다.… 좀 더 일반적인 차원에서 나는 모든 인간이 DSM-III에 의해 분류될 필요가 있다고 생각하지 않는다. 우리는 우리 환자들을 제대로 분류하는 것만으로도 이미 충분히 어려움을 겪고 있다"(Lane 2007, 83). 정신과 의사 오토 앨런 윌(Otto Allen Will) 역시 맥컬리의 견해에 공감하며 스피처의 수줍음 분류에 반대했는데, 그 이유는 그러한 분류가 *자기 자신*을 병리화하기 때문이다. 그는 "여러 면에서 내 성격 자체가 이 새로운 장애의 특징에 부합한다"고 말했다(Lane 2007, 78).[4]

3   우리가 보게 되겠지만, 이러한 사실은 우리 자신의 유럽-미국 문화의 역사에서도 마찬가지로 적용된다. 예를 들어 패트리샤 맥대니얼(Patricia McDaniel, 2003)은 중세 유럽에서 수줍음이 여성에게 요구되는 덕목적 중요한 특성으로 간주되었다는 점을 보여준다. 이어서 그녀는 초기 미국 식민지 정착민들이 순종, 겸손, 극도의 겸허함이라는 프로테스탄트적 성향을 함양했으며, 이러한 습성이 20세기 초에 들어 점차 약화되기 시작했음을 논증한다. 그 시기부터 각종 조언서들은 자본주의 경제에서 성공의 열쇠로서 개인의 자기 표현, 품위, 매력적인 태도와 같은 가치들을 점점 더 적극적으로 장려하기 시작했다.

4   문제를 더욱 복잡하게 만드는 것은, DSM에는 스펙트럼의 반대편, 즉 외향성에 해당하는 행동을 포착하는 상응하는 장애 분류가 존재하지 않는 것으로 보인다는 점이다. 스피처는 극단적 형태의 외향성이 조증(manic disorder)이나 만성 경조증(chronic hypomanic disorder)에서 확인될 수 있다고 주장했지만, 외향적이고 경쟁적이며 단호한 성향은 결

DSM에 참여한 핵심 구성원들은 우리의 취약성과 고통은 "문화적 의미, 습관, 전통에 따라 형성될 수 있다"(APA 2013, 14)고 인정했다. 하지만, 여전히 놓치고 있는 것은 미국 문화 자체의 의미 구조에 대한 비판적 탐구, 그리고 이러한 구조가 정신의학이 지향해야 할 진단의 방향에 어떻게 영향을 미치고 있는지에 대한 성찰이다. 이러한 해석학적 탐구는 다음과 같은 사유의 유익한 기능을 수행한다. 첫째, DSM이 원자적 단위처럼 쪼개놓은 질병 분류 방식에 정신과 의사들이 무비판적으로 의존하는 태도를 문제 삼을 가능성을 연다. 둘째, 정상성의 기준은 고정적이고 초시간적인 것이 아니라, 우리의 역사적 의미에 의해 이미 형성되어 있으며 이 의미들은 임상 실천에 암묵적으로 영향을 미친다는 점을 드러낸다. 셋째, 자아를 단순히 증상의 집합으로 이해하는 정신의학적 자아 개념을 확장할 수 있게 한다. 해석학적 정신의학의 관점에서 자아는 무엇보다 의미의 맥락 속에 이미 던져져 있는 체화된 행위자이다. 이러한 자아 개념의 재구성은 사회불안이 반드시 병리적 상태를 의미하는 것이 아닐 수 있으며, 오히려 현대 미국 사회의 관계적 긴장과 격변에 대한 정당한 반응, 심지어 건강한 반응일 수도 있음을 생각할 수 있게 한다.

코 병리화되지 않았다. 오히려 그것은 정신건강의 지표로 간주되었다(Lane 2007, 82). 실제로 사회 불안장애의 성공적인 치료란 대개 증상을 통제·관리하여, 사회적으로 선호되는 외향성의 특성을 지닌 사람처럼 개인이 능숙하게 "통과"할 수 있는 것을 뜻한다 (Scott 2005, 2006).

해석학적 정신의학과 외향성 이상

앞서 보았듯이, 해석학적 관점에서 자아를 이해한다는 것은 우리에게 잠겨 있는 익숙한 역사적 맥락을 이해하는 것이다. 하이데거는 "역사를 이해한다는 것은 곧 우리 자신을 이해하는 것 외에 다른 의미를 가질 수 없다"(PS, 7)라고 말했다. 이러한 맥락적 친숙성은 인간이 이미 일상적 상황 속에서 무엇이 의미 있는지에 대한 전 반성적 이해를 체현하고 있음을 시사한다. 우리가 일상을 살아갈 때, 사물들은 이미 가치가 부여된 채, 그러니까 의미로 포화된 채로, 우리에게 직접적으로 드러난다. 사물의 의미는 우리의 마음이나 뇌 속에 독립적 대상으로 존재하는 것이 아니다. 의미는 오히려 우리가 성장해 온 역사적 배경의 일부로서, 우리의 일상적 실천 속에서 수행되며, 공유된 배경은 이미 우리를 앞서 사물을 이해하게 한다. 이는 "역사"(*Geschichte*)가 과거에 외재적으로 존재한 사건을 의미하는 게 아님을 보여준다. 역사는 언제나 우리의 배후에서 작동하며, 우리가 세계와 자기 자신을 어떻게 해석할 수 있는지를 이끌고, 미래를 향한 존재 가능성을 열어준다. 이런 의미에서 우리는 조상들로부터 전승된 해석과 의미로부터 완전히 벗어날 수 없다. 하이데거는 이를 다음과 같이 설명했다.

> 사물이 해석되어 온 일상적 방식은 인간이 처음부터 그 속에서 자라온 것이며, 결코 거기서 벗어날 수 없다. 바로 그 속에서, 그것을 통하여, 그리고 그것에 맞서 모든 진정한 이해와 해석, 소통, 재발견과 재전유가 수행된다. 어떤 경우에도 인간은 이러한 해석 방식으로부터 자유롭거나, 그것의 유혹을 받지 않는 상태에 놓이지 않는다(BT, 169).

따라서 해석학적 정신의학은 우리가 자신의 전통이 지닌 편향을 무의식적으로 수행하고 재생산하고 있다는 사실을 비춘다. 정신질환을 이해한다는 것은, 우리가 생화학적 유기체로서 *무엇이냐*를 묻는 것이 아니라, 세계 속에서 체화된 행위자로서 *어떻게 존재하고 있는가*를 묻는 것이다. 오직 역사적으로 매개된 삶의 구조 위에서만 우리는 자신을 지금의 모습으로 이해하고 해석할 수 있다. 이러한 맥락에서, 우리는 미국인들이 일반적으로 외향성 이상(Extrovert Ideal)을 가치 있게 여기고, 수줍음을 왜 주변화시켰는지 질문할 수 있다.

이 질문에 답하기 위해서는 먼저 19세기 말 미국에서 나타나기 시작한 독특한 사회·역사적 격변을 이해해야 한다. 우리는 확실하게 드러나는 몇 가지 서로 겹치는 요인들을 확인할 수 있다. 이 역사적 요인들이 서로 결합하면서 수 세기 동안 전근대적 자아를 형성해 온 가치와 의미는 흔들리기 시작했다. 첫째, 산업화와 도시화, 대규모 이민이 확대되면서 농촌 및 농경 공동체가 지니던 끈끈한 유대가 극적으로 약화되었고, 그 결과 미국인의 삶은 점점 더 유동적이고, 복잡하며, 공동체로부터 개별화되기 시작했다. 실제로 1840년에는 미국인의 단 8퍼센트만이 도시에 거주했지만, 1920년이 되면 인구의 3분의 1 이상이 도시로 이동하여 도시민이 되었다(Cain 2012). 둘째, 과학주의의 부상은 인간이 세계 속에서 차지하는 자리에 대한 기존의 이해를 변화시켰다. 세계는 더 이상 신적 목적이 깃든 마법과도 같은 정원이나 신이 부여한 "존재의 위계질서"가 있는 장소로 여겨지지 않았다. 세계는 막스 베버(Max Weber)의 표현대로 "탈주술화"되었고, 인과적 상호작용을 하는 무가치한 사물들의 기계적 집합으로 이해되기 시작했으며, 새로운 기술에 의해 조작되고 지배될 대상으로 간주되었다. 셋째,

노예제, 인디언 전쟁, 그리고 무엇보다도 남북전쟁이 일으킨 도덕적 긴장은 미국의 매니페스트 데스티니(Manifest Destiny)[5]와 앵글로 색슨의 우월성이라는 전제를 약화시키기 시작했다(Cushman 1995). 그 결과 도덕적 무규범 상태와 혼란이 나타났고, 이런 혼란은 제1차 세계대전의 기계화된 참상 속에서 절정에 달했으며, F. 스콧 피츠제럴드(F. Scott Fitzgerald), 거트루드 스타인(Gertrude Stein), 어니스트 헤밍웨이(Ernest Hemingway), T. S. 엘리엇(T.S. Eliot)과 같은 제1차 세계 대전의 충격 속에서 인간의 정체성과 의미를 상실한 "잃어버린 세대"를 대표하는 작가들에 의해 기록되었다. 넷째, 근면하고 능동적인 개인으로서의 자아 개념이 자리 잡기 시작했다. 개인주의, 자기 의존, 그리고 "인간은 자기 일을 위해 존재한다"라는 프로테스탄트적 강조는 미국적 정체성에 지울 수 없는 흔적을 남겼다(Weber 1998, 70). 이러한 프로테스탄트적 정신은 사회에 대한 새로운 이해와 연결되는데, 새로운 사회에서 우리는 더 이상 사전에 정해진 자연 질서 속에서 자신을 이해하지 않게 되었다. 사회는 오히려 개인들의 집합, 기능적 비즈니스 계약과 거래적 교환으로 묶인 인위적 구조로 이해되기 시작했다. 인위적인 사회생활은 점점 더 부자연스러운 "가짜"로 등장했고, 그 속에서 사람들은 인공적인 사회 질서로부터 살아남기 위해 비인격적인 "가면"을 써야만 했다(Guignon 2004).

---

5 (옮긴이) 매니페스트 데스티니(Manifest Destiny)는 1840년대 언론인이던 존 L. 오설리번(John L. O'Sullivan)이 이 표현을 사용하면서 널리 퍼진 정치적 슬로건이다. 이는 19세기 미국에서 미국은 신의 뜻에 따라 북미 대륙 전역으로 팽창하고 문명을 전파할 운명이 있다는 이데올로기로서 미국의 영토 확장은 정당하고 필연적이며 도덕적이라는 신념으로 확산되었다.

이러한 역사적 사건들이 중첩되며 나타난 결과가 찰스 테일러(2007)가 이야기한 "대 탈착"(the Great Disembedding)이라 부르는 현상이다. 대 탈착 현상으로부터 나타난 것은 독특한 현대적 자아의식이다. 즉, 초월적 도덕 질서 속에서 자신을 이해하던 세계관, 행위와 실천이 공유된 의례, 제도, 신념의 맥락 속에 포함될 때 의미가 있다고 생각하던 세계관이 붕괴된 것이다. 현대 미국인은 이러한 두터운 도덕적 틀에서 뿌리 뽑혀, 자신을 독립적이고 자율적인 개인, 자기 의존적 자아로 이해하기 시작했다. 공동체, 가족, 전통의 상실은 삶을 더욱 파편화되고 복잡하며 고립된 것으로 만들었고, 이는 불안과 혼란이라는 감정으로 체화되었으며, 다음 장에서 볼 "신경쇠약"(Beard 1881) 또는 만성피로, 불안, 불면을 겪는 미국 사람 특유의 병이라고 불린 "Americanitis"의 유행으로 이어졌다(Knapp 1896).

해석학적 비판의 관점에서 본다면, 이러한 역사적 뿌리 뽑힘은 미국적 자아의 구성으로 이어졌다. 19세기 말에 이르러, 미국인은 더 이상 도덕법에 대한 복종, 의무, 자만의 거부, 겸손함이라는 종교적 의미를 지니는 "특성"으로 자신의 자아를 형성하지 않았다. 프로테스탄트적 자아는 새로운 종류의 "개성"(personality)이라는 자아로 대체되기 시작했다. 이제 미국인들은 타인이 자신을 어떻게 인식하는지에 관심을 기울었고, 자기 계발을 위한 각종의 조언서들은 더욱 주목받았으며, 사람들을 끌어당길 수 있는 매력적인 능력이 강조되기 시작했다. 빅토리아 시대적 명예, 예의, 전통적인 사회적 절제는 급변하는 자본주의 경제에서 더 이상 성공을 보장하지 못했다. 필립 쿠시먼(Philip Cushman)은 이를 다음과 같이 설명했다.

자본주의는 역사 속에서 새로운 단계로 진입하고 있었다. 근면함과 정직

한 노동에 대한 강조는 상품과 서비스의 판매와 소비로 대체되었고, 이는 판매 기술의 효과와/또는 판매자의 매력에 의해 좌우되었다. 개인적 매력은 장인정신을 대체했고, 기술은 도덕적 성실성을 대체했다 (1995, 65).

이러한 새로운 교환경제 속에서 형성된 개성의 숭배와 함께, 자아는 암묵적으로 외향적이고, 단호하며, 자신감 있게 자신을 잘 홍보하는 자로 재구성되었다. 그리고 이러한 사회적 기대에 부응하지 못하는 사람들은 직업적인 성공이든 대인관계의 성공이든 사회적으로 강조되는 권력으로부터 소외되었다.

수전 케인(Susan Cain, 2012)은 20세기 전환기에 등장한 새로운 유형의 자기계발서에서 이러한 문화적 변화가 분명하게 나타났음을 보여주었다. 데일 카네기(Dale Carnegie)의 『데일 카네기 성공 대화론』(1926)과 베스트셀러 『데일 카네기의 인간관계론』(1936)은 외향성 이상(Extrovert Ideal)의 기술을 적극적으로 홍보하고 이를 함양하게 했다. 카네기는 현대 자본주의 사회에서 성공하는 데 필요한 자기표현, 자신감, 개인적 매력의 중요성을 강조했다. 광고 산업 또한 카네기를 따라, 단순한 제품 홍보에서 벗어나 인물 중심 광고로 전환했으며, 제품이 소비자에게 매력, 힘, 자신감을 제공하는 역할을 수행한다고 주장하기 시작했다. 케인은 이를 잘 드러내는 사례―1920년대 우드버리(Woodbury) 비누 광고의 유명한 문구, "전 세계 사람들이 당신을 침묵 속에서 평가하고 있다"와 윌리엄스 면도크림 회사 광고의 문구, "당신의 얼굴을 걱정하지 말고, 자신감을 반영하도록 하라! 사람들은 무엇보다 당신의 '표정'으로 당신을 평가한다"―를 소개했다(Cain 2012, 24). 그녀는 이어, 20세기 중반에 이르러 외향성 이상이 미국 최고 엘리트

대학의 입학 사정의 기준에까지 스며들었음을 보여주었다. 예컨대 하버드 대학 학장 폴 벅(Paul Buck)은 "민감하고, 신경질적이며 지나치게 지적인" 지원자를 배제하고 "건강한 외향성"을 지닌 젊은이를 선호한다고 밝혔고, 예일 대학 총장 알프레드 휘트니 그리스월드(Alfred Whitney Griswold)는 이상적인 학생이란 "찡그린 이마의 고도로 전문화된 지식인이 아니라, 균형 잡힌 인간"이라고 규정했다(Cain 2012, 28).

제2차 세계대전 이후의 경제 상황은 능동적이고 단호하며 외향적인 자아에 대한 선호를 더욱 부추겼다. 신용카드 사용의 일상화, 익숙해진 TV 광고, 필요하지 않으면서도 빠르게 소모되고 폐기되는 상품들이 끊임없이 생산·소비되는 시대 속에서 중산층 미국인들은 새로운 사회적 기대를 적극적으로 수용하기 시작했고, 자아는 자신감 있고 낙관적인 소비자이자 판매자와 같이 자신을 잘 홍보하는 자로 등장했다. 그러나 이러한 자신감 넘치는 낙관적 자아관의 외피 속에는 점점 커져가는 불안과 불편함이 자리 잡았으며, 수많은 미국인들이 압박 속에서 점차 균열을 보이기 시작했다. 스콧 스토셀(Scott Stossel, 2015)은 제약 산업이 여기에 얼마나 재빨리 개입했는지를 설명했다. 1955년, 제약회사 카터-월리스(Carter-Wallace)는 외향성 이상을 따라가지 못해 고통받는 이들을 위해 벤조디아제핀(benzodiazepine) 계열로 알려진 밀타운(Miltown)이라는 약물을 출시했다. 이 약물은 기적의 신경 안정제라 불리는 약물로서 1년 뒤에는 미국인 20명 중 1명이 이를 복용하게 되었다. 1960년에는 호프만-라 로슈(Hoffman-La Roche)가 "일반적인 불안과 긴장"을 치료하는 약물로서 리브리움(Librium)을 출시했고, 몇 달 만에 그 판매량은 밀타운을 넘어섰으며, 1969년까지 미국 내 판매 1위를 유지했다. 이어 1970년, 호프만-라 로슈는 초대형 히트 약물 발리움(Valium)을 출시했다. 1975년경이 되면 미국 여성 5명 중 1명, 남성 13명 중 1명이 밀타운·리브리움·발리움 가운데 하나를 복용한 경험이 있었으며, 1970년대에는 미국 *의사*의 약 20퍼센트가 정기적으로 벤조디아제핀을 복용했다는 연구도 있었다. 이들 약물은 한때 미국 제약 산업 역사상 가장 큰 상업적 성공을 거둔 약물이 되었고, 1986년 업존(Upjohn) 제약 회사가 강력하고 빠르게 작용하는 벤조디아제핀 자낙스(Xanax)를 출시하자, 이는 곧 미국 역사상 가장 많이 판매된 약물이 되었다(Stossel 2015, 192-197).

해석학적 이해에 따르면, 새로운 불안과 이를 치료하기 위해 만들어진 다양한 약물들은 근대성이라는 맥락과 밀접하게 얽혀 있다. 전통적인 도덕적 틀을 제공하며 안정적인 사회적 기능을 떠받쳐 준 공동체적 질서에 순응하는 일이 더 이상 환영받지 못하는 상황에서, 후기 근대의 자아는 점점 더 갈피를 잡지 못하는 익명적 존재가 되었다. 오늘날 신자유주의적 경제 속에서 우리는 하나의 직업, 관계, 장소에서 다른 곳으로 끊임없이 이동하면서 스스로를 자족적이고 자기 창조적인 존재로 만들라고 강요받는다. 앤서니 기든스(Anthony Giddens, 1991)와 울리히 벡(Ulrich Beck, 1992)과 같은 사회 이론가들에 따르면, 그 결과는 낯선 사람과 낯선 환경을 끊임없이 마주하며 타인의 평가와 판단 대상이 될지도 모른다는 노출감과 위험감으로 이어진다. 이는 사회적 공간에서 어떻게 행동해야 하는지에 대한 극도의 자기의식 검열과 경계심을 만들며, 우리는 실존적 불확실성 속에서도 단호하고 자신감 있어야 한다는 사회적 기대에 끊임없이 부응하도록 강요받는다. 이러한 평가에 대비하기 위해 우리는 끊임없이 연습하고 준비하며, 급변하는 사회 환경을 잘 감당할 수 있음을 증명해 보이도록 요구받는다.

제2차 세계대전 이후 미국의 "불안의 시대"를 리처드 예이츠(Richard Yates)만큼 잘 포착한 작가도 없을 것이다. 그의 소설 『레볼루셔너리 로드』(1961)에서 주인공 프랭크(Frank)와 에이프릴 휠러(April Wheeler)는 광고, 텔레비전 프로그램, 영화가 제시하는 환상적인 삶의 기준과 자신을 끊임없이 비교하며 타인의 시선을 걱정하고 사회적 지위에 집착한다. 평론가 스튜어트 오낸(Stewart O'Nan, 1999)이 말했듯, "그들은 마치 남편과 아내, 남성과 여성, 아버지와 어머니라는 역할을 연기하고 있으며, 대사를 틀릴까 봐 두려워하는 것처럼" 보인다. 프랭크와 에이프릴은 오늘날의 미국적인 사회불안을 구현한다. 이들의 단호함과 자기 확신은 상당 부분 환상에 불과하며, 안정적으로 일관되게 *자기가 누구인지*를 확인하지 못한 상태에서 드러나는 불안을 가리기 위한 가면일 뿐이다. 이는 일종의 반향 고리를 형성하여, 자신이 느끼는 불안을 상쇄하기 위해 끊임없이 스스로가 자신감 있고 매력적이며 사교적인 존재임을 재확인하려 애쓰게 만든다. 특히 기질적으로 조용하고 섬세하며 내향적인 사람들은 사회적 기대를 충족하기 어려워, 그 고통이 더욱 심화된다. 이러한 상황은 저마다의 실존적 고뇌를 없애버리고 사람들을 비슷한 자로 만드는, 키르케고르가 말한, "평준화"에 가까워지게 한다. 오늘날 미국에서는 수줍은 사람을 은둔적 껍질에서 끌어내어, 사회적으로 매력 있고 감정적으로 자신을 잘 표현하는 사람으로 재사회화시키기 위한 산업이 등장했다. 각종 자기주장 훈련, 불안 치료 약물, 자기계발서, 대중 심리학 산업이 그 사례이다. 오늘날의 신흥 산업에서 특히 인기 있는 것 중 하나가 랜드마크 포럼(Landmark Forum)이다. 이는 베르너 에르하르트(Werner Erhard)의 프로그램인 에르하르트 세미나 트레이닝(혹은 "est")의 유산[6]으로, 1960~1970년대 캘리포니아 인간 잠재력 운동과 함께 번성했다. 랜드마크 포럼 웹사이트에 따르면, 참가자들은 오늘날 한 회당 약 1,000달러 이상을 지불하며, "어떤 상황에서도 편안해질 자유"를 얻고, 효과적이며 주체적인 개인으로 자기 실현하는 법을 배운다고 한다(Cederström 2018, 85).

이와 같은 강제적 외향성과 미국 사회의 정서적 평탄화가 초래하는 명백한 결과는, 진지함·섬세함·성찰·겸손·경청과 같은 수줍음의 긍정적 측면을 축소한다는 것이다. 그러나 해석학적 관점에서 보면 더 근본적인 문제가 드러난다. 이는 우리의 자기 이해가 의미의 그물망 속에 던져져 있다는 사실을 망각하게 만든다는 사실이다. 임상가에게 해석학적 접근의 임상가치는 사회 규범이 항상 역사적으로 전개되는 의미망 속에 자리하고 있음을 밝혀준다는 데 있다. 이 점에서 해석학은 언제나 인과적 "설명"(*Erklärung*)보다 상황 속 "이해"(*Verstehen*)를 강조한다. 물론, 우리는 미국 정신의학이 무 비판적으로 수용한 자연주의적 존재론이 언젠가 신경전달물질의 기계적 작용과 주관적 경험 간의 관계를 설명할 수 있을 것으로 기대할 수 있다. 하지만 이는 세계를 설명하는 데에도 실패할 뿐 아니라, 인간의 행동과 성향이 처음부터 왜 중요한 것으로 경험되는지를 형성하는 관계적 배경을 설명하는 데에도 실패하게 될 것이다. 하이데거가 상기시키듯, "설령 자연의 존재를 가장 순수한 방식, 그러니까 수학적 자연과학이 제공하는 방식으로 해명하는 데 성공한다 해도, 그것은 결코 '세계'라는 현

6　(옮긴이) "est"는 Erhard Seminars Training의 약자로 이해될 수 있으나 에르하르트는 라틴어에서 존재하다를 뜻하는 "est"와 연결된 운동의 의미를 담고 있다고 밝힌다.

상에 도달하지 못할 것”이다(BT, 92 저자 강조).

다시 말해, 해석학적 정신의학의 목적은 유기체의 생화학적 메커니즘을 다루는 것이 아니라, 이해와 의미 형성을 가능하게 만드는 역사적 구조 속으로 진입하는 것이다. 고통받는 사람을 이해한다는 것은 그를 세계로부터 떨어진 유기체나 어떤 인격체 유형으로 이해하는 것이 아니라, 세계에 결박된 “역사적”(geschichtlich) 존재로 이해하는 것을 뜻한다. 이러한 접근은 의료 전문가와 거대 제약 산업 간의 담합과 이익 추구의 결과가 미국인의 삶을 의료화했다는 반(反)정신의학 비판자들의 통념을 일정 부분 해체한다(Glenmullen 2001; Healy 2006; Lane 2007 참조). 왜냐하면, 수줍음과 같은 상태가 의료화되어 의학적인 문제로 규정되기 훨씬 이전부터 이미 의미의 그물망이 우리 배후에서 작동하며, 무엇이 정상 혹은 비정상으로 간주될지를 결정하고 있기 때문이다.[7] 후기 근대 미국의 사교성, 감정 표현, 단호함과 같은 가치들은 초역사적으로 진단되는 본질적인 정상성이 아니다. 그것들은 이미 역사에 따라 형성된 것이다. 바로 이 점에서 가다머는 다음과 같이 말했다. “사회 규범에 대한 자각과 사회 전체의 상응하는 행동 양식은 언제나 [정신] 질환의 정의에 [기여]하며, 그만큼 그것을 문제적인 것

7　해석학적 정신의학은 이러한 의미들을 선-판단 혹은 “편견”이라는 관점에서 해석한다. 이는 사물이 우리에게 특정한 방식으로 중요성을 띠도록 만드는 것으로서 우리의 존재를 구성하는 선험적 조건들이다. 가다머가 말하듯이, “우리의 존재를 구성하는 것은 판단이라기보다는 오히려 편견이다… 편견이 반드시 부당하거나 오류를 내포하는 것은 아니며, 필연적으로 진리를 왜곡하는 것도 아니다. 오히려 우리의 존재가 역사적이라는 사실은, 문자 그대로의 의미에서, 우리의 전체적인 경험 능력에 최초의 방향성을 부여하는 편견들을 수반한다는 것을 뜻한다. 편견은 세계에 대한 우리의 개방성의 편향이며, 우리가 어떤 것을 경험할 수 있게 만드는 조건일 뿐이다”(1977, 9).

으로 만든다"(Gadamer 1996, 169).

해석학적 상황을 간과할 경우, 임상가들은 현재 우리에게 정상으로 간주되는 이데올로기를 계속해서 재생산할 것이다. 이에 대한 무감각은 오히려 외향성 이상을 더욱 공고히 하고, 사회불안을 증폭시키면서, 우리 자신을 자신감 있고 능동적인 존재로 마케팅하는 동시에 타인의 평가를 두려워하는 이중적 상태로 내몰 것이다. 후기 근대의 규범 속에 휘말린 우리는 사회불안을 역사적 관점에서 이해하지 못할 수 있다. 어쩌면 사회불안은 점점 더 고립되어 가는 세계 속에서 살아가는 인간에게 나타나는 정상적이고 건강한 반응일 수도 있을 것이다. 이러한 점에서 필자는 정신의학적 약물 치료가 과학적으로 무의미하고 사회적으로 해롭다고 주장하는 반정신의학자들의 입장에 반대한다. 오히려 미국 사회에서 사회불안은 실제로 증가하고 있으며, 약물들은 수백만 명에게 도움을 주고 있다. 다만 필자가 강조하고 싶은 것은 약물이 환자에게 도움이 된다는 것이 환자가 의학적 질환을 앓기 때문이 아니라, 강제적 외향성에 대처하도록 돕기 때문이라는 사실이다. 수줍음을 의료화함으로써 미국 정신의학은 더 단호하고 경쟁적이며 고립된 자아를 계속해서 생산하고 있는데, 이는 역설적으로 불안의 경험을 악화시키고 있다. 요컨대, 정신의학은 치료하려는 병리를 스스로 구성하고 동시에 재생산하고 있다.

이제 우리는 해석학적 관심을 더 넓혀, 정신의학적 진단에서 언어가 수행하는 광범위한 역할과 진단 용어의 의미가 역사적 상황에 따라 어떻게 달라지는지를 살펴보고자 한다. 19세기 말 미국에서 등장한 신경쇠약 진단과 그것이 오늘날 섬유근육통이나 만성피로증후군과 같은 기능성 신체 질환으로 재등장한 현상을 주목하면서, 생물학과 자연주의 담론이 어떻게 정신-신체적인 고통의 해석을 지배하게 되었는지, 그리고 왜 우리는 이러한 상태를 정신의학적이기보다는 의학적 용어로 이해하려 하는지를 탐구할 것이다. 해석학적 정신의학은 심신 고통을 설명하는 기본 전제가 자연주의가 되어야 한다는 한계를 드러낼 뿐 아니라, 고통 자체가 특정한 의미의 맥락 속에 뿌리내린 고유한 현대적 질환일 수도 있음을 보여준다. 이러한 관점에서 볼 때, 섬유근육통과 만성피로증후군과 같은 상태는 어떤 알려지지 않은 병리의 산물이 아니라, 단지 현대 세계 속에서 실존한다는 사실 자체의 결과일 수 있다.

7장

스트레스의 맥락적 이해

CONTEXTS OF SUFFERING

신경쇠약과 의학적으로 설명되지 않는 증후군들

1881년, 뉴욕의 신경학자 조지 M. 비어드(George M. Beard)는 『미국의 신경쇠약, 그 원인과 결과: 신경 소진(신경쇠약)에 대한 보충, *American Nervousness, Its Causes and Consequences: A Supplement to Nervous Exhaustion (Neurasthenia)*』을 출간했다. 이 방대한 저작에서 비어드는 "신경쇠약"(neurasthenia)이라 불린 새로운 심신 질환의 폭발적인 증가를 분석했다. 여기서 정신적 고통은 "신경력"(nerve force)이라고 불리는 힘의 결핍 또는 고갈로 인해 신체적 증상의 형태로 나타난다고 설명되었다. 그는 신경통, 소화불량, 꽃가루 알레르기, 당뇨, 마약 및 약물에 대한 과민성, 우울, 조기 탈모, 냉ㆍ열 민감성, 충치, 만성 카타르(점막 염증), 불임, 히스테리, 음주 문제, 피로, 발기부전 등 광범위한 증상들을 열거했다(Beard 1881, vi-xi).[1] 비어드는 신경쇠약의 증가 원인을 유전적 요인뿐 아니라 19세기 말 근대화의 격렬한 사회 변동에 있다고 보았다. 남북전쟁 이후 대규모 인구

---

1 *American Nervousness*에서 제시된 내용은 비어드가 1869년에 발표한 논문 "Neurasthenia or nervous exhaustion"에서 이미 제기된 바 있다.

가 느릿한 농촌 공동체를 떠나 분주하고 혼란스러운 동북부와 중서부 도시로 이동하면서, 남성들은 전통적인 수공업자 · 농부의 역할을 버리고 사무직으로 이동했고, 여성들 역시 안정된 가정 내 역할을 떠나 대학과 전문직 영역에서 남성과 경쟁하기 시작했다. 이에 더해 비어드는 정기간행물, 전신, 전화, 증기기관과 같은 산업화 기술, 그리고 "우리를 항상 시간에 맞추도록 강제하며 정확한 순간을 습관적으로 확인하게 하는"(1881, 103) 기계식 시계와 손목시계의 확산을 신경쇠약을 가중시키는 요인으로 지적했다.[2]

이와 같은 사회 변동은 정신건강에 과도한 부담을 주었고, 결국 비어드가 주장했듯이 "[신경쇠약]의 주요하고 근본적인 원인"은 특정한 신체 기관의 병리라기보다 "근대 문명 [자체]"라는 진단을 가능하게 했다(1881, vi). 세기가 전환될 무렵, 신경쇠약은 대서양을 건너 유럽의 도시들로 확산되었다.[3] 막스 베버와 마르셀 프루스트(Marcel Proust) 같은 영향력있는 거장들이 이 진단을 받았고, 이디스 워튼(Edith Wharton), 시어도어 드라이저(Theodore Dreiser), 헨리 제임스(Henry James), 토마스 만(Thomas Mann)과 같은 작가들

---

2 독일의 사회학자 게오르크 짐멜(Georg Simmel)은 1903년의 선구적 논문 「대도시와 정신생활(The Metropolis and Mental Life)」에서 이 사상을 더욱 발전시키며, 시계 시간(clock-time)이 초래하는 정신적 비용을 탐구한다. 그는 대도시적 삶에서 "정확성, 계산 가능성, 시간 엄수가 인간의 삶에 강제된다"고 말한다(1997, 177).
3 흥미로운 점은, 신경쇠약이 기능적 신체 질환들 가운데서도 독특하게 계급과 성별의 경계를 넘어 확장되었다는 사실이다. 신경쇠약은 처음에는 상류, 중산층 여성들에게 진단되었고, 이후 "과도한 스트레스를 받는" 중산층 남성 사업가들에게, 그리고 마침내 하층 노동계급에까지 확산된 뒤, 결국 미국 의학에서 완전히 사라지게 되었다(Gosling 1987; Wessely 1990).

의 소설 속에서 신경쇠약 인물들은 점점 더 흔한 문학적 유형이 되었다. 실제로 미국에서 신경쇠약은 너무 흔해졌는데, 윌리엄 제임스는 이를 "미국인 고질병"(Americanitis)이라 부르기도 했다. 대형 약국 체인 렉설(Rexall)은 사업상의 과도한 부담에 지친 "비즈니스맨"을 위해 클로로포름이 포함된 "Americanitis Elixir"를 출시하기도 했다(Osnos 2011).

신경쇠약은 결국 진단적 모호성 때문에, 그리고 신경 에너지라는 증명되지 않은 광범위한 증상 범주 때문에 제1차 세계대전 이후 미국에서 점차 사라졌다.[4] 하지만 오늘날 우리는 섬유근육통이나 만성피로증후군과 같은 기능적 신체 증후군의 확산 속에서 신경쇠약의 증상들이 다시 나타나는 현상을 목격하고 있다. 이러한 상태들은 의학적 원인이 불명확하고 표준적인 진단 절차로 확인될 수 없기 때문에 "질병"(disease)이 아니라 "증후군"(syndrome)으로 분류된다(Boulton 2018). 이는 비어드의 신경쇠약 증상군에 근거하여 규정된 것인데, 비어드의 진단과 오늘날의 진단은 놀랍도록 유사하다. 이제 우리는 신경쇠약의 의료화를 살필 것인데, 이후의 논의에서는 의료화가 신경쇠약을 출현시킨 사회·역사적 힘들을 성찰하지 못함으로써 비어드의 설명이 지닌 해석학적 가치가 어떻게 약화되는지를 살피고자 한다. 비어드는 자연주의적 관점, 즉 인간을 개별적이고 인과적으로 결정되는 유기체로 간주하는 환원주의적 시각에서 신경쇠약 환자를 바라보기보다는, 그들을 이미 근대성이라는 역동적 맥락 속에 던져진 세계-내-

---

4　비록 신경쇠약은 미국에서 하나의 진단 범주로서는 사라졌지만, 그 진단 자체는 여전히 유럽에서 사용되고 있으며, 최신판 국제질병분류(ICD-10)에도 등재되어 있고, 일본, 한국, 중국, 호주, 러시아와 같은 국가들에서 널리 사용되고 있다.

존재로 이해했다. 이 상황적 맥락은 우리가 신체를 어떻게 경험하고 느끼며 수행하는지에 영향을 줄 뿐 아니라, 정신적 스트레스와 소진을 어떻게 해석하고 의미화하는지에도 영향을 준다. 우리가 주목할 사실은 이러한 고통을 정신의학적 용어가 아니라 의학적 용어로 설명하는 것이 위안을 준다는 점이다. 왜냐하면 생물의학적 원인이 끝내 파악되지 않더라도 의학적 진단은 그 고통의 경험이 의학적으로 "실재하는" 것으로 인정받는다는 인상을 제공하기 때문이다.

신경쇠약과 자연주의: 간략한 역사

신경쇠약 진단은 19세기 해부학, 생리학, 동물학, 진화생물학, 그리고 비어드 자신이 선구자가 된 신경학 등 자연과학의 엄청난 성취를 배경으로 등장했다. 이러한 성과들은 종교의 권위를 약화시켰고, 인간의 고통에 대한 진리를 밝히는 데 자연과학적 방법이 가장 적합하다는 믿음을 확산시켰다. 하이데거가 말했듯, "마치 과학만이 객관적 진리를 제공할 수 있는 것처럼" 보였으며 과학은 "새로운 종교가 되었다"(ZS1, 18). 이러한 세속화는 의사의 직업적 위상과 문화적 권위를 높였을 뿐 아니라, 병리학을 해석하는 방식을 근본적으로 변화시켰다. 자연주의적 패러다임은 의료과학에 결정적인 영향을 미쳤다.[5]

---

5 이러한 역사적 전환은, 예를 들어 알코올중독, 우울증, 동성애와 같은 다양한 형태의 사회적 일탈이 과거에는 사제들에 의해 종교적 혹은 도덕적 실패로 간주되었지만, 20세기에

앞서 1장에서 살폈듯, 의학의 자연주의는 인식론적 그리고 형이상학적으로도 변화를 이끌었다. 인식론적 측면에서 일반적으로 자연주의는 이론적 거리두기와 경험과학의 객관적 절차가 환자를 이해하는 데 최적이라고 가정한다. 형이상학적 측면에서 자연주의는 물리주의적 기계론을 가정하며, 모든 질병 현상은 물리적 실체들의 인과적 상호작용으로 구성되어 있고, 이러한 상호작용은 수학적 법칙 아래 정량화될 수 있다고 본다. 따라서 하이데거의 말대로 자연주의는 "인과성의 원리에 묶여 있으며, 이에 따라 존재하는 모든 것은 대상화로 [이해될 수 있다고 본다"(ZS1, 233). 이 패러다임은 현대 의학을 특징짓는 대상화된 질병 이해를 만들어 낸다. 즉, 질병이 "실재"로 간주되기 위해서는 해부학적·생리화학적 관찰을 통해 확인 가능한 병변, 이상, 혹은 정상 기능의 일탈이 있어야 한다는 것이다.

이러한 이해의 결과가 생물학적 환원주의이다. 즉, 병리가 정당하게 받아들여지기 위해서는 반드시 물리적·생화학적 기원을 가져야 한다. 이에 따라 정신질환을 특징짓는 사고와 지각의 장애를 두고 19세기 네덜란드 생리학자 야코프 몰레쇼트(Jakob Moleschott)는 "뇌가 소변을 분비하듯 [같은 방식으로] 생각을 분비한다"고까지 말했다(Szasz 2007, 47 재인용). 이러한 환원주의는 세기 전환기 미국 의학이 신경 장애를 이해하는 방식에서도 명확히 드러났다. 실제로 비어드의 신경쇠약 이론이 진단 방법에서 거대한 영향력을 끼칠 수 있었던 이유는 신경쇠약을 "정신적 상태가 아니라 물리적 상태"로 해석했기 때문이다(Beard 1881, 17). 1900년경 신경쇠약은 신경

들어 의사들에 의해 의료화되었다는 사실에서도 드러난다(Aho and Aho 2008, 65-70).

병리와 정신병리 영역에서 가장 흔한 진단이 되었고(Shorter 1996), 신경쇠약의 원인을 선천적 신경계 약화로 돌린 비어드의 가설은, 자연주의의 관점처럼, 이 질환을 "실재"하는 것처럼 만들었으며, 그 덕분에 과학적 정당성을 부여받을 수 있었다. 비록 그 증상의 상당수가 심리적—예컨대 극심한 공포증, 우울, 공황 불안, 강박—이었음에도, 신경쇠약이 물리적 질환으로 규정되었다는 사실은 의료 체제가 이 고통을 진지하게 받아들이도록 만들었다. 이는 신경붕괴를 야기한 것이 광기나 도덕적 결함이 아니라, 신체가 지닌 유한한 전기적 "신경력"의 생리적 고갈 때문이라는 의미였다.

정신질환과 연관된 수치와 두려움의 낙인을 제거함으로써, 신경쇠약은 종종 긍정적으로 인식되었다. 이제 신경쇠약은 고도로 세련되게 발달한 신경을 가진 사람들의 증상으로 이해되었다. 예를 들어, 남성의 경우 근면성과 생산성이라는 프로테스탄트적 가치에 대한 헌신의 증표로, 여성의 경우에는 섬세함과 문학적 성향의 표지로 여겨지기도 했다. 동부 연안의 분주한 도시 환경에서 등장한 신경쇠약은 근대 자본주의 사회의 광적인 사회변화를 따라가지 못하는 중산층 "두뇌 노동자"의 대표적 질환으로 여겨졌다. 이는 시골의 "육체 노동자"가 겪는 질병이 아닌 것이다. 의사 조지 드린카(George Drinka)는 이 현상을 다음과 같이 묘사했다.

신경적 경향을 지닌 사람은 생각하고, 일하고, 성공을 추구하도록 내몰린다. 그는 자신과 자신의 생명력을 극한까지 밀어붙이며 회로를 소진시킨다. 과부하된 배터리처럼, 혹은 저 높이 있는 신들의 불을 열심히 붙잡으려다 탈진한 프로메테우스처럼, 고통받는 이의 전기적 체계는 붕괴되고, 불꽃과 증상들을 분출하며 신경쇠약을 발생시킨다(1984, 191).

이와 같은 방식으로 신경쇠약은 과학적(즉 자연주의적, 물리적)으로 정당한 것이자 동시에 문화적(즉 과로와 번아웃을 일으키는)으로 자연스럽게 받아들일 수 있는 질병이 되었다(Abbey & Garfinkel 1991). 과거에 신경쇠약 환자는 정신이 이상한 광인으로 취급되었고, 당시에 정신과 의사는 사회로부터 소외된 광인을 다룬다는 의미에서 "에일리어니스트"(alienist)라 불렸다. 하지만 이제는 신경쇠약 환자는 정신병원에 수용되어 격리된 채 치료를 받는 대신, 내과 및 일반 병리학에 훈련된 신경과 의사의 치료를 받으면 된다. 표준적 물리적 치료 기준에 따라 이들에게는 침상 안정, 가벼운 식이, 전기 자극, 마사지 등이 제공되었다(Freedman 1987; Shorter 1997). 이런 방식으로 신경쇠약은 세기 전환기에 폭발적으로 늘어났고, 막연한 피로, 통증, 불안, 신경 쇠약감을 느끼는 거의 누구에게나 적용되는 포괄적 진단이 되었다. 그러나 거대하고 포괄적인 진단 범주로 빠르게 확산된 만큼, 신경쇠약은 곧 쇠퇴하기 시작했고, 결국 미국 의학에서 완전히 사라지게 되었다. 이러한 쇠퇴는 여러 중첩되는 요인들로부터 비롯된 것이다.

첫째, 신경쇠약 진단의 엄청난 인기와 동시에 몰락을 초래한 것은 바로 그 정의의 지나친 포괄성이었다. 비어드는 신경쇠약의 가능 증상을 75개 이상 열거했으며, 그 결과 사실상 누구라도 신경쇠약 진단을 받을 수 있는 상황이 되었다. 신경쇠약 관련 공포증만 보더라도 그는 "번개 공포, 책임 공포, 열린 공간 공포, 폐쇄 공간 공포, 사회 공포, 혼자 있는 것에 대한 공포, 공포 자체에 대한 공포, 오염 공포, 모든 것에 대한 공포"를 나열했다(Beard 1881, 7). 그 결과, 당시 한 프랑스 작가가 당시 기록했듯, "[신경쇠약]은 어디에나 존재했다. 살롱, 극장, 소설, 궁정에까지 있었다. 이를 통해 자살과 퇴폐 예술, 치장과 간통 같은 개인들의 다양한 반응은 신경쇠약으로 설명되었기에 신경쇠약은 신경병리의 거인이 되었다"(Chatel & Peele 1970, 37 재인용). 신경쇠약 증상의 광범위함 때문에 이 질환을 정확하게 분류하는 것은 거의 불가능해졌다. 비어드는 신경쇠약을 정의하는 일이 "변덕"스러운 일임을 알고 있었다. 그는 "환자는 자신의 고통이 너무 많은 부위와 기관을 공격하기에, 다방면으로 고통스러운데 도대체 왜 이렇게 많은 증상이 나타나는지 모르겠다는 불평을 가질 수밖에 없다"(Beard 1880, 76)라고 인정했다. 이러한 진단의 모호성은 의료계에서 확산하는 회의론을 불러일으켰고, 결국 신경쇠약은 "의학에서 폐기처분" 되었다(Wessely 1990, 47).

또한 신경쇠약의 지지자들이 생리학적 원인을 규명하지 못했다는 점도 쇠퇴를 가속화했다. 비어드는 신경쇠약을 선천적 혹은 유전적 조건에 따른 신경 세포 약화라는 신체 질환으로 보았다. 유전적 자원이 강할수록 개인은 "신경적 파산"에 이르는 과정이 길어질 것이며, 그 반대도 마찬가지라는 것이다(Gossling 1987, 84-85). 비어드는 당시 미국 사회에서 일어나고 있던 극적인 사회적·경제적·기술적 변화가 이러한 선천적 신경력 약화를 지닌 사람들에게 방아쇠 역할을 했다고 보았다. 이와 관련하여 그는 다음과 같이 말했다.

신경계의 힘은 제한되어 있으며, 근대 문명이 끊임없이 요구하듯 회로에 새로운 기능들이 추가될 때 신경계의 약화는 조만간 어떤 시점이 되면 찾아온다. 개인마다, 그리고 생애 단계마다 서로 다른 시점이지만, 그 순간이 오면 모든 등불을 밝히고 있을 만큼 충분한 힘이 남아 있지 않게 된다. 가장 약한 등불은 완전히 꺼지거나, 더 흔하게는 희미하고 불안정하게 타오른다. 완전히 꺼지지는 않지만, 부족하고 불안정한 빛을 낼 뿐이다(1881, 99).

간단히 말해, 급속도로 미국화가 되어 가는 나라에서 신경쇠약 환자는 정신적 부담을 견디지 못하는 존재로 이해되고 있다. 문제는 비어드의 설명이 과학적으로 검증 불가능한 상태로 남아 있었다는 점이다. 신경쇠약에 대해 유기적인 원인을 명확히 밝힐 수 없었지만, 의사들은 이 질환이 이전까지 성공적으로 그리고 생산적으로 살고 있는 미국 대도시의 대다수의 계층에 압도적으로 등장하고 있으며 이들의 삶을 무력화시키고 있다는 사실을 부정할 수 없었다(Freedman 1987).[6] 의사들에게 남은 문제는 이것이 단일한 질병으로 증명될 수 있는지, 또는 보다 정밀한 질병 분류 체계에 맞춰 신경쇠약은 특정 장애로서 구분될 수 있는지 여부였다. 이러한 질병 분류 문제는 신경쇠약이 미국에서 사라지게 된 결정적 요인이 되었다.

신경쇠약, 정신의학, 그리고 타당성의 위기

프로이트는 1895년, 「신경쇠약으로부터 하나의 특정 증후군을 분리하여 '불안 신경증'으로 기술할 근거에 대하여」라는 영향력 있는 논문을 발표하였다. 이는 신경쇠약이라는 광범위한 범주에서 "불안 신경증"과 "히스

---

6 1902년 호르몬이 발견되면서 비어드의 이론은 한층 더 약화되었는데, 이는 의사들로 하여금 특정한 인과적 요인—즉 기계론적 자연주의 패러다임에 정확히 부합하는 화학적 혹은 호르몬 불균형—을 확인했다고 믿게 만들었기 때문이다. 그러나 이러한 초기의 화학적 불균형이론의 문제는, 호르몬이 실제로 존재한다는 게 분명함에도 불구하고, 그것이 실제로 신경 장애를 유발한다는 점을 입증할 수 없었다는 데 있었다(Chatel & Peele 1970).

테리"를 분리하여 더욱 엄밀한 분류 체계를 구축하려는 시도였다. 곧이어 프로이트의 동시대인 피에르 자네(Pierre Janet) 역시 "강박증"을 신경쇠약에서 분리시켰다. 이러한 진단학적 변화는 신경쇠약 진단을 받는 사람들의 수를 현저히 감소시키는 결과를 낳았다(Gossling 1987; Wessely 1990). 프로이트, 자네, 장-마르탱 샤르코(Jean-Martin Charcot)와 같은 세기말 사상가들은 모두 신경과 의사로 훈련되었고 신경 장애에 물리적 기원을 가진다는 생각을 공유하고 있었지만, 당시 유행하던 침상 안정, 전기 자극, 마사지, 수치료 및 열치료와 같은 전형적 물리적 요법에만 의존하지는 않았다. 이들은 그 대신 심리적 과정, 다시 말해 정신의 장애에 주목했으며, 신경증의 신체적 증상이 대체적으로 유년기에 형성된 무의식적, 리비도적 갈등에서 비롯될 수 있다고 보았다. 이러한 전환과 함께 심리치료(또는 "대화치료")가 탄생했는데, 이는 오랫동안 억압되어 온 성적 욕망, 트라우마, 환상을 언어적으로 표출하도록 돕는 방식이었다. 꿈 분석, 자유연상, 전이와 같은 대화적 기법을 통해 치료자는 환자가 무의식적 갈등을 자각하도록 도왔으며, 이러한 자각이 신경증의 신체 증상을 해소할 수 있음을 보여주었다. 샤르코의 한 제자가 말했듯, 이것은 "육체가 정신에 의해 치료될 수 있다"는 사실을 보여준 것이었다(Shorter 1997, 138 재인용).

대화치료는 20세기 미국의 중상류 사회에서 폭발적인 인기를 얻었고, 의료계 역시 대화치료를 신경증 치료에 유용한 치료 기법으로 어느 정도 인정하였다. 그러나 그 과학적 토대는 여전히 의문스러웠다. 왜냐하면 정신분석은 자연주의적 경험과학의 틀에 잘 부합하지 않았기 때문이다. 예를 들어, 개인의 신경증적 정서와 행동을 억압된 성적 환상으로 설명할 수 있다는 가정은 경험과학의 핵심인 가시적 증거와 검증 가능성의 기준을 충족하지 못한다. 신체의 혈액, 근육, 뼈의 이상처럼 관찰 가능하고 측정 가능한 방식으로 정신의 이상을 동일하게 확인할 수 있는 방법은 없기 때문이다. 정신 현상은 물질적 실체가 아니므로, 정신과 의사는 비정상적 사고와 정서를 유발하는 분비 물질이나 뇌 내의 특정 부위나 대상을 지목할 수 없다. 따라서 진단은 필연적으로 치료자의 이론적 가정, 즉 메타심리학에 의존할 수밖에 없으며, 이러한 추론은 경험적으로 증명할 수 없다는 점에서 비과학적이라는 비판을 피할 수 없었다.

앞서 살펴보았듯, 20세기 후반 신경과학, 약리학, 분자유전학의 발전과 더불어 정신의학은 자연과학으로서의 위상을 회복하기 위해 더 경험적이고 생물학적인 접근을 채택하였다. 이러한 전환의 중심에는 DSM-III에서 정신분석의 용어와 이데올로기를 전면적으로 폐기하는 것과 함께 경험적으로 관찰 가능한 증상을 토대로 질병 분류의 체계를 구축하려는 시도가 있었다. 이러한 시도는 광범위할 뿐만 아니라 이데올로기적으로 부담이 되는 "신경증" 범주를 완전히 제거하고 보다 정밀하고 신뢰할 수 있는 질병 분류로 세분화함으로써 실행될 수 있었다. 신경쇠약의 정서적 측면을 제거한 DSM 제작 구성원들은 신경쇠약의 신체적 증상 역시 경험 가능한 것으로 설명해야 했다. 이를 위해 이들은 "히스테리"라는 고전적 범주를 폐기하고 이를 "신체형 장애"라는 새로운 진단 범주로 대체하였다. 이는 정서적·정신적 고통이 신체 증상으로 전환되어 나타나는 "전환 장애"로 규정되었는데, 전환 장애란 장기간의 통증, 현기증, 쇠약, 위장 장애, 피로와 같은 신체 증상을 보이지만 의학적으로 확인 가능한 원인이 없는 환자들에게서 발견되는 것이었다. 진단의 정밀성을 높이기 위해 이 범주는 여러 개의 개별 장애들로 다시 분류되었다.

그러나 신경증이나 히스테리와 같은 낡은 진단 범주를 폐기했다고 해서, 그리고 정신분석의 이데올로기를 버렸다고 해서 과학적 타당성의 문제가 해결된 것은 아니었다. 신경 장애를 겪는 환자들은 여전히 자신의 고통이 "상상된 것", "비현실적인 것", "머릿속에만 존재하는 것"이라는 이해할 수 없는 유령에게 시달리고 있다. 이 점에서 정신의학적 진단을 지속적으로 의심하는 태도는, 오히려 신경쇠약과 유사한 섬유근육통이나 만성피로증후군처럼 의학적으로 원인이 명확히 설명되지 않는 신체 증상들에 대한 관심을 불러일으킨다. 왜냐하면 설령 물리적·객관적 증거가 부족하더라도, 의학적 언어로 설명되는 증상은 더 납득 가능한 질병이라는 인상을 주기 때문이다. 이러한 위안은 해석학적 관점에서 볼 때, 고통받는 이의 서사적 정체성과 자기구성에 결정적으로 중요하다.

해석학, 신체화, 그리고 의학적으로 설명 불가능한증후군들

앞서 보았듯, 건강과 질병의 문제를 해석학적 관점으로 접근할 때 얻을 수 있는 가장 큰 장점은 자아 개념을 재구성한다는 것이다. 자연주의적 관점처럼 인과적으로 결정된 물리적 실체로서의 자아를 이해하기 보다, 해석학적 정신의학은 해석적 활동으로 자아를 파악한다. 우리는 스스로를 위해 미래를 기획하며 실천함으로써 자신을 만들고 이야기를 형성하는 해석적인 존재이다. 이러한 관점에서 중요한 것은 우리가 무엇인지가 아니라 *어떻게* 존재하는가 하는 점이다. 삶이 전개되는 과정 속에서 우리는 끊임없이 자기 존재를 형성하고 재형성하는 방식으로 있다. 인간이 동물과 구별되는 이유는 우리가 "자기 해석적 존재"라는 점, 즉 우리의 생리적 주어짐을 해석하고 의미를 부여함으로써 스스로가 누구인지를 만들어간다는 점에 있다(Taylor 1985). 따라서 우리는 신경적 소진, 확산된 통증, 불안으로 고통받을 때, 그것을 이해하고 그 증상들에 의미를 부여하고 파악하는 힘을 가지고 있다. 더 나아가, 우리가 고통에 부여하는 의미는 언제나 특정한 사회·역사적 맥락에 속해 있다. 그러므로 해석학적 자아는 결코 세계와 분리된, 고립된 주체가 아니다. 오히려 하이데거의 설명처럼, "자기와 세계는 함께 속한다. [그 둘은] 주체와 객체처럼 서로 다른 두 존재자가 아니다. 자기와 세계는 세계-내-존재의 구조를 이루는 통일 속에서 인간 실존의 근본 규정이다"(BP, 297).

관계적 존재 방식으로 이해될 때, 우리의 해석은 언제나 역사적 상황이 제공하는 의미들에 의해 제약되고 규정된다. 세계는 우리가 고통을 이해하고 설명할 수 있는 다양한 가능성을 열어 주는데, 오늘날 우리의 해석적 맥락은 강력한 자연과학의 패러다임으로 형성되어 있기 때문에, 신경쇠약의 증상이 섬유근육통과 만성피로증후군[7]과 같은 기능적 신체 증후군으로 등장하는 것을 어렵지 않게 볼 수 있다. 이 때문에 로버트 아로노비츠

7 신경쇠약의 증상을 열거하면서, 비어드는 "극심한 탈진", "허리 통증", 그리고 "허리와 사지에 느껴지는 무거움"을 언급하는데, 이는 오늘날이라면 만성피로증후군 진단을 가리킬 수 있는 증상들이다. 그는 또한 "국소적 말초 신경의 무감각과 과민성", "간지럼을 탐", "국소적 근육 경련", 그리고 "막연한 통증과 이동성 신경통"을 언급하는데, 이는 섬유근육통의 진단적 특징과 부합한다. 그리고 그는 "음식"과 관련된 특별한 특이성, "경련", "신경성 소화불량", 그리고 "소화불량"(1881, 7-8)을 제시했는데, 이는 과민성 대장증후군의 증상과 유사하다.

(Robert Aronowitz)가 경고했듯, "정서적 고통을 위장하고 싶거나 정신의학적으로 모호하게 진단되는 질병을 '좀 더 납득되는' 질병으로 승격시키고 싶은 환자들로 인해 신체적으로 진단명을 정의하는 시장이 형성되고 있다"(1991, 97).

이 과정은 "신체화"(somatization)로 설명될 수 있는데, 신체화는 다양한 상황으로부터 발생하는 탈진·광범위한 통증·스트레스가 증거가 없음에도 불구하고 신체적 질병으로 경험되고 설명되는 일종의 서사 구성 방식이다(Lipowski 1988). 린다(Linda)의 사례를 고려해 보자.

> 린다는 이전에 제안된 정신상담을 거부했다. 그녀는 자신이 정신질환을 앓고 있다는 것을 받아들이지 않았고, 의사들이 "당신에게는 아무 이상이 없습니다", "그건 전부 당신 머릿속 문제일 뿐입니다"라고 말할 때 안도감이 아니라 분노를 느꼈다. 그녀는 분명 자신의 몸에 문제가 있다고 확신했고, 의사가 그 문제를 확인하고 치료해 주기를 원했다(Young 2003, 165).

의사들은 보통 린다의 상태를 정신신체적―즉 정신질환의 신체적 표현―으로 다루겠지만, 환자 입장에서는 이를 신체적 질병으로 설명받는 것에 더 깊은 위안을 얻는다. 왜냐하면 문화적으로 자연스럽게 받아들이고 있는 자연주의라는 패러다임 속에서 물리적으로 설명되는 일이야 말로 자신의 고통을 서사적으로 구성할 수 있게 해주기 때문이다. 비록 기능적 신체 증후군이 의학적으로는 의심스럽더라도, 그것이 정신질환이 아니라 신체 질환으로 간주된다는 사실만으로 환자는 자신의 고통을 사회적으로 정당하고 이해 가능한 방식으로 이야기할 수 있게 된다. 따라서 "섬유근육통"이나 "만성피로증후군"은 단순한 진단명이 아니다. 환자에게 그것은 특정한 담론적·서사적 맥락을 반영한 납득되는 질병이다. 이러한 진단은 의미 있는 정체성을 형성하도록 돕는 상징이 된다. 의사 제롬 그루프먼(Jerome Groopman)이 말했듯, "의사가 사용하는 모든 말 중에서 질병의 이름만큼 큰 무게를 지닌 단어는 없다.… 질병의 이름을 통해 환자는 자신의 병을 다른 사람들에게뿐 아니라 자기 자신에게도 설명할 수 있게 된다"(2000).

해석학적 관점에서 볼 때, 언어는 단순히 정신 속 낱말이 외부 사태를 지시하는 체계가 아니다. 언어가 반드시 언어적이어야 하는 것은 아니다.

> 언어들은 사물처럼 그 자체로 현존하는 것이 아니다. 언어는 사전에 인쇄된 모든 단어의 집합과 동일한 것이 아니다. 오히려 … 언어는 현존재가 그러하듯이, 역사적이기 때문에 실존하는 것이다. (BP, 208, 원문 강조)

단어와 표현, 몸짓은 특정한 역사를 공유하는 공동체 속에서 실행되는 의미의 배경을 통해 이해된다. 따라서 진단 의학에서 사용되는 언어 역시 더 넓은 문화적 의미의 산물이며, 청진기나 주사기, 메스만큼이나 중요하다. 그것은 환자가 자신의 경험을 이해 가능한 자아의 이야기로 구성하도록 돕기 때문이다. 이는 "질병"(disease)의 물리적인 신경학적 차원과 "질환"(illness)의 생생한 경험의 차이를 뚜렷하게 구분하도록 돕는다. 의사의 도구가 질병을 측정한다면, 의사의 언어는 환자가 자신의 경험에 의미를 부여하도록 돕는다. 중세 시대에 원죄·죄책·악령과 같은 영적 언어가 고통을 설명하는 의미 맥락을 제공했다면, 오늘날 우리의 고통은 생의학 언어 속에서 이해된다. 그래서 우리는 막연한 통증, 피로, 불면, 심계항진, 집중 곤란이 있을 때 정신과 의사가 아니라 의학 전문가를 찾는다. 면역학자에게 가서 만성피로증후군 진단을 받고, 류마티즘 전문의에게 가서 섬유근육통 진단을 받고, 신경과, 심장과, 소화기과를 찾는다. 이러한 증상들을 맥락에서 이해하지 않고 오히려 의료화함으로써 의사는 설령, 그렇게 보지 않는다고 하더라도 환자에게 "그 고통은 실제이며, 의학적 원인이 있다"는 확신을 제공한다(Barker 2005; Hearn 2009).

의학적으로 설명 불가능한 증후군을 진단받은 환자들 중 상당수는 동반된 정신질환이 있으며, 실제 치료는 불안·우울 치료와 동일한 경우가 많다. 실제로 FDA가 섬유근육통 치료용으로 승인한 약물—Lyrica, Cymbalta, Savella—은 모두 항우울제이다. 그럼에도 환자들은 정신질환 진단과 같은 비물질적인 병을 앓고 있다는 "낙인"를 피하고자 물질적인 신체 질환 진단을 더 선호한다(Wessely 1990). 의학적인, 그러니까 신체 질환으로 진단을 받는다는 것은 정신의학적 진단을 받는 것보다 환자에게 더 중요하다. 왜냐하면 생의학(biomedicine)의 담론적 맥락 속에서 자신의 고통이 물리적으로 이해될 수 있는 것이라는 사실을 보여주기 때문이다. 그리고 신체화를 더 선호하는 이유는 질병의 문제가 단지 시간 문제일 뿐 언젠가는 실제 원인이 발견될 것이라고 보기 때문이다. 다시 말해, 전산화 단층촬영(CT)이나 기능적 자기공명영상(fMRI)을 통해 병리의 가시적 확인이 가능해질 것이라는 기대가 있다. 그리고 세로토닌과 같은 신경전달물질의 결핍, 성장호르몬의 낮은 수치, 혹은 "서브스턴스 P"(Substance P)의 열악한 감각-운동 기능과 같은 새로운 원인이 발견될 때마다 의학계의 흥분은 고조된다(Groopman 2000). 그럼에도 불구하고 섬유근육통이나 만성피로증후군과 같은 질환은 여전히 환자들에게 또 다른 문제를 야기한다. 왜냐하면 증거가 결여된 상황에서, 이러한 질환은 100여 년 전 비어드가 말한 것과 같이, 설명되지 않고 확인되지 않은 증상들을 모두 쓸어 담고 있는 신경쇠약처럼 그저 "모든 일에 짜증을 유발하는 증후군" 혹은 일종의 쓰레기통 진단으로 전락하기 때문이다(Barker 2005). 한 섬유근육통 환자는 다음과 같이 말한다.

> 온라인에 들어가 보면 모든 것이 섬유근육통의 증상입니다. 며칠 전에는 제 머리카락이 가늘어지는 것 같다고 생각했는데, 검색해보니 그것도 증상이래요. 기본적으로 모든 것이 증상입니다. 지금은 무슨 증상이든, 작은 통증이든 뭐든 전부 아, 이건 섬유근육통이구나라고 생각하게 됩니다. 그러면 저는 다시 스스로에게 이게 그냥 정상일 수도 있다고 말해줘야 합니다. 제 모든 증상이 섬유근육통이라고는 생각하지 않아요. 두통은 그렇지 않을 거라고 생각해요, 오래전부터 가지고 있었으니까요. 수면장애도 섬유근육통 때문이 아니라 단순히 스트레스 때문이라고 생각합니다. 그러니 일단 섬유근육통이라는 진단을 받게 되면 모든 것을 거기에 집어넣기 쉬운 거예요…. 그래서 여러 증상 사이의 경계가 흐려진 것 같아요, 왜냐하면 모든 것이 섬유근육통일 수 있으니까요. 어쩌면 탈모도 섬유근육통일지 몰라요. 어쩌면 모든 게 섬유근육통일지도요(Boulton 2018, 6).

따라서 섬유근육통과 만성피로증후군이 의학적으로 정당하게 진단된 결과라고 할지라도, 그 정당성은 일종의 환상이다. 어떤 방식으로도 그 진단은 검증될 수 없기 때문에, 환자는 여전히 의료적으로 온전하게 진단되었다는 느낌을 받지 못한다. 한 여성은 이렇게 말한다. "섬유근육통이라는 말은 완전히 *무의미한* 단어처럼 느껴져요. 그건 그냥 '당신은 아픈데, 무엇이 문제인지 모르겠고, 우리는 당신을 치료할 수도 없습니다'라는 의미일 뿐이에요. 기본적으로 제게 그 말은 그것뿐입니다. 저는 이 진단 때문에 고립감을 느낍니다"(Boulton 2018, 7). 설령 어떤 생의학적 사실이 발견된다고 하더라도, 환자의 경험을 이해하고 의미를 부여하는 것은 여전히 환자 자신에게 달려 있으며, 경험의 의미를 이해하는 일은 환자의 역사적 상황이 제공하는 해석적 자원을 통해서만 가능하다.

이러한 맥락에서 해석학적 정신의학은 전통적인 "사실"과 "가치"의 이분법을 해체한다. 우리의 상황적 실존의 관점에서 볼 때, 가치로부터 완전히 분리된 날것의 사실 같은 것은 존재하지 않는다. 우리의 경험을 생리학적·생화학적 원인으로 환원하는 것은, 우리가 그 경험에 부여하는 질적 의미와 가치를 삭제하는 행위이다. 더 자세히 들여다보면, 이른바 중립적이고 객관적이라고 여겨지는 생화학적 설명들조차 사실상 이미 가치에 물들어 있다. 왜냐하면 그러한 설명은 공통 언어의 배경 위에 등장하며, 유럽-아메리카 문화 속에서 "타당한" 혹은 "실재한" 것으로 평가되기 때문이다. 우리는 오직 우리가 성장하면서 몸으로 익혀온 언어를 통해서만 우리의 경험을 이해할 수 있다. 생의학적 환원주의는 이러한 문화의 과정, 그리고 세계-내-존재라는 인간 존재의 복잡성과 모호성을 배반하는 것이며, 이는 다시 우리를 비어드(Beard)의 논의가 지니는 가치로 되돌아가게 한다.

비록 비어드의 신경력(nerve force) 이론이 과학적으로 입증되지 않았다고 하더라도, 오늘날 그의 논의는 근대성 자체의 의미 구조를 비판적으로 사유했다는 점에서 중요하다. 그는 신경쇠약 환자를 관계적 맥락으로부터 분리된 독립적 객체로 보지 않았다. 오히려 19세기 말 거대한 사회적·문화적 격변 위에 놓인 존재로 이해했으며, 그 격변 속에 존재한다는 사실 자체가 이미 건강에 유해할 수 있다는 가능성을 제시했다.[8] 도시화, 산업화, 시장경제의 불안정성, 새로운 교통 및 통신 기술, 그리고 시계시간(clock-time)의 지배라는, 세기 전환기 미국 사회의 불안정한 사회적 영향력들에 주목하면서, 비어드는 신경쇠약이 "심신 생활의 과도한 긴장에 대한 불가피한 반응"이라는 점을 인식했다(1881, 83). 건강과 질병을 역사적으로 맥락화된 방식으로 사유한 의사로서, 그는 인간이 원자화된 신체가 아니라 이미 세계와 긴밀히 결속된 해석적 존재임을 분명히 보았다.

오늘날 기업 구조조정과 값싼 노동력의 해외 이전으로 인해 수백만 명의 미국인들이 고용 안정성, 고정 급여, 의료 보험, 연금이 없는 이른바 불안정 노동 계층으로, 플랫폼 중심의 단기 계약 경제 속으로 내던져지고 있다. 승차공유 기업 우버(Uber)가 "누구나 사이드 허슬(side hustle)이 필요하다"고, 즉 누구나 부업이 필요하다고 한 광고 문구는 이러한 불안정한 삶을 그럴듯한 완곡어법으로 포장한 사례이다. 우리에게 사이드 허슬이 필요한 이유는 단지 한 번의 급여 손실만으로도 파산하거나 노숙자가 될 수 있기 때문이다. 신자유주의 자본주의가 만들어낸 만성적 불안정성은 우리 삶을 근본적으로 변형시켰고, 피로와 스트레스를 악화시켰다. 철학자 칼

---

8   이러한 점에서, 비어드는 메다르트 보스의 사유를 선취하고 있다. 보스는 "현대 질병의 절대다수는 이미 불행하게도 '정신신체'(psychosomatic)라는 용어로 불리는 인간의 질병들에 속한다. 이들 모두는 궁극적으로, 오늘날의 현대 산업사회에 대한 환자 자신의 태도, 즉 그가 인간다운 방식으로 감당해낼 수 없었던 태도에 그 기원을 두고 있다"고 주장한다(ZS1, 297).

세데르스트룀(Carl Cederström)의 연구에 따르면, 1973년에서 2006년 사이 미국 노동자는 연간 노동 시간이 180시간 증가했지만 임금은 거의 변화가 없었고, 일과 삶의 균형은 점점 더 흐려졌으며, 심지어 수면마저 악화되었다(2018, 96-97). 세기 전환기 평균 10시간이었던 수면은 오늘날 6시간 반으로 줄었으며, 그마저도 새벽에 이메일을 확인하느라 자주 깨어난다. 항상 긴장 상태에 놓이고 신경계를 재조정해 줄 최소한의 수면조차 보장되지 않는 오늘날의 삶에서, "근대 문명이 발전함에 따라 신경적 예민성과 신경질환은 증가할 것이며, 신경쇠약은 지난 세기보다 오늘날 훨씬 더 풍부할 것"이라는 비어드의 결론은 거의 자명해 보인다(1881, 137).

과도한 자극에 노출된 삶, 불안정한 사람, 기계화된 삶에는 독성 효과가 있다는 비어드의 설명은 오늘날 미국 사회를 "압도됨", "스트레스 상태", "번아웃"으로 묘사하는 현대적 진단과 놀라울 정도로 겹친다. 동시에 그것은 신경증적 고통의 특수한 양상을 더욱 심층적으로 분석할 가능성을 연다. 특히 이는 젠더 문제에 관련하여 흥미를 이끈다. 남성에게 신경쇠약은 한때 야망과 추진력의 상징으로 간주되었다. 신경쇠약은 "자본주의 사회에 부합하는, 즉 남성성이 부와 재산으로 동일시되는 사회적 이상에 부합하는, [하나의] 허용된 질병일 뿐만 아니라 오히려 인상적인 질병"으로 여겨졌다(Showalter 1985, 135). 그러나 여성의 경우 상황은 훨씬 복잡했다. 세기 전환기 신경쇠약 환자 중 여성 비율은 압도적으로 높았으며, 오늘날에도 의학적으로 설명 불가능한 신체 증후군 환자의 대다수는 여성이고, 섬유근육통 환자의 약 90%가 여성이다(Barker 2005; Groopman 2000). 비어드는 이를 단순히 여성의 생식기관이나 호르몬의 특이성으로 돌리지 않았다. 그는 해석학적 관점에서, 산업경제의 등장 속에서 여성의 사회적 역할 변화, 대학과 전문직으로의 진출, 그리고 여성의 야망과 동기라는 새로운 역사적 맥락을 읽어내려 했다(Abbey & Garfinkel 1991).

비록 비어드가 모성과 가정적 성향을 여성의 자연적 상태로 간주했다는 점에서 여성혐오주의자로 비판받기도 했지만,[9] 그의 관점은 의료화의 한계와 신경적 고통을 산출하고 재생산하는 물리적 이해의 한계를 드러냄으로써, 오늘날의 페미니스트 사회비평가들이 제기하는 문제의식과 공명한다. 비어드의 이해는 베티 프리단(Betty Friedan)이 『여성의 신비』(1963)에서 "이름 없는 문제"라고 부르는 것을 이해하는 데 도움을 준다(Shuster 2011). 프리단은 전후 경제체제가 만들어낸 사회적 순응주의가 여성들을 공허한 가정생활로 밀어 넣음으로써 "가정주부 신경증"과 그에 수반하는 피로, 통증, 정서적 과민성, 그리고 절망이라는 증상들을, 즉 이름 없는 문제를 낳았다고 본다. 또한 비어드의 이해는 오늘날 불안정한 노동 경제 상황과 급속히 변화하는 사회적 역할 속에서 가족에 대한 의무를 다하면서도 낮은 임금, 지속적인 성적 괴롭힘을 동시에 감당해야 하는 여성들에게 섬유근육통과 만성피로증후군이 젠더화된 형태로 나타난 점을 설명한다. 이러한 방식으로 비어드의 작업은 세계-내-존재의 관계적 복잡성에 대한 해석학적 설명을 선취하고, 의료 전문가들이 신경적 고통의 경험과 그 해석에 접

---

9 비어드와 그의 동시대 사람인 신경과 의사 S. 위어 미첼(S. Weir Mitchell)은 여성의 교육적, 창조적, 지적 활동이 그녀의 신경성 탈진에 기여한다고 보면서 이를 경계했다. 예컨대 작가이자 사회운동가였던 샬롯 퍼킨스 길먼(Charlotte Perkins Gilman)에게 미첼은 악명 높은 "휴식 요법"(rest cure)을 처방한 뒤, 이후 그녀가 "가능한 한 가장 가정적인 삶을 살 것, 아이를 항상 곁에 둘 것, … 매 식사 후 한 시간씩 누워 있을 것, 하루에 지적 활동은 두 시간만 할 것, 그리고 *평생 동안 결코 펜, 붓, 혹은 연필을 손에 대지 말 것*"을 강력히 권고했다(Gilman 1975, 96 인용자 강조).

근할 때 좀 더 미묘하고 맥락화된 관점을 취할 수 있는 가능성을 연다. 물론 이러한 고통을 신체적 상태로 의료화하는 것은 자연주의 패러다임 하에서 일종의 위안적인 정당성을 제공할 수 있겠지만, 그 패러다임 자체를 가능하게 하는 역사적 맥락을 비판적으로 성찰하지 못한다는 점에서 한계가 있다. 해석학적 정신의학은 언제나 세계-내-존재의 관점에서 출발한다. 즉, 우리는 스스로 만들어내는 의미 속에서만 존재하며, 바로 이러한 공유된 자기-해석을 통해서만 우리의 고통을 경험하고 이해할 수 있다.

마지막 장에서 우리는 근대성의 정신병리학에 대한 논의를 확장하면서, 이제 DSM에서 "간헐적 폭발성 장애"(intermittent explosive disorder)라고 명명된 미국 내 새로운 분노 상태의 폭발적 증가에 주목한다. 우리는 이 장애를 개인 내부에 존재하는 일련의 증상으로 파악하기보다, 해석학적 관점을 취하여, 우리의 집단적 분노에 기여하고 있을지 모를 미국적 삶의 의미 구조를 맥락적으로 검토한다. 필자는 이 구조가 우리 미국인들이 자신을 근본적으로 자유로운 개인으로 해석하는 방식과 관련이 있을 것이라고 생각한다. 개인을 하나의 완전히 쪼개질 수 없는 독립된 개체로 이해하는 것은, 개인을 바깥의 어떤 것과도 본질적으로 관계 맺지 않은 것으로 볼 수 있다. 이러한 이해는 궁극적으로 소속감이나 도덕적 지향성의 감각이 제거되고, 오직 개인적 선호와 욕망만이 남는 상황을 초래한다. 그 결과, 외부로부터 부과된 어떤 권위나 제약에서 해방되어, 오롯이 자신의 욕망을 추구할 때만 "자기 자신에게 충실하다"고 여기는, 매우 독특한 진정성 개념이 탄생한다. 그러나 이러한 개인주의와 해방된 자유의 이데올로기는 동시에 무력감, 고립감, 도덕적 혼란감으로 나타날 수 있다. 인간적인 유대와 서로 믿고 따르며 공유할 수 있는 의미의 틀이 부재할 때, 우리는 무엇을 해야 하는지, 어떻게 행동해야 하는지를 알지 못하게 된다. 이러한 알지 못함은 미국 사회 전반에 만연한 폭력과 분노의 폭발과 연관되어 있는데, 이는 우리의 자기이해를 형성하고 있는 역사적 의미들과 깊이 연관되어 있다. 미국적인 자기 이해는 우리가 더 이상 지배적인 주체가 아니라, 근본적으로 취약하고 상호 의존적인 존재라는 사실을, 그리고 더 진정한 자기성의 의미를 은폐한다.

8장

분노의 맥락적 이해

CONTEXTS OF SUFFERING

소외, 개인주의, 그리고 미국적 진정성

최근 여론조사들은 미국인 대다수가 사실상 모든 것에 분노하고 있음을 보여준다(Duhigg 2019; Barford 2016). 우리는 부유층을 편애하고 중산층 미국인들에게 양질의 일자리를 제공하지 못하는 경제 상황에 분노하고 있다. 미국의 "갈색화"와 남부 국경을 제대로 통제하지 못하고 있다는 이유로 이민 정책에 분노하며, 입법 교착 상태와 정실인사, 부패로 얼룩진 워싱턴에 분노한다. 또한 의료와 같은 기본적 필요조차 제공하지 못하고, 기후 변화라는 전 지구적 위협에 적극적으로 대응하려 하지 않는 미국의 위상 약화에도 분노하고 있다. 여성들은 수십 년 동안 남성들에게 성희롱과 폭력을 당해온 경험 속에서 #(MeToo) 운동을 통해 분노하고 있다. 흑인들은 수많은 경찰 폭력 사건과 대규모 수감 사태 이후 #BlackLivesMatter 운동을 통해 분노하고 있다. 매일 밤 뉴스에 등장하는 도로 분노·공항 분노·주차장 분노·직장 분노·쇼핑 분노와 같은 폭발적 분노 장면 속에서, 국가 전체가 폭발 직전의 화약고처럼 드러난다. 여기에 더해 끔찍하게 증가하는 대량 총격 사건은 미국 사회의 스트레스와 좌절이 얼마나 심각한지, 그리고 어쩌면 새로운 문화적 분위기가 형성되고 있음을 분명히 보여준다. 실제로 전후의 "불안의 시대"는 이제 "분노의 시대"로 대체된 것으로 보인다. 국립정신건강연구소(NIMH)가 지원한 최근 연구에 따르면, 최대 8.9퍼센트, 즉 약 2,200만 명의 미국 성인이 충동적인 분노 문제로 고통받고 있는데, DSM에 따르면 이는 "간헐적 폭발성 장애"(Intermittent explosive disorder)라는 정신질환 진단에 해당한다(Ingraham 2015).

비록 간헐적 폭발성 장애가 진단 용어로 등장한 것은 1980년이지만, 그 이전의 DSM 판본에도 이와 유사한 상태에 대한 설명이 있었다. DSM-I에서는 "수동-공격적 성격" 범주 아래에서 이를 "짜증, 분노 발작, 파괴적 행동으로 나타나는 좌절에 대한 지속적 반응"으로 정의했다(APA 1952, 37). DSM-II에서는 이를 독립된 성격장애, 즉 "폭발성 성격(간질형 성격장애)"으로 규정하며 "거친 분노 폭발, 언어적·신체적 공격성의 분출"로 특징지었다(APA 1968, 42-43). DSM-III에서 간헐적 폭발성 장애가 처음으로 정식 진단명으로 도입되었을 때, 이는 통제력을 상실한 공격적 충동으로 인해 심각한 폭행이나 재산 파괴로 이어지는 몇 차례의 단독적인 사건들, [그리고] 심리사회적 스트레스에 따라 현저히 불균형적으로 드러나는 과도한 행동"으로 정의되었다(APA 1980, 297). 그러나 DSM-V가 출간되면서 이른바 진단의 범위가 점차 확대되는 현상이 나타나기 시작했다. 현재 DSM은 다음과 같이 규정한다. 이는 "언어적 공격(예: 분노 발작, 고함, 언쟁, 싸움) [뿐만 아니라] 또는 재산·동물·타인에 대한 신체적 공격이 평균적으로 주 2회, 3개월간 반복되는 경우"도 진단되는 것이다(APA 2013, 466). "심각한 폭행과 재산 파괴"라는 문구를 삭제하고, 언어적*뿐만 아니라* 또는 신체적 공격 중 어느 하나만으로도 진단될 수 있도록 기준을 확대한 결과, 거의 누구나 이 장애를 앓고 있다고 간주될 수 있는 상황이 되었다(Hickley 2015). 뉴스 시청

중 텔레비전에 소리를 지르는 사람, 자신이 응원하는 팀이 패배한 뒤 분노 발작을 일으키는 사람, 느리게 움직이는 교통 체증 속에서 다른 운전자에게 분노를 폭발하는 사람도 진단 대상이 될 수 있다. 심리학자 필립 히클리(Philip Hickley 2018)가 말하듯, "DSM-V 이전까지 그는 정신병자가 아니었다. 그는 단지 무례하고 독설적인 사람이었을 뿐이다." 그러니 미국 국립정신건강연구소가 미국인 10명 중 1명 가까이가 평생 이 질환을 진단받을 수 있다고 밝힌 사실은 놀랍지 않다. DSM의 느슨하게 확장된 기준을 고려하면 실제 숫자는 훨씬 더 높을 수도 있다. 그리고 분노의 의료화는 거기에서 끝나지 않는다. 의료 모델이 지배적인 상황에서 이 장애의 1차 치료법은 거의 항상 약물치료이며, 특히 (리튬이나 항경련제와 같은) 항우울제, 항불안제를 포함한 기분 안정제가 처방된다.

해석학적 정신의학의 관점에서 볼 때, 이러한 환원적이고 맥락이 제거된 방식으로 미국의 분노를 설명하는 일은 이와 관련된 의학적 상태에 대한 직접적인 증거가 없다는 점에서 과학적으로 "설명"(erklären)하지 못한다. 게다가 더 중요한 것은 환원적 이해는 우리의 정서적 삶과 자기 이해를 이미 형성하고 있는 의미망 속에서 분노를 "이해"(verstehen)하려는 시도조차 하지 않는다는 점이다. 따라서 분노를 좀 더 맥락적으로 충분히 이해하려면, 우리는 이 경험을 근대성 자체의 의미 구조 내부에서 해석학적으로 살펴야 한다. 이 점에서, 하이데거의 세계-내-존재 개념을 도스토예프스키의 작품과 연결하는 것은 유익하다. 도스토예프스키의 주요 인물들은 통제되지 않는 분노로 가득 차 있을 뿐만 아니라, 이들은 언제나 역사적으로 규정된 상황 속에 놓여 있으며, 19세기 중후반 급격한 근대화 과정을 겪는 러시아의 격변 속에 있기 때문이다. 고통받는 인물들 가운데, 근대성의 갈등(그리고 분노)을 가장 잘 체현한 인물은 도스토예프스키의 유명한 중편 작품인 『지하로부터의 수기』(1864)의 이름 없는 화자, 즉 "지하인간"일 것이다. 이 작품의 서문에서 도스토예프스키는 그의 해석학적 성향을 드러내는데 이는 종종 간과되고 있지만, 우리의 미국적 상황을 환기시키는 통찰을 제공한다. 그는 독자에게 혼란으로 형성된 "우리 사회 환경을 생각해볼 때, 그러한 인간이 반드시 실존할 수밖에 없다"고 강조했다(2009, 1).

허무주의와 고향상실 상태

하이데거의 도스토예프스키와의 연관성은 잘 알려져 있다(cf. Gerigk 2017). 도스토예프스키는 하이데거가 『존재와 시간』에서 지속적으로 인용한 몇 안 되는 비-독일권 사상가 가운데 한 명이며, 하이데거는 자신의 연구실에 이 러시아 작가의 초상화를 눈에 띄게 걸어 두었다. 실제로 프라이부르크(Freiburg) 대학교에서 후설의 후임 교수직을 맡은 이후, 하이데거는 도스토예프스키 전집을 도서관이 구매하도록 직접 감독하였다(Schmid 2011). 그러나 그보다 더 의미심장한 언급들은 아내 엘프리데에게 보낸 편지글에서 발견된다. 예컨대 1918년 로렌(Lorraine) 전선에서 쓴 한 편지에서, 하이데거는 자신에게 위안을 주기 위해 두 가지 물건을 보내 달라고 부탁했다. 하나는 결혼식 날 [그녀]가 "워프스베데(Worpswede) 드레스를 입고 해바라기 옆에 서 있는 사진"이었고, [다른 하나]는 『카라마조프씨네 형제들』이었다(LW, 48, 강조 추가). 또 1920년에 쓴 한 메모에는 의미심장한 내용이 기술되었는데, 하이데거는 그 메모에서 자신이 "고향"(*Heimat*)이 무엇을 의미하는지, 그리고 "흙에 뿌리를 두는 것"이 무엇인지 도스토예프스키의 저작을 통해 배웠다고 말했다. 그는 또한 엘프리데에게 자신의 근대성 비판을 제대로 이해하려면 도스토예프스키의 정치적 저작들을 반드시 읽어야 한다고 조언했다(LW, 72-73). 그렇다면 "흙에 뿌리를 두는 것"이란 무엇을 의미하는가? 그리고 근대적 뿌리 뽑힘의 경험은 어떻게 우리의 분노 폭발과 연결될 수 있는가?

도스토예프스키와 하이데거의 뿌리 뽑힘과 고향상실의 경험은 19세기 중후반 유럽과 러시아를 휩쓴 허무주의적 분위기에서 형성되었다. 니체는 허무주의를 "최고의 가치들이 스스로를 평가절하하는 역사적 순간, 목적이 사라지고 '왜?'라는 질문에 더 이상 답을 찾지 못하는 상태", 즉 우리에게 잘 알려진 "신의 죽음"이라고 정의했다(1968, 2). 모두가 따르던 신이 사라진 세계에서, 우리는 더 이상 의지하고 영감을 얻을 수 있는 구속력 있는 가치나 도덕적 절대성을 갖지 못한다. 니체는 이를 다음과 같이 이야기했다.

> 우리는 육지를 떠나 배를 탔다! 우리는 다리를 불태웠고─그보다 더 나아가, 뒤에 있던 육지를 완전히 파괴해 버렸다! 이제 작은 배야, 조심해라! … 머지않아 너는 바다가 무한하다는 것을 알게 될 것이고, 무한함보다 더 두려운 것은 없다는 것을 깨닫게 될 것이다. *아아, 다시 육지가 그리워질 때… 이제 더 이상 '육지'는 존재하지 않는다*(2001, 141, 인용자 강조).

러시아 지식인층 가운데 많은 이들에게 이러한 세기말적 허무주의는 진보의 신호로 여겨졌다. 즉, 세속적 이성, 경험과학, 물리법칙이 미신과 종교 교리의 권위에서 러시아 민중을 해방시킨다고 믿었던 것이다. 그러나 도스토예프스키에게 이러한 새로운 가치들은 오히려 소외와 혼란의 분위기를 만들어냈다. 실제로 도스토예프스키의 후기(시베리아 형무소 이후) 주요 작품들은 1860년대에 변화를 맞이하는 젊은 사회 개혁가들에 대한 비판으로 읽힐 수 있다. 도스토예프스키는 이들을 허무주의자로 보았는데, 그 이유는 젊은 사회 개혁가들이 전통적인 러시아 정교회의 가치를 거부하고, 합리적 개인중심주의를 수용하며, 공리주의와 과학적 결정론 같은 계산적 원리에 근거하여 사회를 재설계하려 했기 때문이다. 이러한 세속적 이상을 수용함으로써, 도스토예프스키는 역사적 민족 공동체가 자생적 뿌리로부터 잘려 나가고, 그 결과 광기, 폭력, 분노의 폭발이 나타난다고 보았다.

도스토예프스키의 주요 인물들은 흔히 이러한 갈등을 구현하면서 근대적 이데올로기와 맞닥뜨린 존재들이다.[1] 전통적으로 러시아인들을 이끌던 러시아정교회의 권위가 사라진 가운데, 그들은 나아갈 길을 잃었고, 이제 스스로 자신만의 도덕을 구성할 "자유"를 가지게 된다. 예컨대 『죄와 벌』(1866)에서 라스콜리니코프는 술집에서 들은 한 대화를 바탕으로 알료나를 살해한 자신의 행위를 정당화한다.

여기서 그 노파를 죽이고, 돈을 빼앗아 인류 봉사와 공익을 위해 써라. 자

---

1 도스토옙스키의 작품 전체에서 이에 대한 주요 예외는 《카라마조프씨네 형제들》의 알료샤 카라마조프와 《백치》의 미시킨 공작이라는 인물들이다. 두 인물 모두 순수성, 공동체, 연민이라는 그리스도적 가치에 의해 인도되는 영웅적이며 반(反)근대적인 인물로 기능하며, 동방 정교회의 가치를 몸소 구현하는 존재들이다.

―생각해 보라―이 작은 범죄 하나가 수천 개의 선행으로 상쇄되지 않겠는가? 한 생명 대신 수천의 생명을 파멸에서 구한다. 한 번의 죽음, 그리고 백 개의 삶―이 얼마나 정확한 산술인가? (1968, 73)

그러나 라스콜리니코프의 냉혹한 공리주의적 계산과 자기중심적 생각은 그가 어린 시절부터 내면화해 온 자기희생과 형제애라는 기독교적 가치와 충돌한다. 그는 "관대하고 친절한" 동시에 "비인간적일 정도로 냉혹하고 무정한" 두 인격이 서로 맞바뀌며 끊임없이 갈등하는 인물로 묘사된다(1968, 215).

마찬가지로, 『카라마조프씨네 형제들』(1880)에서 이반 카라마조프는 자신의 이복형제가 자살했다는 사실을 알게 되자, 자신의 합리적이고 무신론적인 세계관과 충돌하는 종교적 죄책감에 의해 정신적으로 붕괴한다. 그는 스스로를 설득하려 한다. "양심! 양심이란 무엇인가? 내가 스스로 만들어낸 것이다. 그렇다면 왜 나는 여전히 고통받는가? 이는 7천 년 동안 인류가 습관처럼 유지해온 것에 불과하다. 그렇다면 이것을 버리자. 그러면 우리는 신이 될 것이다" (1957, 592). 도스토예프스키는 이반의 죄책감을 신이 살아 있다는 하나의 정서적 증거로 제시하는데, 이러한 신의 현존은 이반에게 자기 중심적인 생각과 논리만을 집착하는 태도를 내려놓도록 부추긴다. 결국 도스토예프스키는 다음과 같이 서술한다.

이반이 믿지 않았던 하나님, 그 하나님의 진리가 이반의 마음을 점점 지배하기 시작했지만, 이반의 마음은 여전히 복종을 거부하고 있었다. "그는 진리의 빛 속에서 다시 일어설 것이거나… 혹은 증오 속에서 파멸할 것이다.

자신이 믿지도 않는 가치를 섬겼다는 이유로, 자기 자신과 모든 이들을 향해 복수하면서"(1957, 594).

비록 이반은 새롭게 근대화되었거나 "유럽화된" 인물이었지만, 그의 죄책감과 인간 고통, 삶의 의미와 같은 궁극적 질문들에 대한 관심은, 러시아 민중의 초자연적이며 신성한 전통에 대한 갈망을 드러낸다(Paris 2008, 184).

라스콜리니코프, 이반 카라마조프, 그리고 지하인간과 같은 인물들은 유럽이 쇠퇴하고 있다는 도스토예프스키의 믿음을 드러내는 자들로 이해될 수 있다. 이는 개인주의, 과학적 진보, 노골적인 물질주의와 같은 근대적 가치들로 인해 공동체적 영성과 자기희생이라는 오래된 전통을 상실한 상황을 보여준다. 이러한 인물들이 구현하는 혼란과 분노를 통해, 도스토예프스키는 근대성을, 전통의 권위가 뿌리 뽑힌 상황을, 그리고 개인을 고립된 단위로서 더 이상 쪼갤 수 없는 주권적인 존재로 이해하는 근대적인 자기 이해를 강력하게 비판했다. 도스토예프스키에게 이러한 근대적 개인주의는 깊은 고독과 단절감을 낳으며, 일종의 문화적 질병 혹은 타락을 일으킨다. 『카라마조프씨네 형제들』에서 조시마(Zossima) 장로는 도스토예프스키의 목소리를 대변하며 이렇게 말한다.

오늘날 우리의 시대에서 인류 전체는 개별적 단위로 쪼개져 있다. 사람들은 서로 떨어져 각자 자신의 골짜기에 숨어 지낸다. 각자는 다른 이들로부터 자신을 멀리 떼어놓고, 자신이 가진 것 또한 숨긴다. 그래서 그는 타인에게서 혐오감을 느끼고, 타인 또한 그를 혐오하게 된다.… 그는 오직 자기 자신만을 신뢰하도록 습관화되어 있으며, 공동체 전체로부터 자신을 단절시키고, 다른 사람이나 인류의 도움을 믿지 않도록 길들여져 있으며, 자신이 획득한 돈과 특권을 잃을까 봐 두려움에 떤다. 오늘날 사람들은 더 이상 진정한 안전이 고립된 개인의 노력에 있는 것이 아니라 사회적 연대 속에 있다는 사실을 이해하지 못한다. 그러나 이 끔찍한 개인주의는 필연적으로 종말을 맞을 것이며, 사람들은 갑자기 자신들이 얼마나 부자연스러운 방식으로 서로 분리되어 있는지 깨닫게 될 것이다(1957, 279).

도스토예프스키의 이러한 "끔찍한 개인주의"에 대한 비판은 자신과 연결된 근대 실존주의 전통과의 단절을 결정적으로 드러낸다. 실존주의의 중심 주제 가운데 하나는 허무주의 앞에서도 개인은 자신에게 진실되어야 한다는 것이다. 개별 실존은 자신의 삶에서 진정성을 추구해야 한다. 그러나 도스토예프스키에게서 진정한 자기는, 전통의 족쇄로부터 해방된 뒤 신의 죽음이라는 공허 속에서 스스로 자신의 가치를 자율적으로 창조하는 자발적 주체가 아니다. 만약 진정성이 자기실현과 관련된 것이라면, 도스토예프스키는 그것이 타인들과의 관계 속에서, 그리고 역사적 민중이 공유해 온 지속적인 가치 속에서, 바로 우리의 삶을 깊이 있게 들여다 볼 그런 가치들 속에서만 가능하다고 말할 것이다. 찰스 기뇽(Charles Guignon)이 주장한 것처럼, 진정성은 "러시아어 소보르노스트(*sobornost*)라는 단어로 표현되는 '함께-있음' 혹은 '소속됨'의 조화로운 체험"이다(Guignon 1993b, xli). 이런 맥락에서, 자기 자신을 근본적으로 자유로운 존재로 이해하는 실존주의적 자아 개념은, 근대의 고향상실이라는 경험과 우리의 분노 성향을 설명하지 못할 뿐 아니라, 오히려 이를 더욱 악화시킬 뿐이다.

이 점에서 도스토예프스키의 글은 근대성의 "무근거성"(*Bodenlosigkeit*)과, 현대 생활의 진부한 유행과 표면적 흐름에 의해 가려진 "유산"(*Erbe*)을 회복해야 한다는 하이데거의 비판을 반영한다. 이는 우리가 최신 유행과 흐름에 몰두할수록, 우리의 삶에 공동의 방향성과 목적을 부여할 수 있는 전통적인 가치들로부터 스스로를 닫아버리게 됨을 의미한다. 근대적 삶이 이러한 방식으로 우리의 유산을 왜곡하고 은폐한다는 사실은, 하이데거 초기 사유에서 불안이 지닌 중요성을 드러낸다. 불안은 우리를 일상성으로부터 흔들어 깨워, 우리가 유한하며 역사적으로 존재한다는 사실을 직면하게 만들기 때문이다. 이런 의미에서 불안은 나를 "피투된 기투"(*geworfener Entwurf*)로서 나를 시간적 구조 앞에 세운다. 한편으로 불안은 내가 고정된 자족적인 실체가 아니라, 아직 완결되지 않은 "아직-아님"이며, 죽음에 이를 때까지 끊임없이 미래 가능성 속으로 자신을 내던지는 (혹은 "투사하는") 존재라는 사실을 드러낸다. 다른 한편으로 불안은 나를 과거로, 내가 떠안아야 할 내 삶에 펼쳐질 의미의 가능성들을 열어 보이는 사회-역사적 상황으로 던진다. 이것이 바로 하이데거가 "현존재는 자신의 존재 방식으로 과거로 '존재한다'"(BT, 20)라고 말하는 이유이다. 현존재가 과거로 존재한다고 말한 측면은 하이데거가 고향(*Heimat*)과 소속성의 개념을 중시하고 있으며, 동시에 실존주의 전통과 결별했음을 보여준다. 시간성은, 나의 실존이 단지 아직 오지 않은 가능성으로만 나아가는 것이 아니라, 나의 "탄생," 곧 공유된 역사적 기원으로도 되돌아간다는 점을 드러낸다.

내가 이러한 방식으로 던져져 있다는 사실은, 내가 선택하는 가치와 자기 이해가 나로부터 주권적으로 창조된 산물이 아니라, 이미 나보다 앞서 놓여 있는 과거로부터 전유된 것을 의미한다. 내가 선택한 가치가 나에게 중요한 이유는 내가 속한 역사적 공동체에게 중요하기 때문이다. 이런 점에서 하이데거는 도스토예프스키와 마찬가지로, 가치 창조가 개인에게 전적으로 달려 있다는 실존주의적 생각을 거부한다. 우리는 일상 속에서 이를 쉽게 망각하지만, 실제로는 이미 공통의 가치와 공유된 옳고 그름의 감각으로 인도되고 있다. 도스토예프스키에게 이미 과거에 의해 안내되고 있다는 감각은, 그의 주요 인물들의 혼란과 분노를 형성하는 핵심이다. 주요 인물들의 혼란과 분노는 공동체와 자기희생이라는 전통적인 가치가 개인주의, 자기중심주의, 향락주의라는 근대적인 이상과 충돌하기 때문에 발생한 것이다. 도스토예프스키가 러시아인들이 "자신들이 '본래 있었던 흙'으로, 말하자면 대지의 품으로 되돌아갈 필요가 있다"고 말할 때(1957, 632), 그는 러시아 정교회의 토착적 가치들을 가리키고 있다. 그리고 이것은 『존재와 시간』에서 과거의 역사적 의미들에 대한 본래적인 "회수" 혹은 "반복"(*Wiederholung*) 가능성을 하이데거가 왜 강조했는지를 알게 한다. 하이데거는 서구 역사를 관통해 흐르는 우리에게 공유된 가치들을 가리킨 것이다.

미국적 분노와 진정성의 숭배

오늘날 미국에서 우리는 일반적으로 자신을 능동적이고 자기결정적인 주체로 이해한다. 그리고 자신의 욕구를 외부의 제약으로부터 자유롭게 추구할 때 우리는 자신을 진정한 존재라고 여긴다. 그러나 도스토예프스키에게 자유, 쾌락, 자기 확신을 끊임없이 추구하는 삶은 속임수에 걸린 삶이다. 그것은 자기실현의 표현이 아니라 오히려 예속과 자기파괴의 표현이다. 이 점에서 그는 다음과 같이 기술했다.

> 세계는 자유의 시대를, 특히 최근 들어 더욱 크게 선언해왔지만, 우리가 이 자유에서 무엇을 보게 되는가? 노예 상태와 자기파괴 말고는 아무것도 없다! ⋯ 자유를 증식된 욕망의 신속한 충족으로 해석함으로써, 인간은 자기 자신의 본성을 왜곡한다. 그리하여 수많은 무의미하고 어리석은 습관들과 우스꽝스러운 신념들이 조장된다.⋯ [어떻게] 인간이 이러한 습관에서 벗어날 수 있겠는가, 스스로 만들어낸 수많은 욕망을 충족시키는 습관에 이렇게까지 예속되어 있다면, 그에게 어떤 일이 일어날 수 있겠는가 (Dostoevsky 1957, 289).

도스토예프스키에게 진정한 자유는 자신의 욕망을 의지적으로 충족시키는 것과는 아무 관련이 없다. 이러한 자유 이해는 필연적으로 자기파괴적이며, 우리를 쾌락의 러닝머신 위에 올려놓는다. 즉, 한 번 쾌락을 충족할 때마다 공허감이 뒤따르고, 그 공허감은 다시 새로운 쾌락을 갈망하게 만들며, 이렇게 쾌락 뒤에 공허, 다시 공허 뒤에 쾌락 추구가 이어지는 끝없는 순환을 낳는 것이다(Guignon 1993b). 도스토예프스키에 따르면, 우리는 자기중심성과 이기심의 굴레로부터 해방될 때에만 비로소 진정으로 자유롭다. 따라서 자기확신이 "[우리의] 진정한 본성을 왜곡한다"고 말할 때, 도스토예프스키는 근대적 개인주의 자체가 문제임을 시사하고 있다.

그러나 대부분의 미국인은 자발적 주체를 구현하는 게 진정한 주체라고 본다. 이 정신은 앞서 살펴본 바와 같이, 20세기 초 미국에서 세련된 자신감·개별성·세일즈맨십의 강조는 "개성"문화로 드러났다. 이는 겸손, 자기 비하, 종교적 의무라는 이전의 개인의 "특성"을 규정하던 가치를 압도하면서 자연스럽게 등장했다. 제2차 세계대전 이후 이 개성의 문화는 더욱 강력해졌다. 젊은 보헤미안과 히피들은 부모 세대의 지루한 순응주의에 반발했고, 인간 잠재력 운동이 확장되면서 환각제, 형태심리치료 및 라이히식 심리치료, 샤머니즘, 동양 신비주의 등 다양한 기법을 동원하여 개인들이 자신을 해방하고 내면 욕망을 실현하도록 독려했다. 이러한 맥락에서 미국의 젊은이들은 사르트르의 실존주의적 구호, 즉 "우리는 모든 경우에서 자유 자체를 위한 자유를 원한다"를 따르고 있었다(2001, 306). 시대정신(*Zeitgeist*)에 민감했던 소설가 노먼 메일러(Norman Mailer)는 이 흥분된 미국 정체성의 재구성을 실존주의적으로 묘사하며, 이를 "개인이 되는 용기," 곧 사회로부터 분리되고, 뿌리 없이 존재하며, 자기 자신 속에서 반항적으로 솟구치는 명령을 향해 미지의 여정을 떠나는 일이라고 말했다(Cederström 2018, 47 재인용). 그러나 바로 이러한 자유에 대한 요구가, 도스토예프스키와 하이데거의 관점에서 보면, 현대적인 절망적 고립의 경험을 더욱 심화시킨다. 왜냐하면 이들의 관점에서 보면, 의지에 기반한 개인적 욕망 외에 우리가 의지할 수 있는 확고한 토대도, 옳고 바른 행위를 규정할 확정적인 기준도 없으며, 우리는 타인에게 본질적으로 결속되거나 의존한 존재로 이해되지 않기 때문이다. 만약 우리가 로버트 벨라(Robert Bellah 1985)가 "존재론적 개인주의"라 부르는 원리에 진정으로 헌신한다면, 즉 자기를 외부 어떤 것과도 본질적으로 관계 맺지 않는 독립적 주체, 자기완결적 "나"로 이해한다면 우리 행위를 정당화할 수 있는 근거는 오직 우리의 주관적 선호 외에는 존재하지 않게 된다.

역사학자 크리스토퍼 래시(Christopher Lasch)는 잘 알려졌듯, 『나르시시즘의 문화』(1978)에서 우리 삶을 이끌고 있는 것은 자유와 개인적 욕망의 자발성이라는 미국적 진정성 개념을 비판했다. 나이키의 상징적 슬로건, "Just Do It"이나 "YOLO"("You Only Live Once")라는 범용적 구호처럼, 진정한 개인은 "순간을 위해 살며 … 조상이나 후대가 아니라 자기 자신을 [위해] 산다"(Lasch 1978, 5). 래시는 이러한 무제한적 자유와 자기애의 태도는 결코 충족되지 못함을 보여주며, 이러한 것을 추구하는 개인에게 나타나는 몇 가지 중첩된 특징들을 지적했다. 예컨대 "내적 공허감," "노화와 죽음에 대한 강렬한 공포," "유명인에 대한 집착," "악화되는 사회적 관계," 그리고 무엇보다 중요한 것이자 이 부분에서 주요하게 다루는 것으로 "*억압된 무한한 분노*"가 그것이다(1978, 33, 인용자 강조). 실존주의 심리치료자 롤로 메이(Rollo May)는 래시의 문화 진단을 미리 예견하며, 분노를 사회적 탈맥락화와 인간 관계의 결핍에서 비롯되는 자연스러운 결과로 설명했다. 분노는 "관계가 부재한 자리에 솟구쳐 올라오는 궁극적인 파괴적 대체물이다.… 내면의 삶이 메마르고, 감정이 감소하고 냉담이 증가하며, 다른 사람에게 영향을 미치거나 진정으로 *접촉*할 수 없게 될 때, 접촉을 향한 역동적인 필연성으로 분노는 폭발한다. 폭력은 가능한 가장 직접적인 방식으로 접촉을 강제하려는 광기 어린 충동으로서" 나타난다(May 1969, 30-31). 이것은, 미국에서 개인이 되라는 도덕적 요구, 다시 말해 권위와 전통의 억압적 제약으로부터 해방되어 자신의 내면적 자아에 도달하라는 요구가 사실상 속임수임을 드러낸다. 존재론적 개인주의에 대한 문화적 수용은 무력감, 고립감, 도덕적 혼란을 낳았다. 공유된 가치의 틀이 사라지자 우리는 무엇을 해야 하는지, 어떻게 살아야 하는지 전혀 알지 못하게 되었다. 그리고 바로 이것이 도스토예프스키의 지하인간을 격렬하게 분노하게 만드는 것이다. 그는 절규한다. "우리는 심지어 *살아간다*는 게 무엇인지, 그것이 무엇이며 도대체 무엇이라고 불리는지 조차 모른다! … 우리는 무엇에 소속되어야 하고, 무엇에 매달려야 하는지, 무엇을 사랑하고 무엇을 미워해야 하는지 알지 못한다"(Dostoevsky 2009, 96). 이러한 해석에서 보면, 미국에서 폭력과 분노의 폭발은 자유와 진정성을 무제한적으로 추구한 결과를 반영하는 것으로 이해될 수 있다.

세데르스트룀(2018)은 이와 같은 현상을 탐구하면서, 1960~1970년대 인간 잠재력 운동에서 탄생한 진정성의 숭배가 신자유주의적 자본주의에 의해 지배되었음을 보여준다. 그 결과, 이기성과 자기애는 단순한 도덕적 가치가 아니라, 불안정성·냉혹한 경쟁·자기 홍보 위에 구축된 경제 구조 속에서 살아남기 위한 필수적 요구가 되었다. 텔레비전 시리즈 〈Mad Men〉의 마지막 장면은 이 현상의 초기 양상을 인상적으로 포착했다. 광고 기획자 돈 드레이퍼(Don Draper)는 1970년 캘리포니아 해안의 이살렌(Esalen) 연구소에서 가부좌를 틀고 눈을 감은 채 앉아 있다. 다른 구도자들과 함께 명상하는 그의 얼굴에 의미심장한 미소가 떠오르는데, 이는 히피 문화 전체를 어떻게 상업적으로 이용할 수 있을지를 떠올리는 장면이다. 이어서 코카콜라의 상징적 광고가 등장한다. 주류문화에 저항하는 카운터컬처(counter-culture)의 남녀들이 한 원 안에 서서 밝고 행복한 얼굴로 하나의 목적으로 묶여, "나는 세상 모든 사람에게 코카콜라 한 병을 사주고 싶어"라는 노랫말을 부른다. 세데르스트룀은 오늘날 성공적인 많은 기업들이 이러한 반권위적 자유와 자기실현의 언어를 노동자들에게 호소하는 방식으로 채택하고 있음을 보여준다. 예컨대 청바지를 발명하고 대중화한 미국의 Levi Strauss & Co. 같은 기업에서는 관리자를 더 이상 관리자라고 부르지 않고, "코치," "중재자," "롤모델"이라 부르며, 이들을 직원들의 "잠재력을 온전히 실현하도록 돕는 자"라고 규정한다. 요가 의류 회사 룰루레몬(lululemon)은 권위적인 뉘앙스를 풍긴다는 이유로 기업 용어에서 "미팅"(meeting)라는 단어를 금지하고, 그 대신 "커넥트"(connect)라는 용어를 사용하며, 각 커넥트의 목표는 "놀라움과 기쁨을 선사하는 것"이라고 말한다. 인기 신발 판매 회사 자포스(Zappos)는 직원들의 쾌락적 자기표현을 대놓고 장려하며 다음과 같이 말한다. "우리는 당신이 당신 자신이 되도록, 그리고 즐거움을 느끼도록 격려합니다. 우리는 전통적인 의미에서의 '일/삶 균형'을 장려하지 않습니다. 그 대신 '일/삶 통합'을 믿습니다. 우리는 직장 밖에서만이 아니라 직장 안에서도 즐거움을 추구하는 것을 좋아합니다.… 어떤 의미에서, 당신은 이곳에서 일함으로써 '삶으로부터의 휴가'를 보내고 있는지도 모릅니다!"(Cederström 2018, 84-88). 이렇게 전통적인 9시~5시 노동의 회색빛 단조로움을 재구성함으로써, 오늘날의 기업들은 진정성의 이데올로기를 전유하고 있다. 기업은 일종의 의무화된 강제적 행복을 행복함으로 조장하고, 청량음료·청바지·요가복·신발을 판매하면서 스스로 자유롭고 진정성 있는 존재일 수 있다는 기묘한 생각을 내놓는다.

그러나 세데르스트룀이 보여주듯, 미국 기업 문화 속에서는 훨씬 더 음험한 무엇인가가 작동하고 있다. 개인주의와 자기실현의 수사를 포용하고 삶과 노동의 경계를 흐리게 함으로써, 오늘날의 기업들은 끊임없는 노동의 환경을 만들어냈다. 이제 단순히 일을 잘하는 것만으로는 충분하지 않다. 일하는 동안 열정적이고, 행복하며, 만족한 상태여야만 한다. 그리고 기업에 있어 진정성 숭배를 개인의 문제로 환기시킨 것은 개인의 주관적 쾌락에만 편협하게 집중하는 것을 부추겨 타인에 대한 의존성을 부정하게 하는 전환점을 만든다. 그것은 우리의 관심을 신자유주의 자본주의가 만들어내는 더 거대한 정치적·경제적 불의와 불평등에서 멀어지게 만든다. 그래서 우리는 여전히 낙관적이고 창의적이며 자신감 있는 존재로 스스로를 마케팅하고 브랜드화하면서, 사실은 몸이 부서지도록 일하고 끓어오르는 분노를 억누르며 다음과 같은 공허한 격언을 되뇌게 된다. "진짜가 되고, 즐기고, 생산적이 되라—그리고 무엇보다 중요한 것은, 이러한 목표를 이루기 위해 다른 사람들에게 의존하지 말라. 왜냐하면 당신의 운명은, 당연히, 당신 자신의 손에 달려 있기 때문이다"(Cederström 2018, 7).

철학자 한병철은 『피로사회』(2015)에서 이러한 사회적 변형이 초래하는 정신적 결과를 탐구하면서, 우리 사회를 "성과사회"(*Leistungsgesellschaft*)라 불렀다. 여기서 각 개인은 자신을 하나의 기업가로 만들도록 압력을 받으며, 그 결과 "과잉 노동과 과잉 성취는 자기 착취로 변모한다"(2015, 11). 이제 더 이상 직장에서 우리의 행동을 규율하고 통제하기 위해 관리자가 필요하지 않다. 존재론적 개인주의의 시대에 인간은 "스스로를 착취하는 노동하는 동물(*animal laborans*)이 되는데—인간은 이를 외부의 강제가 아니라 자발적으로 수행한다"(2015, 10). 그 결과, 한병철에 따르면 이는 일종의 신경학적 소진 상태를 초래한다.

> "탈진한, 우울한 성취-주체는 말 그대로 자기 자신을 갈아 넣는다. 그는 자신으로 인해 지치고 탈진하며 자기 자신과 전쟁 중이다. 철저히 타자, 세계에 의존할 수 없게 된 그는 자신에게 달려든다. 역설적으로 이는 자아를 비워내고 텅 비게 만든다. 자아는 자기 자신을 상대로 한 쳇바퀴 경쟁 속에서

소모된다"(2015, 42).

그러나 도스토예프스키가 상기시키듯, 사회의 원자화와 우리가 스스로를 관계적 존재로 보지 못하는 점이 바로 우리의 현재적 병리를 초래한다. 그의 관점에서 보면, 우리는 결코 능동적이고 자족적인 개인이었던 적이 없으며, 우리의 운명 역시 오롯이 우리 자신의 손에 달려 있었던 적이 결코 없다. 오히려 이기심, 개인적 성취, 자기 의존이라는 도덕적 지향이 우리를 병들게 한다. 이것이 지하인간이 비극적 인물인 이유이다. 그는 자신을 급진적으로 자유로운 존재라고 이해하고 싶어 하지만, 근거 없는 자유는 그를 분노하게 만들고, 혼란스럽게 만들고, 외롭게 만든다. 그리고 이는 그의 망상적 행동, 기괴한 복수의 환상, 타인에게 상처 주려는 충동적 욕구를 촉발한다. 도스토예프스키에 따르면 지하인간이 그러한 상태에 놓인 이유는 명확하다. 그는 "토양으로부터 뿌리 뽑혀 사람들과의 접촉을 상실했기 때문"이다(2009, 11). 우리는 이러한 도덕적 허무주의와 분노의 극단적 구현을 현대 미국의 반영웅적 인물들 속에서 다시 보게 된다. 예컨대 척 팔라닉(Chuck Palahniuk)의 영화 〈*Fight Club*〉(1999)의 이름 없는 화자나, 브렛 이스턴 엘리스(Bret Easton Ellis)의 영화 〈*American Psycho*〉(1991)의 패트릭 베이트먼(Patrick Bateman)이 그러하다. 공허한 쾌락주의의 순환에 갇힌 채, 엘리스는 베이트먼을 공감 능력과 인간적 연결 능력을 상실한 존재로 묘사했다. 베이트먼은 일종의 무감각한 탈개인화 상태에 빠져, "*진짜 나*는 존재하지 않는다. 단지 하나의 실체, 어떤 환영 같은 것이 있을 뿐이다.… 나는 단순히 존재하지 않는다"(Ellis 1991, 367-377)고 믿는다. 영화에서 그는 오직 폭발적 폭력 행위를 통해서만 자신의 무감각 상태에서 벗어날 수 있다(cf. Aho 2016).

지금까지 보았듯, 분노를 개인 내부에 위치한 개별적인 의학적 상태로 해석하려는 정신의학의 경향은 본질을 놓치고 있다. 해석학적 관점에서 볼 때, 미국적 분노를 이해하려면 단지 증상에만 주목할 것이 아니라 인간이 전체적으로 "처해있는 상황"(*Befindlichkeit*)에 주목해야 한다. 이 관점에서 분노라는 기분은 이미 초개인적이며, 과도하게 개인주의화된 사회의 집합적 분위기 속에서 드러난다. 하이데거의 말처럼, "[기분은] 우리를 덮친다. 그것은 '외부'로부터도 '내부'로부터도 오지 않는다. 오히려 세계-내-존재 자체로부터 솟아난다"(FCM, 176, 인용자 강조). 우리가 지친, 고립된, 그리고 끊임없이 경쟁적인 세계로 길들여졌기 때문에 우리는 애초부터 이러한 방식으로 분노하게 된 것이다. 따라서 자기이해라는 치료적 과정의 핵심은, 우리의 역사적 상황의 의미구조가 항상 우리의 배후에서 작동하며 우리가 던져져 있는 정서적 분위기를 구성하고 있음을 인식하는 데 있다. 해석학적 정신의학의 일차적 목표는 약물이나 인지-행동적 기법으로 단순히 분노를 제거하거나 무력화하는 것이 아니다. 오히려 그 목표는 고통받는 이가 자기 분노를 이해하고, 그것을 건설적으로 표현하며, 그 근원을 직면할 수 있도록 하는 의미의 틀을 제공하는 데 있다. 그리고 이러한 자기이해는 우리의 진정성 개념을 확장시켜, 그것이 반드시 개인주의와 무조건적 자유라는 근대적 이데올로기에 근거해야만 하는 것은 아님을, 그리고 우리 자신의 역사 속에서 도덕적으로 자신을 방향 지을 다른 방식들이 존재함을 보게 한다.

하지만 도스토예프스키와 하이데거가 제시한 생각, 즉 우리를 병들게 하는 것의 치유가 어떤 역사적 민족의 토착적 가치에 뿌리 내린 신화적 과거를 회복하는 데 있다는 생각은, 이들의 보수적 정치 성향과 반유대주의를 고려할 때 매우 문제적이다. 여기에서 "유대인"은 다시금 뿌리가 없는 상태에서 방랑하는 세계시민주의를 표방하는 자들로 비난받는다. 유대인 문제를 해결하는 방법은 혈통과 흙(*Blut und Boden*), 민족(*das Volk*), 고향(*Heimat*)에 대한 하이데거식 수사를 수용하는 것에 있는 것처럼 보인다. 이것이 바로 도널드 트럼프(Donald Trump)의 "미국을 다시 위대하게"(Make America Great Again) 선거 캠페인, 독일의 독일을 *위한 대안*(*Alternative für Deutschland*) 운동, 오스트리아의 *정체성 운동*(*Identitären*), 그리고 러시아의 새로운 이데올로기를 내세운 알렉산드르 두긴(Alexander Dugin)의 반자유주의적 연설에 내포된 메시지이다(Trawny 2018, 69; Dugin 2017). 그럼에도 하이데거 사유 속의 역사적 회귀(역사적 반복)에는, 이러한 정치적인 기만적 지형을 비껴가면서도 근대적 개인주의라는 나쁜 전제들을 불안정하게 만들 수 있는 측면이 있다. 하이데거가 『존재와 시간』에서 "본래적 역사성"(*eigentlichen Geschichtlichkeit*)을 언급할 때, 그는 우리에게 도덕적 요구를 부과하는 전통적 유산에 귀속될 필요가 있음을 말했다. 그의 사상은 우리가 쾌락과 자기 이익에 의해 필연적으로 동기화된 고립된 주체가 아니라, 서로에게 상호의존적이며, 우리 삶에 도덕적 방향성을 부여할 수 있는 공유된 가치들로 묶여 있는 상호주관적 존재임을 드러낸다.

이러한 해석을 개척한 것으로 잘 알려진 기농은 우리의 도덕적 관점이 항상 "우리의 역사적 공동체에서 전승되어 온 이야기와 해석들"에 뿌리내리고 있다고 주장했다(1993a, 287). 예를 들어 누군가가 대놓고 이기적으로 행동하는 것을 볼 때, 우리는 대체적으로 그러한 태도에 실망하기 마련인데, 이는 우리의 실망이 우리가 일상에서 암묵적으로 흡수한 가치, 즉 그리스·유대-기독교 선조들의 이야기와 충돌하기 때문이다. 기뇽에 따르면, 자신의 전통을 잊고 일상인(*das Man*)의 유행과 시대의 풍조에 아무런 생각 없이 휩쓸려 가는 비본래적 현존재와 달리, 일상인이 누리는 안정된 상태에서 불안의 감정으로 흔들려 나온 본래적 현존재는, 역사적 원천에서 흘러나오는 더 깊은 삶의 가능성들에 눈뜨게 된다. 이는 "자신의 영웅을 선택한다"(*seinen Helden wählt*) 혹은 현존재와 자신의 "운명적인 숙명(*schicksalhaftes Geschick*)"을 되찾는다는 하이데거의 논쟁적 개념을 다시 생각하게 만든다. 비록 이러한 개념들이 나치의 사상을 대변하며, 하이데거의 *Black Notebooks(Schwarze Hefte)*나 1933년의 악명 높은 총장 취임 연설에서 드러난 어두운 주제들과 공명하는 것은 사실이다. 하지만 기뇽은 그 안에는 다소 덜 악의적인 의미가 작동하고 있을 가능성을 제기했다. 그의 해석은, 본래적으로 산다는 것이 신의 부재 속에서 죽음을 또렷이 응시하면서 각자가 자기 자신의 가치를 자유롭게 창조하는 고립된 개인과 반드시 연결되는 것은 아님을 보여준다. 하이데거에게 본래성은 우리의 유한성에 대한 결단적이고 명료한 인식과 관련되는 것이 사실이지만, 동시에 그것은 공유된 유산 속에 우리가 얽혀 있다는 것, 곧 인간이란 무엇을 의미하는지 이해하도록 도와줄 수 있는 원형적 인물들, 신화들, 이야기들에 대한 자각을 의미한다. 이러한 원형들, 이야기들은 풍부한 가치 지향적 맥락을 제공하는 우리의 유산이다.

서구의 공통된 원천에서 흘러나오는 이러한 이야기들은, 우리를 개인주의의 숭배로부터 해방시키고, 우리가 "공-현존재"(co-Dasein)라는 사실, 다시 말해 서로에 대한 상호의존성과 역사적으로 공유된 어떤 가치들 속에 뿌리내리고 있다는 사실에 눈뜨게 하는 치유적 힘을 지닌다. 이러한 자각은 라스콜리니코프, 이반 카라마조프, 지하인간과 같은 인물들을 괴롭히는 고독, 분노, 자아중심성에 대한 강력한 교정 작용을 제공할 뿐만 아니라, 하이데거의 "영웅을 선택한다"는 생각을 구체화한다. 우리는, 도스토예프스키가 제시했듯, 그리스도의 형상을 따라 자신의 삶을 형성하는 선택을 할 수 있다. "우리는 모두에게, 그리고 모든 것에 대해 책임이 있다는 선택을 할 수 있다"(Dostoevsky 1957, 295). 그러나 기농은, 자기희생·겸손·타자와 함께하는 가치를 가르치기 위해 "되찾아지고" "되풀이될" 수 있는 세속적·종교적·문화적 영웅들이 얼마든지 존재한다는 것을 보여준다. 이러한 영웅들의 이야기를 모으면, 우리가 도덕적으로 응집력 있고 구조화된 삶의 이야기를 만들어갈 때 끌어다 쓸 수 있는 의미들의 한 다발을 이루게 된다. 기농의 요점은, 우리의 삶을 이와 같이 "서사화" 혹은 "이야기화"하는 작업에는 항상 도덕적 차원이 동반된다는 것이다. 왜냐하면 하나의 이야기의 결말은 보통 "우리의 역사적 문화에 규범적인 것으로 받아들여지는 어떤 선(善)의 성취"를 포함하기 때문이다(1993a, 289). 이런 의미에서 우리 전통의 위대한 이야기들은 대개 취약성, 소속감, 의존성의 개념들을 드러내는데, 이는 필연적으로 근대적 개인주의의 가치들과 충돌한다. 그리고 해석학적 심리치료의 과정에서, 이러한 이야기들은 고립과 분노라는 우리의 현대적 경험으로부터 역사적 맥락을 더 깊이 이해하도록 이끌면서, 우리가 누구인지, 그리고 우리 삶에서 무엇이 중요해야 하는지를 해석하고 이해할 수 있는 새로운 길을 열어준다.

물론, 하이데거가 분명히 했듯이, 우리의 현재 자기이해를 수정하는 일의 어려움은 미국적 개인주의를 구성하는 문화적 편견들이 우리 안에 너무 깊이 배어 있어서, 우리가 일상에서 그것을 몸소 구현하고 수행하는 방식을 거의 의식하지 못한다는 데 있다. 이러한 편견들은 "우리에게 단지 가까울 뿐만 아니라―가장 가까이 있는 무엇이다. *우리는 그렇게 있다.* 우리 각자는, 바로 우리 자신이다"(BT, 15, 인용자 강조). 정신의학이 객관주의를 표방하며 지속해서 인간을 세계와 분리된 대상으로 다룬다면, 그리고 미국적 삶의 스트레스와 좌절에 효과적으로 대처할 수 있는 기법들을 제공하고, 치료의 목표를 생화학적 변화를 일으키는 데만 둔다면, 오늘날 우리의 자기이해를 형성하고 있는 "역사성"(*Geschichtlichkeit*)과 의미구조는 결코 다루어지지 않을 것이다. 바로 이 때문에 해석학적 정신의학은 *효과성·기법·메커니즘·기술*과 같은 비인격적·도구적 용어들이 임상 실천에서 일종의 "모든 것을 해결해주는 용어"로 기능하게 된 현실을 경계한다(Richardson 2012). 해석학적 정신의학은, 정신질환의 영역이 단지 신경학적·인지적 과정의 영역이 아니라, 역사적 의미, 문화적 가치, 인간관계의 영역이라는 점에서 과학적 기법이 한계에 직면할 수밖에 없다는 점을 알린다. 신경과학, 분자유전학, 뇌영상 기술이 아무리 발전하더라도, 그것은 결코 한 사람의 고통이 지니는 *의미*를 이해하는 데 도움을 줄 수 없다. 따라서 하이데거가 "세계 없는 단순한 주체라는 것은 결코 먼저 '있는' 것도 아니고, 그런 것이 '주어지는' 경우도 없다"(BT, 116)고 주장함으로써, 그는 우리의 심적 고통이 마음이나 뇌 안에 존재한다는 신화를 폐기하는 데 기여했다. 세계-내-존재로서의 인간 실존은 구조적으로 밖으로 뻗어있는 "탈-자태"이다. 즉 우리는 이미 타자들과 더불어, 공유된 문화와 역사 속에, 우리 자신 밖으로 "서 있는" 존재들이다. 그리고 한 사람의 경험이 지닌 의미는 맥락 속에서 살필 때에만 파악될 수 있다. 이러한 점에서 해석학적 정신의학은 정신질환의 기능적 증상을 치료하는 데에만 관심을 두기보다,

그 사람의 세계-내-존재 방식에 공감하고 주의를 기울이면서, 그 방식을 지탱하고 있는 의미들을 이해하는 데 더 큰 관심을 둔다. 이러한 방향에서 치료하지 않는 것은 장기적으로 볼 때 환자에게는 암울함만을 남긴다. 하이데거는 이러한 심층적인 맥락적 자기이해에 환자를 열어 두는 것이 치유의 일차적 목표가 되어야 한다고 강조했다. 그는 이렇게 썼다. "의사의 돕고자 하는 의지처럼, 우리는 어떤 *기능의 작동*이 아니라 *하나의 존재 방식*을 포함하도록 주의를 기울여야 한다. 만약 어떤 기능의 작동을 파악하는 일이 목표라면, 현존재에 대한 [이해]에 아무것도 보태지 못한다. *그러나 그것이 바로 목표이다.*" 그리고 우리가 과거의 교훈적인 이야기들에 마음을 닫고 있는 한, 우리는 현재 속, 존재론적 개인주의라는 고립된 패러다임에 갇혀, "자유의 상실[과] 삶의 가능성의 수축"을 경험한 채 남게 될 것이다(ZS1, 157, 강조 추가).

후기

이 책에서 제시된 사상들은 나에게 매우 개인적인 의미가 있다. 왜냐하면 나는 성인기의 상당 기간을 우울증과 불안으로 고통받았기 때문이다. 계속되는 부정적 사고, "만약에"라는 집요한 생각, 불면, 그리고 공간적·시간적 지평이 정서적으로 좁혀지는 경험은 나에게 결코 낯선 것이 아니었다. 나는 이러한 암울한 기분을 달래고자 다양한 정신의학적 약물, 심리치료, 그리고 마음챙김을 기반으로 두는 실천들을 수행했으며, 그로부터 상당한 도움을 받았다. 실제로 항우울제인 셀렉사(Celexa)의 도움이 없었다면, 나는 박사학위를 마치고 소박하지만 나름의 성공적인 학문적 경력을 이어올 수 없었을 것이다. 이와 더불어 약물과 치료 그 이상으로, 지난 20여 년 동안 실존주의와 현상학, 특히 하이데거의 사유를 가르치고 글을 써온 경험은 나 자신의 경험을 이해하고 맥락화하는 데 큰 도움을 주었다. 나에게 하이데거의 현존재 분석은 인간이 *된다는 것이* 무엇인지를 이해할 개념적 도구를 제공했을 뿐 아니라, 무엇보다도 우리의 능력이 붕괴*된다는 것이* 무엇을 의미하고 어떻게 느껴지는지를 밝혀주었다. 나는 하이데거의 불안 개념에 대해 강의한 뒤, 하이데거가 강조한 세계-붕괴가 자신의 경험을 놀라울 정도로 잘 포착한다고 고백한 수많은 학생들을 만났다. 그들은 이 세계에서 "자기 집에 있지 않은" 듯한 느낌, 미국 사회를 규정하는 극단적 개인주의, 무자비한 경쟁과 함께, 자기 자신을 더 돋보이게 해야 한다는 가치들에 제대로 조응하지 못한다는 느낌을 이야기했다. 그리고 그것이 자신을 억압하고 고립시키며 앞으로 어떻게 살아야 할지 혼란스러운 상태로 내몬다는 점도 자주 언급했다. 이런 점에서 하이데거의 사유는 나에게도, 그리고 많은 학생들에게도, 저마다 겪고 있는 고통을 인정받는다는 느낌을 제공했다. 내가 보기에, 이것이 곧 하이데거의 사상에 많은 사람들이 이끌리는 이유이다. 즉, 그것은 철학이라는 학문의 좁은 영역을 넘어, 인간 존재의 고유한 고통을 밝히고, 이 고통을 인간 조건 자체라는 맥락에서 이해하게 만들기 때문이다. 실제로 졸리콘 세미나(*Zollikon Seminars*)에서 오랜 시간 그와 함께 작업한 메다르트 보스는, 이것이야말로 하이데거가 자신의 지적 기여를 처음부터 염두에 두고 있었던 것이라고 확신했었다. "그는 자신의 철학적 통찰이 단지 철학자의 영역에만 머무는 것이 아니라, 더 넓은 공동체, 특히 고통받는 수많은 사람들에게 도움이 될 수 있다고 보았다"(2001, xvii).

갈무리를 하며 이 책의 핵심 사상들을 하나로 묶기 위해, 나는 2018년 12월에 겪은 심근경색이라는 압도적인 경험을 현상학적으로 살핀 사례 연구를 제시하고자 한다. 나의 경험을 바탕으로 둔 현상학적 사례를 서술하는 목적은 불필요한 전문 용어를 제거한 방식으로 하이데거 사유의 풍부함과 깊이를 구체화하는 데 있다. 심근경색 이후 나의 존재 경험의 구조들이 여러 방식으로 붕괴되어 갔음을 밝힘으로써, 나는 생의학적 패러다임이 지닌 한계를 드러내고자 한다. 이에 더해 의료인이 단순히 고장 난 신체가 아니라 고통받고 두려움에 떠는 "한 인간"으로서 환자를 인정하고 이해하는 일이 얼마나 중요한지를 강조하고자 한다. 이렇게 실존적으로 자신을 인식하는 것은 인지적·정서적 파괴 상태 한가운데에서 나의 존재를 조금씩 다시 형성할 수 있도록 도와주는 의미의 맥락을 제공해 주었다. 더 나아가, 이는 내가 건강하고 일상적인 삶의 루틴에 몰두해 있을 때는 대부분 감춰져 있던 취약성과 연민의 원천들을 일시적으로 나에게 열어 보이게 했다. 나에게 이것은 질병이 지닌 숨겨진 선물이었다. 그것은 고통, 고난, 그리고 죽음의 보편성을 비춘다. 인간은 근본적으로 무력하고 타인에게 의존적인 존재라는 사실을, 그리고 치유에 있어 인간적 관계가 수행하는 중대한 역할을 알려준다.

나의 심장마비

그날은 플로리다 남서부의 아름다운 12월 토요일이었다. 밝은 햇살, 푸른 하늘, 낮은 습도. 나는 에스테로 지역, 포트 마이어스 공항, 그리고 게이트웨이, 트리라인, 콜로니얼 인근 지역을 혼자서 도는 60마일의 자전거 라이딩을 계획했다. 약 세 시간 반 정도 만에 자전거 주행을 마치고, 나는 에스테로 다리를 건너 집으로 돌아오고 있었는데, 갑자기 메스꺼움과 어지러움이 나를 덮쳤다. 나는 급브레이크를 잡고 자전거를 땅에 던지듯 내려놓은 뒤, 거리 위에 구토를 쏟아냈다. 혼란스러웠고, 식중독이거나 단순히 과도한 운동을 한 탓이라고 생각하며 천천히 자전거를 타고 집으로 돌아왔다. 그때 가슴 통증이 왔다. 둔하고 지속적인 통증이었다. 나는 여자친구에게 전화해 몸이 좀 이상하다고 말했다. 그녀는 심장마비 같다고 말했다. 나는 일축했다. "아니야, 그냥 배고프고 탈수된 데다 샤워만 하면 괜찮아질 거야." 그러나 어지럼증이 깊어지자 그녀는 집으로 달려와 응급실에 가자고 설득했다. 급히 심전도검사를 받은 후, 이미 수술을 준비하고 있는 의사와 간호사들로 가득한 방으로 옮겨졌다. 소란 속에서 내가 들은 말은 이것뿐이었다. "광범위 심근경색 … LAD 막힘… 스텐트 시술코드… 코드 스텐트!"

그리고 그것이 시작이었다.

심장마비가 발생한 지 정확히 일주일 뒤는 크리스마스였고, 나는 훨씬 상태가 좋아져 있었다. 늘 신체 활동을 즐겨 하던 나는, 여자친구와 함께 이제 심장 건강에 좋은 식단을 실천하기로 결심했고, 우리 관계에서 처음으로 집에서 직접 식사를 준비하기 시작했다. 나는 낮 동안 5마일을 걸었고, 저녁에는 뜨거운 목욕을 했다. 나는 상상했던 것보다 훨씬 더 빠르게, 다시 예전의 나로 돌아가고 있었다. 봄 학기가 시작되기 전까지 나는 다시 건강하고 온전해질 것이었다. 그 다음 날, 나는 아침 산책을 시작했지만 진입로 끝까지밖에 가지 못했다. 오른쪽 종아리는 뻣뻣하고 쑤시는 듯했고, 발가락은 감각이 둔했다. 나는 음울한 표정으로 "뭔가 이상해."라고 말하며 집으로 돌아왔다. 우리는 급히 다시 병원으로 향했고, 그곳에서 다리에 초음파 검사를 받았다. 그리고 분명히, 주요 동맥에 혈전이 있었다. 혈관외과 의사의 치료를 3일 동안 받았고, 혈전을 확인하기 위한 혈관조영술, 그리고 왼쪽 사타구니 부위에서 오른쪽 종아리까지 여러 개의 관을 삽입하는 처치가 이어졌다. (오른쪽 사타구니 부위는 사용할 수 없었는데, 그쪽은 스텐트를 삽입하기 위해 이미 혈관을 통해 접근한 부위였기 때문이다.) 외과의사는 작은 진공 장치를 이용하여 혈전을 흡입해 제거하려 했으나 성공하지 못했고, 결국 고용량의 항응고제와 함께 강력한 정맥 내 혈전용해제 치료를 선택했다. 나는 그 기간 동안 먹거나 일어설 수 없었다. 간호사는 매 시간 종아리 둘레를 측정해 혈류 상태를 확인했으며, 매 시간마다 나는 종아리가 더 커지는 것은 아닌지, 또는 오른발의 맥박이 약해지는 것은 아닌지에 대한 공포에 사로잡혔다. 매일 밤은 버저 소리와 경보음, 혈액 검사, 활력징후 확인으로 소란스러웠다. 나는 잠을 끊어 자며 겨우 버텼다. 이것이 시작이었다.

마침내 혈전용해제가 효과를 발휘한 뒤 나는 중환자실에서 퇴실할 수 있었고, 관찰을 위해 개인 병실로 옮겨졌다. 개인 욕실이 있고 창문이 있으며 미음이나 죽이 아닌 씹어서 삼킬 수 있는 일반 음식을 먹을 수 있다는 사실이 위안이 되었다. 진단에 따르면, 심장마비 중 심장 내부의 혈전이 떨어져나가 배출되었고, 앞으로 혈전이 다시 형성되는 것을 막기 위해 여러 종류의 항응고제를 복용해야 했다. 이는 나쁜 소식이었지만, 최악은 아니었다. 약을 복용하고 심장 재활을 받으면, 곧 정상적인 일상으로 돌아갈 수 있을 것이었다. 그러나 관찰 두 번째 밤, 벽에 걸린 심장 모니터에서 경보와 함께 붉은 섬광이 터져 나왔다. 30초간의 심실빈맥 발작이었다. 이제 상황은 복잡해졌다. 다음 날 아침, 심장 전문의는 내가 돌연 심장사에 취약할 수 있다고 경고하며 문제의 정도를 평가하기 위해 전기생리 전문 심장의를 만나야 한다고 말했다. 그러나 심장에 전극을 삽입해 심실빈맥을 유발하는 방식의 검사(전기생리검사)는 시행할 수 없었다. 왜냐하면 심장 내부의 혈전을 떨어뜨려 뇌졸중을 유발할 위험이 있었기 때문이다. 해결책은 혈전이 용해될 때까지 2개월 동안 휴대용 제세동기(혹은 착용형 자동 제세동기)를 착용한 뒤, 흉부에 제세동기를 이식할지 여부를 결정하는 것이었다. 나는 심장마비와 그에 따른 여러 합병증이 나에게 근본적으로 변형된 몸을 남겼다는 현실에 사로잡혔다. 이제 나는 이전의 나를 되찾는 것이 더 이상 선택지가 아닐지도 모른다는 가능성과 마주할 수밖에 없었다. 이것이 시작었다.

변형된 나의 신체

48세라는 나이에, 그리고 스스로 인생의 절정기에 있다고 믿었던 그 시기에 치명적인 중증 심근경색을 겪은 일은 나의 세계를 산산이 부수고 말았다. 신체의 연약함과 취약성을 실감할 수 있었고, 내가 근본적으로 타인에게 의존할 수밖에 없는 존재라는 사실을 인식하게 되었다. 나 자신의 강인함과 자율성에 대한 환상은 철저히 무너졌다. 그러나 이 경험은 동시에, 내가 수년 동안 읽고 써 온 실존철학과 신체 현상학의 통찰들을 구체적인 현실로 드러내 보였다. 중증 질환에 대한 주류 생의학의 한계를 이제는 친밀하게 이해할 가능성을 갖게 된 것이었다. 다시 말해, 신체 질환과 관련하여 현상학이 제공하는 결정적인 공헌은 과학적 의학의 냉정하고 탈맥락적인 관점을 괄호치고 중지시킨 채, 고통받는 개인의 생생한 경험 그 자체에 초점을 맞춘다는 점에 있다. 이런 의미에서 현상학의 목적은 심초음파 검사, X선 촬영, 혈액검사와 같은 기술적 수단을 통해 나의 심장마비의 인과적 설명을 규명하는 데 있지 않다. 오히려 목표는 그 경험에 대한 맥락적 이해에 도달하는 데 있다. 다시 말해, 현상학자는 질병을 *생생한 경험*으로 이해하고, 그것을 파악하고, 위치 짓고, 의미를 부여하는 데 관심을 둔다. 이러한 방식으로 경험에 세심하게 주의를 기울이는 이유는 "사태 그 자체로" 돌아가기 위함이며, 주체성을 구성하는 의미 구조들과 질병 속에서 이 구조들이 어떻게 변형되고 붕괴되는지를 드러내기 위함이다. 이는 생의학이 신체를 해석하는 방식과는 다른 접근을 요구한다.

심장마비 이후 분명해진 것은, 의사와 외과의들이 나를 거의 한 번도 '한 인간'으로 만난 적이 없었다는 사실이다. 나는 각종 진단 장비를 통해 드러나는 수치들, 즉 숫자의 집합으로 환원되었다. 나는 45-50퍼센트의 박출률, INR 5.7, 지속성 83 VTACH, 혹은 ST 〉 0.15V였을 뿐이다. 어떠한 시술이나 혈액검사를 받을 때에도, 나는 부모가 나를 걱정하고 있는, 두 명의 사랑하는 형제를 둔, 연인이 있고, 깊이 애정을 쏟아온 직업을 가진 중년의 철학 교수 케빈 아호가 아니었다. 세계가 무너져 내리는 상황 속에서 고군분투하고 압도되고 있는 바로 그 사람이 아니었다. 중상 뒤에 있는 사람의 이야기를 들으려는 시도는 거의 없었다. 나는 단순히 측정 가능한 신체적 사물이었고 측정의 대상에 불과했다. 그리고 혈압 · 체온 · 맥박 · 호흡수를 재는 이러한 측정은 12일 동안 4시간마다 반복되었고, 매일 새벽 2시에 깊은 잠에서 나를 깨워 휴식과 회복을 끊어놓았으며, 나를 지치고 좌절하게 만들었다. 의료진에게 나의 신체는 *"내가 가지고 있는"* 무엇이지, 내가 *"누구인지"*로 밝힐 대상이 아니었다. 그들은 다음과 같은 하이데거의 말에 익숙하지 않았다. "우리는 신체를 단순히 '가지고 있는' 것이 아니다. 오히려 *우리는 신체적으로 '존재'한다 … 우리는 살아 있는 어떤 존재이다"* (N, 99). 더구나 이렇게 수집된 수치들은 결코 중립적이거나 비인격적인 사실이 아니었다. 그것들은 내가 앞으로 어떤 삶을 살 수 있는지, 다시 자전거를 탈 수 있을지, 해외여행을 할 수 있을지, 그리고 나의 직업적 삶을 다시 꽃피울 수 있을지와 직결된 의미가 있었다.

나 자신의 경험의 관점에서 보자면, 내 신체는 의사가 냉정한 거리에서 검진하는 하나의 물질적 사물이 아니다. 그것은 *나의 신체*이며, 나에게 속한 경험, 감각, 의미의 총체이다. 가브리엘 마르셀(Gabriel Marcel)이 말했듯이, "내가 느끼는 것은 *나의 신체*가 내 신체라는 사실과 불가분적으로 연결되어 있다. 그것은 다른 신체들 가운데 하나일 뿐인 신체가 아니다. … 나의 피부 안에 있지 않은 그 어떤 사람도 내가 무엇을 느끼는지를 알 수 없다"(1950, 104). 그러나 신체를 이러한 방식으로 이해하는 데에는 단순히 환자의 일인칭 경험에 주의를 기울이는 것만으로 충분하지 않다. 현상학자들은 우리를 세계 속에 전(前)반성적으로 위치시키고 방향 잡아주는 생리적 매개 활동과 지각 및 행동 체계의 중요성을 인정한다. 내가 건강했을 때, 이러한 감각-운동 체계는 배경 속에 은밀히 머물며 나의 삶의 실천적 지평을 열어주고, ("위/아래"), ("앞/뒤")와 같은 축에 대해 나의 움직임과 위치를 자연스럽게 조율했다. 이러한 매개 활동은 일상적 삶의 익숙한 습관과 행위 속에서 "나는 할 수 있다"라는 암묵적 감각을 구성했다. 그러나 심장마비 이후 이 투명한 기능들은 붕괴되었고, 그동안 숨어 있던 신체가 낯설고 이질적인 대상으로 전면에 떠올랐다. 가슴의 작은 통증 하나, 숨이 막히는 감각 하나, 심장의 한 번의 불규칙한 박동 하나하나가 나를 "나는 할 수 있다"라는 감각으로부터 떼어내, 내가 하는 모든 일에 의심과 불안을 주입했고, 이는 나를 구성하는 의미 구조 전반에 심대한 변화를 가져왔다.

공간적 상처

나 자신의 경험의 관점에서 보면, 공간은 삼차원 좌표 체계로 주어지지 않는다. 오히려 그것은 나의 일상 활동 속에서 열리는 경험적 지평이다. 심장마비 이전, 이 지평은 넓고 확장되어 있었고, 단지 세상을 움직이며 살아가는 행위만으로도 자연스럽게 구성되었다. 운전, 걷기, 계단을 오르 내리기, 강의하기, 사물을 집어 들고 다루기와 같은 일상적 활동들은 매끄 럽고 투명하게 수행되었고, 이는 나의 일상적 관심사들의 공간을 열어주 고 확장시켜 주었다. 그러나 심장마비 이후 이 공간은 순식간에 나를 옥죄 어 왔다. 나는 병실 바닥에 침대에서 화장실까지 이어진 노란 발자국들을 생생히 기억한다. 모두 네 개의 발자국이었고, 문에는 "걷기 운동은 회복 에 도움이 됩니다"라는 문구가 붙어 있었다. 이것이 무엇을 의미하느냐고 간호사에게 묻자, 그것은 화장실까지 걸어가는 것이 중요하다는 뜻이라고 말했다. 며칠 사이에 내 삶의 지평은 60마일 자전거 라이딩에서 네 걸음 으로 축소된 것이었다. 나는 마치 *살아있는 몸*에서 *물리적 대상인 몸*으로, 공간을 만들어내며 살아가는 신체에서 단순히 공간을 점유하는 물질적 신 체로 이동한 것처럼 느꼈다.

　이러한 공간 붕괴의 경험은 퇴원 이후에도 끝나지 않았다. 나의 한계 는 끊임없이 상기되었다. 일종의 광장공포증이 찾아왔다. 집이 보이지 않 는 순간, 저녁 거리조차 위협적으로 느껴졌다. 식료품점이나 직장으로 가 는 짧은 운전도 두려움을 동반했다. 학회 발표나 가족과 친구를 만나기 위 해 다른 도시로 비행기를 타고 간다는 것은 거의 불가능하게 느껴졌다. 붕 괴는 너무 심각하여 연인이 출장을 떠난 며칠 동안 혼자 집을 떠나지 못할 까 두려워, 동생에게 집에 와 함께 있어 달라고 요청할 정도였다. 좀 더 미 묘한 상처도 있었다. 자동차 지붕 위의 자전거 거치대는 상실된 힘과 독립 성을 계속 상기시켰다. 페이스북과 인스타그램의 SNS에는 웃는 얼굴, 친 구들과의 저녁 자리, 이국적인 여행지, 스키 여행 사진들이 가득했고, 이는 내 삶의 공간이 얼마나 좁아졌는지를 끊임없이 상기시켰다. 사무실 창밖을 보면 잔디밭에서 프리스비를 던지며 웃고 떠드는 학생들이 보였고, 이는 나의 새로운 취약성을 일깨우는 것처럼 느껴졌다. 심지어 건축 환경조차 나를 배신하는 공간처럼 보였다. 사무실 계단이나 주차장의 계단은 나를 숨이 차게 만들었고, 긴 보드워크와 도서관까지의 거리조차 나의 약함을 속삭이는 신호로 느껴졌다. 불과 몇 주 전만 해도 나의 세계를 열어주던 "나는 할 수 있다"라는 감각은, 이제 나를 마비시키는 "나는 할 수 없다"라는 감각으로 변해버렸다.

시간의 상처

심장마비 이전의 나에게 미래는 넓게 열려 있었다. 과거로부터 형성된 신체적 강인함, 자기 확신, 그리고 대체로 낙관적인 기질에 뿌리를 둔 나의 삶은 활기가 넘쳤다. 나는 건강과 직업적 성공이 계속 이어질 미래, 여행과 글쓰기, 새로운 우정을 쌓고 오래된 관계를 유지하는 미래를 향해 달려가고 있었다. 내가 나에게 부여하던 의미와 자기 해석은 과거와 긴밀히 결속되어 있었기에, 내 삶은 온전함과 견고함이 있었다. 그러나 질병은 과거로부터 미래로 이어지는 내 삶의 기획, 즉 시간적 통일성의 환상을 박살내 버렸고, 의료 검사와 병원 방문, 약물 복용과 지속적 모니터링이라는 정지된 미래를 드러내 보였다. 미래가 이러한 방식으로 붕괴되자, 내가 나의 정체성을 구성하기 위해 의존해 온 과거의 자원들도 더 이상 유지되지 못했고, 나는 도대체 *"나는 누구지?"*라는 궁극적 질문과 맞닥뜨리게 되었다. 나는 더 이상 생산적인 교수도, 사이클리스트도, 스키어도 아니었다. 이러한 과거의 정체성들은 심장마비 이후 더 이상 나에게 의미 있게 다가

오지 않았다. 나의 미래 계획은 새로운 책을 집필한다거나 여자친구와 프랑스로 여행을 간다는 것에서, 숨이 차지 않고 화장실까지 걸어가는 것과 같은 일로 바뀌었다. 나는 마치 미래와 과거가 나를 향해 좁혀 오고, 내가 무의미한 현재에 갇혀, 약을 복용하고 혈압과 맥박을 확인하며 다음 진료 일정을 잡는, 매 순간 반복되는 의례 속에 남겨져 있는 것처럼 느꼈다.

우울과 공허만이 나의 삶 전반을 물들이기 시작했다. 좋은 영화를 보거나, 일요일에 《뉴욕타임스》를 읽거나, 훌륭한 식사를 즐기는 것과 같은 예전에는 기쁨을 주던 것들이 이제는 정서적으로 텅 비고 평평한 상태로 드러났다. 영화의 줄거리와 대사는 이해되지 않았고, 신문 기사 속 단어들은 혼란스럽고 단절되어 보였으며, 음식은 밍밍하고 무미무취했다. 심장마비 이후의 나의 기분은 탈색된 세계를 드러냈다. 매일 내가 마주하고 다루던 사물들은, 극히 일부의 예외를 제외하고는, 정서적으로 아무런 의미도 없는 것처럼 보였다. 그 결과, 한때 나에게 뚜렷하게 의미 있는 것들이, 그리고 통일되고 일관된 자기 해석을 구성하던 활동들이 붕괴되었다. 심장마비는 나의 삶에 대한 미래지향적 이해를 붕괴시키고, 과거의 구성적 의미를 침식시켰으며, 나를 존재할 수 없는 *상태*, 일종의 중간 지대에 남겨두었다.

해석학적 상처

의학 전문가들의 언어는 내게 지대한 영향을 미쳤다. "허혈성 심근병증", "심근경색", "관상동맥질환"은 단순한 진단명에 그치지 않았다. 그것들은 나의 상황을 반영하는 중대한 상징이었고, 내가 새로운 정체성을 만들어 가기 위해 의존해야만 하는 언어 자원이었다. 그러나 생의학의 냉정한 시각에서 나를 바라본 의사와 외과의들은 자신들의 언어가 지닌 힘에 대해 거의 무감각한 듯 보였다. 혈전으로 다시 중환자실에 입원했을 때, 나는 특히 냉담한 한 의사가 "수술이 필요할 수도 있겠지만, 누가 알겠습니까?"라고 말하던 순간을 기억한다. 나는 그 말을 붙잡고 분노에 찬 목소리로 이렇게 되받아쳤다. "당신이 알아야죠! 당신이 의사잖습니까." 심실 빈맥을 겪은 뒤, 한 심장 전문의가 병실로 들어와 이제 나는 돌연 심장사의 위험이 있으며, 흉부에 제세동기 삽입이 필요할 수도 있다고 말했다. "돌연사"와 "제세동기"라는 단어는 나를 완전히 흔들어 놓았다. 내가 아직 이 소식을 이해하지 못해, "이것이 나에게 무엇을 의미하는가?", "나는 앞으로 어떻게 살아야 하는가?"를 묻기도 전에 그는 이미 복도를 빠르게 걸어 사라지고 있었다. 며칠 후 또 다른 심장 전문의가 나타나 앞으로 두 달 동안 착용형 자동 제세동기(LifeVest)를 입고 다녀야 한다고 말했다. 다시 한번, "착용형 자동 제세동기"라는 단어 자체가 나의 미래를 어둡게 만들었고, 나의 자기 형성 능력을 위축시켰다.

나의 진단을 규정한 의학적 용어들은 나의 미래 가능성을 닫아버렸을 뿐 아니라, 나의 과거마저 오염시켰다. 심장마비 이전, 나의 정체성의 중요한 일부였던 강인함, 자신감, 활력의 경험들은 갑자기 낯선 것이 되었고, 마치 다른 사람의 것이었던 것처럼 느껴졌다. 미래는 나의 삶을 의료 산업 체계에 종속된 허약함과 무력함의 지평으로 드러냈고, 의료 전문가들의 냉정한 이야기들은 이러한 경험을 더욱 악화시켰다. 나는 수행되는 치료의 대상일 뿐이었고, 행위 능력은 제거되었다. 의사들은 종종 마치 내가 방 안에 있지 않는 것처럼, 삼인칭 시점으로 나의 상태를 논의하곤 했다. "환자는 베타차단제와 ACE 억제제로 치료받았다." "환자의 맥박은 서맥 상태다." "환자는 카테터실로 이송되었다." 나를 향한 초점은 치유가 아니라 처치에 있었고, 나의 신체에 무엇이 행해지고 있는가에 있었지, 그 처치로 살아야 할 내가 *누구인가*에는 있지 않았다. 내가 이러한 치료들이 지니는 의미를 이해하고자 질문을 던질 때면, 나는 종종 무시되었다. 점점 분명해진 것은, 권위를 지닌 것은 의사들조차 아니라는 사실이었다. 그들이 의존한 것은 내가 느끼는 경험이 아니라, 심전도 모니터, X-ray, 초음파 장비가 전하는 데이터였다. 내가 이러한 기계적 절차에 개입하려는 모든 시도는, 오히려 치료 전달을 방해하는 것으로 간주되는 듯 보였다. 이러한 대상화가 남긴 전반적 효과는 깊은 무력감이었다. 나는 더 이상 나 자신의 실존에 참여하고 있지 못한 것처럼 느꼈다.

관계적 상처

심장마비 이전의 나는 세계의 관계적 흐름 속에 흡수되어 있었고, 일상의 사회생활과 나의 자아감을 강화해 주는 다양한 역할과 실천들에 무리 없이 참여하고 있었다. 나는 보이지 않는 존재, 곧 사회적 관계망 속으로 잘 스며들어 있는 존재였다. 그러나 병은 이러한 동시적 흐름을 교란시켰고, 나를 보이게 만들었다. 나는 이제 계단에서는 너무 느리고 서툴렀으며, 도서관까지 걸음을 맞추어 걷는 일도, 오후의 세 시간짜리 강의를 끝까지 소화하는 일도 할 수 없게 되었다. 더 이상 일상의 사회적 상황에 잘 녹아 있는 존재가 아니게 되자, 나는 사르트르의 표현을 빌리자면 건강하고 정상적인 사람들의 시선 아래 놓인 대상으로서 "타자를 위한 몸"(*corps pour autrui*)이 된 것처럼 느꼈다. 타자를 위한 몸으로서의 이러한 경험은 내가 착용형 자동 제세동기를 착용해야 했을 때 더욱 극대화되었다. 외부 제세동기는 대체로 셔츠 안에 숨겨져 있었지만, 허리에 부착된 카메라 크기의 장치와 옆구리를 따라 올라가는 검은 전선은 분명 의료기기였다. 나는 그 낙인을 고스란히 느꼈다. 동료들이 다가와서는 장치를 흘깃 바라본 뒤 걱정스러운 표정으로 "괜찮으세요?", "요즘은 좀 어떠세요?"라고 물었고, 이러한 질문들은 나를 더욱 부서지도록 자극했다. 특히 괴로웠던 것은, 질병 이전에는 친구라고 여겼던 몇몇 동료들이 나를 아예 피하는 것처럼 보이거나, 그저 미소만 짓고 황급히 자리를 떠나 버리는 모습이었다. 아마도 내가 다음의 것들, 건강의 붕괴, 취약성, 죽음의 상기 등을 드러내어 그들을 불편하게 만들었을 것이다. 또 어떤 이들은 내 상태를 묻고 난 뒤 곧바로 대화를 자기 이야기로 돌려, 자신의 훌륭한 콜레스테롤 수치 · 가족력의 부재 · 운동 습관 · 채식 · 비건 식단의 우수성을 늘어놓았다. 이 모든 과정을 통해 타인의 시선은 나를 병든 자, 외부인, 그리고 사회적 조화를 깨뜨리는 암묵적인 존재로 낙인찍었다. 그 모든 것은 내 변화된 몸을 더욱 날카롭게 의식하게 만들었다. 나는 타인의 판단을 내면화하기 시작했고, 그들이 나를 보듯 나 자신을 보기 시작했다. 평가를 피하고자 나는 내 상태를 숨기려 애썼다. 동료나 학생들이 사무실에 오면 나는 건강하고 명랑하며 강한 사람인 듯 행동했고, 의료 장치를 무릎 위에 숨기거나 어깨에 멘 가방처럼 연출했고, 회의나 행사에 참석하지 못하는 이유를 지어내기도 했다. 피곤하거나 압도되는 순간이 오면 전화가 온 척 연기하기도 했다. 이 모든 것은 다시 사라지고 싶어서, 일상의 흐름 속으로 다시 녹아들고 싶어서였다.

변화된 몸을 치유하기

하이데거는 질병을 "자유의 상실, [그리고] 살 수 있는 가능성의 수축"이라고 표현했다(ZS1, 157). 나에게 이 수축은 공간적·시간적 붕괴에서부터 서사적 가능성의 축소, 그리고 관계적 존재 방식의 좁아짐에 이르기까지 다양한 형태로 나타났다. 이 모든 것은 곧 나의 존재를 구성하는 의미 구조의 붕괴 또는 파손을 의미한다. 치유란 세계를 향해 다시 열린 상태 그 속에 녹아나는 수용적 상태가 되는 것이며, 질병이라는 배경 위에서 새로운 가능성과 의미를 다시 투사할 수 있게 되는 과정이다. 이 과정은 아주 천천히, 가장 단순한 움직임에서부터 시작되었다. 침대에 누워 있는 상태에서 일어설 수 있게 되고, 며칠 후 병원 복도를 걸을 수 있게 되고, 그 다음에는 집 주변을 한 바퀴 걸을 수 있게 되고, 다시 몇 마일씩 걸을 수 있게 되는 이러한 점진적인 운동의 표현들은 다시금 살아 있는 공간 경험을 위한 새로운 토대를 형성하기 시작했다. 몇 주 동안 병상만으로 제한되었던 나의 지평은 점차 넓어지고 확장되기 시작했다. 단순히 물질적 신체로서 "공간을 차지하는 것"이 아니라, 움직일 수 있는 능력을 통해 다시금 "공간을 만들어낼 수" 있게 된 것이다. 운전을 다시 허락받았을 때, 처음으로 캠퍼스를 걸어 내 사무실까지 갔을 때, 오후 세미나를 다시 가르쳤을 때, 그리고 다시 사랑을 나누었을 때, 나의 관심과 삶의 공간은 더욱 넓어졌다. 그러나 이러한 공간적 확장은 여전히 조심스러운 것이다. 또 다른 발작, 가슴 통증이나 혈전으로 다시 질병의 좁고 답답한 공간으로 되돌아가게 될지 모른다는 지속적인 두려움이 남아 있기 때문이다.

존재의 시간적 구조가 붕괴되면서 나는 의미 있는 미래로 나 자신을 투사하는 것이 어려워졌다. 심장마비 직후 나는 순간순간의 한계와 절망을 관리하는 일에 몰두했을 뿐만 아니라, 과거의 나의 기획들을 앞으로 어떻게 다시 불러내 실현할 수 있을지조차 불분명했다. 마치 심장마비가 나의 삶을 위한 새로운 출발점, 새로운 기초를 세워버린 것처럼 느껴졌다. 내가 상상할 수 있는 어떤 의미 있는 정체성도 이제는 질병에 의해 제한되었고, 나는 이러한 제약이라는 배경으로부터 다시 한번 스스로를 만들어가야 했다. 미래를 다시 열어가는 과정 역시 점진적이었다. 더 이상 나에게 유효하지 않은 정체성들을 하나씩 벗겨내야 했다. 가장 분명한 것은, 스스로를 건강하고, 운동을 좋아하고, 강한 사람으로 여겨 온 정체성을 놓아버리는 일이었다. 신체적 건강은 십 대 시절부터 나의 정체성의 본질적인 일부였고, 수십 년 동안 만성 불안을 해소시켜 주는 중요한 통로였다. 달리기, 사이클링, 헬스장에서의 웨이트 트레이닝은 모두 일종의 치료였다. 그것들은 나를 진정시키고, 엔도르핀을 분비하게 했으며, 자신감과 웰빙의 감각을 강화해 주었다. 그러나 이제 심장마비가 새로운 탄생 지점이 되면서, 건강과 운동의 의미는 극적으로 변했다. 당분간 나는 느림과 인내, 걷기와 스트레칭, 명상에 의지해야 하고, 과거를 놓아주며, 강함이라는 개념을 해석하는 여러 다른 방식들이 있다는 사실을 인정해야 했다.

교수로서의 정체성 또한 변화했다. 나는 오랫동안 생산적인 학자이자 활기찬 선생, 그리고 에너지 넘치는 동료로 스스로를 형성해 왔지만, 질병과 각종 심장 및 부정맥 약물들은 나를 금방 어지럽고 피로하게 만들었으며, 나의 활력과 열정을 약화시켰다. 하루 종일 사무실에 있는 일이나 마라톤 같은 글쓰기 작업은 쉽지 않아졌고, 예전이라면 기꺼이 수락했을 프로젝트와 여행들에 "안 된다"라고 말해야 했다. 이러한 모든 변화는 교수로서의 미래에 대한 불안과 불확실성을 만들어냈다. 그것은 반추와 걱정으로 가득 차 있다. 만약 제세동기를 심게 된다면, 내가 여행을 할 수 있을까? 그 장치가 나에게 전기충격을 가할 때, 어떻게 견딜 수 있을까? 다음 심장 초음파 검사 결과는 어떨까? 이 모든 것이 나의 직업적 능력에 어떤 영향을 줄까? 나의 에너지 대부분은 이러한 종류의 불안을 관리하는 데 쓰이고, 이는 나에게 열릴 수 있는 가능성들을 좁히고 조였다. 그러나 사무실에서 보내는 하루하루, 학생들 앞에 서 있는 매 시간, 새로운 원고를 위해 한 단어 한 단어를 써 내려갈 때마다 미래는 조금씩 다시 열리고 있었다. 그 과정에서 나는 유연해져야 한다는 것, 더 이상 이전의 자기 해석에 매달릴 수 없다는 것, 더 이상 살아낼 수 없는 정체성들을 놓아야 한다는 것을 배워가고 있었다.

이전의 나 자신을 놓아야 한다는 고통은, 대부분 나의 경험에 무감각했던 의사들 때문에 더욱 쉬워지지 않았다. 그들은 생체의학적으로 대상을 이해하는 배경 속에 갇혀 있었기 때문이다. 그러나 병원 안에는 나와 같은 고통을 경험한 이들, 나의 이야기를 들어준 이들이 있었다. 그들은 나를 단순한 물리적 신체가 아니라 살아 있는 몸으로 인정해 주었고, 이는 나의 삶의 이야기를 다시 빚어 나갈 수 있도록 새로운 의미를 열어 주었다. 이제 병은 나의 삶을 구성하는 한 부분이 되었다. 특히 어두운 순간이 있었다. 심실 빈맥 진단을 받고, 돌연 심장사의 위험 가능성과 제세동기 삽입 가능성을 전해 들었을 때였다. 몇 분 후 한 간호조무사가 병실에 들어와 내 기분을 띄우기 위해 흑인 영가를 불러 주었고, 자신의 심박동기 흉터를 직접 만져 보게 해주었다. 그녀는 자신의 선천적 심장 질환, 마흔 살에 심박동기를 삽입한 이야기, 그리고 한때 자살을 생각했던 경험을 솔직하게 들려주었다. 나는 그녀의 연민, 그리고 내가 두려워하고 있다는 사실을 알아보는 그녀의 능력에 깊이 감동했다. 또 한 명의 중환자실 간호사는 자신의 심방세동 경험을 고백하며, 매일 아침 거울 앞에서 스스로를 격려하지 않으면 출근할 수 없었다고 솔직하게 말했다. 또 다른 간호사는 시술 후 겁에 질려 있던 나를 보며 자신이 낭포성 섬유증을 앓고 있고 아마 오래 살지 못할 것이라는 사실을 담담하게 이야기했지만, 그래도 삶은 여전히 살 가치가 있다고 말했다. 그리고 한 젊은 간호사, 나의 옛 제자는, 어느 날 밤 조용히 다가와 자신의 아버지를 대장암으로 잃은 경험 때문에 치유의 직업 세계로 들어왔다고 고백해 주었다.

자기를 진솔하게 노출하는 이러한 이야기들은 내가 절실히 필요로 한 인정을 제공해 주었고, 산산이 부서진 나의 정체성을 표현하고 이해할 수 있는 담론적 맥락을 마련해 주었다. 이러한 만남 덕분에 나의 존재 해석 구조는 완전히 붕괴되지 않았고, 나는 질병이라는 배경 위에서도 여전히 의미 있고 충만한 미래를 상상할 수 있었다. 이는 환자의 실존적 고통을 인정하고 자신의 상황을 확인하는 일이 치유에 얼마나 근본적인 것인지 잘 보여준다. 특히 나의 경험을 들어주고 인정해 준 이들이 대부분 간호사(또는 간호조무사)였다는 사실은, 현대의 의료 행위가 얼마나 도구적이고 거래적인 성격을 띠게 되었는지를 보여준다. 그곳에서 목표는 특정 인간의 말을 '듣고 돌보는 것'이 아니라, 고장 난 신체 부위를 관리하고 치료하는 것이기 때문이다. 심지어 내가 제세동기를 심게 될까 봐 두려워하고 있을 때 바로 그 제세동기를 발명한 심장 전문의 버나드 라운(Bernard Lown)조차, 자신의 직업이 산업화된 현실을 비판하며 이렇게 말했다. "오늘날 치유는 치료로 대체되었고, 돌봄은 관리로 대체되었으며, 경청의 예술은 기술적 절차에 자리를 내주었다"(1999, xiv). 나에게, 누군가가 내 이야기를 들어주고 내 고통을 돌봐주지 않았다면 치유는 불가능했을 것이며, 그 결과 의미 있는 미래를 다시 열어갈 길 또한 없었을 것이다.

이러한 치유의 모습, 즉 고통받는 인간으로서 인정되고 수용되는 것은 인간 조건의 근본에는 취약성이 자리하고 있음을 드러내었다. 내가 건강했고 일상의 흐름에 몰두해 있었을 때, 이러한 취약성은 거의 나에게 드러나지 않았다. 그러나 심장마비는 나를 그대로 갈라 열어 버렸다. 나는 갑자기 불안뿐 아니라 사랑과 연민으로도 가득 찼다. 혈관 성형술 직후 나는 눈물을 흘리며 형제들에게 전화를 걸어 그들을 얼마나 사랑하는지, 그들이 내 삶에 얼마나 소중한지 말했다. 혈전 이후 중환자실에서 내 여자친구는 내 약혼자가 되었다. 나는 마치 처음으로 그녀를 진짜로 본 것처럼 느꼈다. 얼마나 아름답고, 용감하며, 다정한 존재인지 말이다. 부모님은 매일 나와 통화하며, 부서진 아들을 향한 그들의 헌신과 사랑을 전면적으로 드러내 보였다. 일상에서 당연하게 여겼던 사람들은 하나같이 빛나고 연약한 존재로 느껴졌다. 그리고 이러한 감각은 가족과 연인, 가까운 친구들을 넘어 동료, 이웃, 심지어 슈퍼마켓이나 주유소에서 만나는 낯선 이들에게까지 확장되었다. 가면이 벗겨지고, 우리 모두가 얼마나 무력하고 서로에게 의존적인 존재인지 느껴졌고, 그래서 나는 더 많이 돌보고 싶어졌다. 이 경험은 엠마누엘 레비나스(Emmanuel Levinas)가 말한 "얼굴"(*le visage*)의 체험과도 비슷하게 느껴진다. 그 얼굴은 타자를 사물이 아니라, 순수한 노출과 무방비, 취약성으로 드러나게 한다(1969, 199). 그리고 이 얼굴의 표현은 우리가 일상의 사회적 관습 아래 숨기고 있던 진짜 인간의 모습일 뿐 아니라, 서로에게 책임지고 돌보라는 윤리적 요청이기도 하다.

이렇게 갈라져 드러난 감정의 상태는 심장질환이 준 선물이었다. 변형된 몸의 한계와 싸우며, 더 이상 살아낼 수 없는 과거의 '나'를 떠나보내고, 불안정하고 제한된 미래를 향해 새로운 정체성을 고쳐 세우는 과정 속에서, 나는 심장마비가 나에게 가르쳐 준 것들에 감사하고 있다. 나는 이제 내가 결코 자율적이고 전능한 주체가 아니었음을, 근본적으로 무력하고 타자에게 의존적인 존재임을 인정하게 되었다. 이러한 공유된 취약성을 인식하는 것이 치유이다. 그것은 고통과 상실 이후의 우리를 서로 엮어주며, 우리가 고립된 존재가 아니라는 사실을 일깨워 준다. 이러한 점에서 하이데거의 통찰은, 단지 우리 경험의 의미 구조가 어떻게 붕괴되는지를 보여줄 뿐만 아니라, 그것이 어떻게 다시 재건될 수 있는지도 보여준다. 우리의 존재가 공간과 시간, 세계를 해석하고 의미를 부여하는 능력, 그리고 상호주관성에 의해 구성되어 있다는 사실은 언제든 붕괴될 수 있다. 질병은 이를 상기시킨다. 그러나 우리의 고통이 단지 의학 기술에 의해 '처리'되는 것이 아니라, 타인에게 *들리고*, *인정되고*, *수용될* 여러 길로 나아갈 방향은 여전히 존재한다. 즉 살아 있다는 기쁨은 계속해서 존재한다.

참고문헌 · 찾아보기

참고문헌

Abbey, S., and Garfinkel, P. 1991. Neurasthenia and chronic fatigue syndrome: The role of culture in the making of a diagnosis. *American journal of psychiatry* 148(12): 1638-46.

Aho, J., and Aho, K. 2008. *Body matters: A phenomenology of sickness, illness, and disease*. Lanham, MD: Lexington Books.

Aho, K. 2007. Acceleration and time pathologies: The critique of psychology in Heidegger's Beiträge. Time and society 16(1): 25-42.

Aho, K. 2009. *Heidegger's neglect of the body*. Albany, NY: SUNY Press.

Aho, K. 2016. Kierkegaard on boredom and self-loss in the age of online dating. In M. Gardiner and J. J. Haladyn (eds.), *Boredom studies reader*. London: Routledge.

Aho, K., and Guignon, C. 2011. Medicalized psychiatry and the talking cure: A hermeneutic intervention. *Human studies: A journal for philosophy and the social sciences* 34:293-308.

Alvarez, A. 1990. *The savage god: A study of suicide*. New York: W. W. Norton.

American Psychiatric Association (APA). 1952. *Diagnostic and statistical manual of mental disorders* (DSM-I). Washington, DC: American Psychiatric Association.

American Psychiatric Association (APA). 1968. *Diagnostic and statistical manual of mental disorders* (DSM-II). Washington, DC: American Psychiatric Association.

American Psychiatric Association (APA). 1980. *Diagnostic and statistical manual of mental disorders* (DSM-III). Washington, DC: American Psychiatric Association.

American Psychiatric Association (APA). 1994. *Diagnostic and statistical manual of mental disorders* (DSM-IV). Washington, DC: American Psychiatric Association.

American Psychiatric Association (APA.) 2000. *Diagnostic and statistical manual of mental disorders, text revised* (DSM-IV TR). Washington, DC: American Psychiatric Association.

American Psychiatric Association (APA). 2013. *Diagnostic and statistical manual of mental disorders* (DSM-V). Washington, DC: American Psychiatric Association.

Andreasen, N. 1985. *The broken brain: The biological revolution in psychiatry*. New York: Harper and Row.

Angell, M. 2011a. The epidemic of mental illness: Why? *New York Review of Books*, July 23.

Angell, M. 2011b. The illusions of psychiatry. *New York Review of Books*, July 1.

Antrim, D. 2019. Everywhere and nowhere: A night on the roof and a suicide averted. *The New Yorker,* February 18-25, 68-77.

Aronowitz, R. 1991. Lyme disease: the social construction of a new disease and its social consequences. *The milbank quarterly* 69(1): 79-112.

Ash, P. 1949. The reliability of psychiatric diagnosis. *Journal of abnormal and social psychology* 44: 272-76.

Askey, R. 2001. Heidegger's philosophy and its implications for psychology, Freud, and existential psychoanalysis. In M. Heidegger, *Zollikon seminars:Protocols-conversations-letters*. Evanston, IL: Northwestern University Press.

Barford, V. 2016. Why are Americans so angry? BBC news. https://www.bbc.com/news/magazine-35406324. Accessed December 16, 2018.

Barker, K. 2009. *The fibromyalgia story: Medical authority and women's worlds of pain*. Philadelphia, PA: Temple University Press.

Beard, G. 1880. *A practical treatise on nervous exhaustion (neurasthenia)*. New York: William Wood.

Beard, G. 1881. *American nervousness, its causes and consequences: A supplement to nervous exhaustion (neurasthenia)*. New York: G. P. Putnam's Sons.

Beck, U. 1992. *Risk society: Towards a new modernity*. London: Sage.

Bellah, R. et al. 1985. *Habits of the heart: Individualism and commitment in American life*. Berkeley: University of California Press.

Benedict, C. 2006. What's wrong with a child? Psychiatrists often disagree. *New York Times*, November 11. https://www.nytimes.com/2006/11/11/health/psychology/11kids.html?mtrref=www.google.com&gwh=24DEE7FC86AE913687AAB806DA63A807&gwt=pay. Accessed November 20, 2018.

Blackman, L. 2001. *Hearing voices: Embodiment and experience*. London: Free

Association Books.

Blattner, W. 1994. The concept of death in Being and Time. *Man and world* 27: 49-70.

Blattner, W. 2009. *Heidegger's Being and Time*. New York: London: Continuum.

Blazer, D. 2005. *The age of melancholy: 'Major depression' and its social origin*. New York: Routledge.

Boss. M. 2001. Preface to the first German edition of Martin Heidegger's Zollikon Seminars. In M. Boss (ed.), Martin Heidegger: *Zollikon seminars, protocols-conversation-letters*. Trans. F. Mayr and R. Askay. Evanston, IL: Northwestern University Press.

Boss, M. 2019. A memoir. Trans. M. Groth. *Existential analysis* 30(1): 169-98.

Boulton, T. 2018. Nothing and everything: Fibromyalgia as a diagnosis of exclusion and inclusion. *Qualitative health research*. DOI: 10.1177/104973231880409.

Bracken, P. 2014. Toward a hermeneutic shift in psychiatry. *World psychiatry* 13(3): 241-43.

Bracken, P., and Thomas, P. 2005. *Postpsychiatry: Mental health in the postmodern world*. New York: Oxford University Press.

Breggin, P. 1994. *Toxic psychiatry: Why therapy, empathy and love must replace the drugs, electroshock, and biochemical theories of the 'new psychiatry.'* New York: St. Martin's Griffin.

Byung-Chul, H. 2015. *The burnout society*. Stanford, CA: Stanford University Press.

Cain, S. 2012. *Quiet: The power of introverts in a world that can't stop talking*. New York: Broadway Books.

Caputo, J. 1994. *Sorge and kardia*: The hermeneutics of factical life and the categories of the heart. In T. Kisiel and J. van Buren (eds.), *Reading Heidegger from the start: Essays in his earliest thought*. Albany, NY: SUNY Press.

Carlat, D. 2011. The illusions of psychiatry: An exchange. *New York Review of Books*, August 18.

Carman, T. 2003. *Heidegger's analytic: Interpretation, discourse, and authenticity in Being and Time*. Cambridge: Cambridge University Press.

Carver, R. 1998. *Where I'm calling from: Selected stories*. New York: Atlantic Monthly Press.

Cederström, C. 2018. *The happiness fantasy*. Cambridge: Polity.

Cerbone, D. 2000. Heidegger and Dasein's 'bodily nature': What is the hidden problematic. *International journal of philosophical studies* 8(2): 209-30.

Chalmers, D. 1996. *The conscious mind: In search of a fundamental theory*. New York: Oxford University Press.

Charmaz, K. 1983. The loss of self: A fundamental form of suffering in the chronically ill. *Sociology of health and illness* 52(2): 168-95.

Chatel, J., and Peele, R. 1970. The concept of neurasthenia. *International journal of psychiatry* 9: 36-49.

Chodoff, P. 2002. The medicalization of the human condition. *Psychiatric service* 53(5): 627-28.

Coccaro, E. 2015. Intermittent explosive disorder. *Psychiatric times* 32(3): 1-3.

Cohn, Hans. 1997. *Existential thought and therapeutic practice: An introduction to existential psychotherapy*. London: Sage.

Conrad, P. 2007. *The medicalization of society: On the transformation of human conditions into treatable disorders*. Baltimore, MD: The Johns Hopkins University Press.

Cottle, M. 1999. *Selling shyness. The New Republic*, August 2.

Cushman, P. 1995. *Constructing the self, constructing America: A cultural history of psycho-therapy*. New York: Da Capo Press.

Cushman, P. 2003. How psychology erodes personhood. *Journal of theoretical and philosophical psychology* 22: 103-13.

Cushman, P., and Gilford, P. 2000. Will managed care change our way of being? *American psychologist* 55(9): 985-96.

Davis, L. 2008. *Obsession: A history. Chicago:* University of Chicago Press.

Dilthey, W. 1958. Der Aufbau der Geschichtlichen Welt in den Geisteswissenschaften. In W. Dilthey, *Gesammelte schriften*, Vol. VIII. Stuttgart: B. G. Teubner.

Dilthey, W. 2002. *Formation of the historical world in the human sciences*. R. Makkreel and F. Rodi (eds.). Princeton, NJ: Princeton University Press.

Dorman, L. 2001. Planet no. In N. Casey (ed.), *Unholy ghost*. New York: Harper Perennial.

Dostoevsky, F. 1957. *The brothers Karamazov*. Trans. C. Garnett. New York: New

American Library.

Dostoevsky, F. 1968. *Crime and punishment.* Trans. S. Monas. New York: New American Library.

Dostoevsky, F. 2009. *Notes from the underground.* Trans. C. Garnett. Indianapolis, IN: Hackett.

Dreyfus, H. 1990. *Being-in-the-world: A commentary on Heidegger's Being and Time, Divi-sion I.* Cambridge, MA: MIT Press.

Drinka, G. 1984. *The birth of neurosis: Myth, malady, and the Victorians.* New York: Simon and Schuster.

Dugin, A. 2017. Plural anthropology (the fundamental-ontological analysis of peoples). In J. Love (ed.), *Heidegger in Russia and Eastern Europe.* London: Rowman & Littlefield International.

Duhigg, C. 2019. The real roots of American rage: The untold story of how anger became the dominant emotion in our politics and our personal lives-and what we can do about it. *The Atlantic.* https://www.theatlantic.com/magazine/archive/2019/01/charles-duhigg-american-anger/576424/. Accessed April 10, 2019.

Ehrenreich, B. 2009. *Bright-sided: How positive thinking is undermining America.* New York: Picador.

Elliott, C. 2010. The secret lives of big pharma's 'thought leaders.' *The chronicle of highereducation.* September 12. https://www.chronicle.com/article/The-Secret-Lives-of-Big/124335. Accessed September 12, 2018.

Elliott, C. 2016. Pursued by happiness and beaten senseless: Prozac and the American dream. In C. Elliott and T. Chambers (eds.), *Prozac as a way of life.* Chapel Hill: University of North Carolina Press.

Ellis, B. 1991. *American psycho.* New York: Vintage.

Elpidorou, A., and Freeman, L. 2015. Affectivity in Heidegger I: Moods and emotions in *Being and Time. Philosophy compass* 10(10): 661-71.

Frank, A. 1991. *At the will of the body: reflections on illness.* New York: Houghton Mifflin Company.

Fraser, M. 2001. The nature of Prozac. *History of the human sciences* 14(3): 56-84.

Freedman, A. 1987. Introduction. *Before Freud: Neurasthenia and the American medical community, 1870-1910*. Urbana: University of Illinois Press.

Freeman, M. 2002. When the story's over: Narrative foreclosure and the possibility of self-renewal. In M. Andrews et al. (eds.), *Lines of narrative: Psychosocial perspectives*. London: Routledge.

Frie, R. 1997. *Subjectivity and intersubjectivity in modern philosophy and psychoanalysis: A study of Sartre, Binswanger, Lacan, and Habermas*. Lanham, MD: Rowman & Littlefield.

Fuchs, T. 2003. The phenomenology of shame, guilt, and the body in body dysmorphic disorder and depression. *Journal of phenomenological psychology* 33(2): 223-43.

Fuchs, T. 2005a. The phenomenology of the body, space and time in depression. *Comprendre* 15: 108-21.

Fuchs, T. 2005b. Delusional mood and delusional perception-a phenomenological analysis. *Psychopathology* 38: 133-39.

Fuchs, T. 2005c. Corporealized and disembodied minds: A phenomenological view of the body in melancholia and schizophrenia. *Philosophy, psychiatry, and psychology* 12(2): 95-107.

Fuchs, T. 2006. Implicit and explicit temporality. *Philosophy, psychiatry, and psychology* 12(3): 195-98.

Fuchs, T. 2007. The temporal structure of intentionality and its disturbance in schizophrenia. *Psychopathology* 40(4): 229-35.

Fuchs, T. 2013a. The phenomenology of affectivity. In K. W. M. Fulford et al. (eds.), *Oxford handbooks online*. doi: 10.1093/oxfordhb/9780199579563.013.0038.

Fuchs, T. 2013b. Depression, intercorporeality, and interaffectivity. *Journal of consciousness studies* 20(7-8): 219-38.

Gadamer, H. G. 1977. *Philosophical hermeneutics*. Trans. D. Linge. Berkeley: University of California Press.

Gadamer, H. G. 1994. *Truth and method*. Trans. J. Weinsheimer and D. Marshall. New York: Continuum.

Gadamer, H. G. 1996. *The enigma of health*. Trans. J. Gaiger and N. Walker. Stanford, CA: Stanford University Press.

Gallagher, S. 2018. The cure for existential inauthenticity. In K. Aho (ed.), *Existential* medi-cine: Essays on health and illness. London: Rowman & Littlefield International.

Gerigk, H.-J. 2017. Dostoevsky and Heidegger: Eschatological writer and eschatological think-er. In J. Love (ed.), *Heidegger in Russia and Eastern Europe*. London: Rowman & Little-field International.

Giddens, A. 1991. *Modernity and self-identity*. Cambridge: Polity Press.

Gilman, C. 1975. *The living of Charlotte Perkins Gilman: An autobiography*. New York: Harper Colophon.

Glenmullen, J. 2001. *Prozac backlash: Overcoming he dangers of Prozac, Zoloft, Paxil, and other antidepressants with safe, effective alternatives*. New York: Simon and Schuster.

Goffman, E. 1963. *Stigma: Notes on the management of spoiled identity*. New York: Touch-stone Books.

Gossling, F. G. 1987. *Before Freud: Neurasthenia and the American medical community, 1870-1910*. Urbana: University of Illinois Press.

Groopman, J. 2000. Hurting all over: With so many people in so much pain, how could fibromyalgia not be a disease. *The New Yorker,* November 13.

Groth, M. 2019. Translator's note to Medard Boss: A Memoir. *Existential analysis* 30(1): 169-98.

Guignon, C. 1984. Moods in Heidegger's Being and Time. In R. Solomon and C. Calhoun(eds.), *What is an emotion? Classic and contemporary readings*. Oxford: Oxford University Press.

Guignon, C. 1993a. Authenticity, moral values, and psychotherapy. In C. Guignon (ed.), *The Cambridge companion to Heidegger*. Cambridge: Cambridge University Press.

Guignon, C. 1993b. Editor's introduction. In *Dostoevsky's grand inquisitor, with related chapters of the brothers Karamazov*. Indianapolis, IN: Hackett.

Guignon, C. 1999. What is hermeneutics? In B. Fowers, C. Guignon, and F. Richardson, *Re-envisioning psychology: Moral dimensions of theory and practice*. San Francisco: Jossey-Bass.

Guignon, C. 2004. *On being authentic*. New York: Routledge.

Guignon, C. 2011. Heidegger and Kierkegaard on death: Existentiell and the existential. In P.Stokes and A. Buben (eds.), *Kierkegaard and Death*. Bloomington: Indiana

University Press.

Hale, N. G. 1995. *The rise and crisis of psychoanalysis in the United States: Freud and the Americans, 1917-1985*. New York: Oxford University Press.

Hall, D. 2001. Ghost in the house. In N. Casey (ed.), *Unholy ghost*. New York: Harper Perennial.

Harris, G. 2006. Proof is scant on psychiatric drug mix for young. *New York Times*, November23. https://www.nytimes.com/2006/11/23/health/23kids.html?mtrref =www.google.com& gwh=6613C4BC2EF694B89D736F7BC298715D&gwt=pay. Accessed November 20, 2018.

Haugeland, J. 2000. Truth and finitude; Heidegger's transcendental existentialism. In M. Wra-thall and J. Malpas (eds.), *Heidegger, authenticity, and modernity: Essays in honor of Hubert L. Dreyfus*. Cambridge, MA: MIT Press.

Haugeland, J. 2013. *Dasein disclosed*. Cambridge, MA: Harvard University Press.

Healy, D. 2006. *Let them eat Prozac: The unhealthy relationship between the pharmaceutical industry and depression*. New York: New York University Press.

Hearn, G. 2009. No clue-what shall we do? Physicians and functional syndromes. *Interna-tional review of modern sociology* 35: 95-113.

Hickley, P. 2015. Intermittent explosive disorder: The 'illness' that goes on growing. *Behaviorism and mental health*. August 4. http://behaviorismandmentalhealth.com /2015/08/04/intermittent-explosive-disorder-the-illness-that-goes-on-growing/. Accessed December 20, 2018.

Hoffman, P. 1993. Death, time, history: Division II of Being and Time. In C. Guignon (ed.), *The Cambridge companion to Heidegger*. Cambridge: Cambridge University Press.

Horwitz, A. 2002. *Creating mental illness*. Chicago: University of Chicago Press.

Horwitz, A., and Wakefield, J. 2007. *The loss of sadness: How psychiatry transformed normal sorrow into depressive disorder*. Oxford: Oxford University Press.

Hosseini, K. 2013. *The kite runner*. New York: Riverhead Books.

Husserl, E. 1970. *The crisis of the European sciences and transcendental phenomenology: An introduction to phenomenological philosophy*. Trans. D. Carr. Evanston, IL: Northwestern University Press.

Husserl, E. 1996. *The phenomenology of internal time consciousness*. Trans. J. Churchill. Bloomington: Indiana University Press.

Ingraham, C. 2015. Nearly 1 in 10 Americans have severe anger issues and access to guns. *Washington Post,* April 8. https://www.washingtonpost.com/news/wonk/wp/2015/04/08/ nearly-1-in-10-americans-have-severe-anger-issues-and-access-to-guns/?utm_term=.952e7b5dd41e. Accessed December 18, 2018.

Jaspers, K. 1997. *General psychopathology*. Vol. I. Trans. J. Hoenig and M. W. Hamilton. Baltimore, MD: The Johns Hopkins University Press.

Kaiser, D. 1996. Against biological psychiatry. *Psychiatric Times* 13(2).

Karp, D. 1996. *Speaking of sadness: Depression, disconnection, and the meaning of illness*. Oxford: Oxford University Press.

Karp, D. 2007. *Is it me or my meds: Living with antidepressents*. Cambridge, MA: Harvard University Press.

Kayson, S. 2001. One cheer for melancholy. In N. Casey (ed.), Unholy ghost. New York: Harper Perennial.

Khullar, D. 2018. A profusion of diagnoses: That's good and bad. *New York Times,* November6. https://www.nytimes.com/2018/11/06/well/live/a-profusion-of-diagnoses-thats-good-and-bad.html. Accessed November 11, 2018.

Kierkegaard, S. 1973. *A Kierkegaard Anthology*. Princeton, NJ: Princeton University Press.

Kleinman, A., and Good, B. 1985. *Culture and depression: Studies in the anthropology and the cross-cultural psychiatry of affect and disorder.* Berkeley: University of California Press.

Klerman, G. L. 1990. The patient's right to effective treatment: Implications of Osheroff v. Chestnut Lodge. *American journal of psychiatry* 147: 409-18.

Klerman, G. L. 1991. The Osheroff debate: Finale. *American journal of psychiatry* 148: 387-88.

Knapp, P. C. 1896. Are nervous diseases increasing? *The century* 52.

Kramer, P. 1997. *Listening to Prozac*. New York: Penguin.

Kramer, P. 2011. In defense of antidepressants. *New York Times*, July 10. https://www.nytimes.com/2011/07/10/opinion/sunday/10antidepressants.html?mtrref

=www.google.com&gwh=A567AB659EEB888F32BEEF04C0137080&gwt=pay. Accessed November 25, 2018.

Kutchins, H., and Kirk, S. 1997. *Making us crazy: DSM, the psychiatric bible, and the creation of mental disorders*. New York: Free Press.

Lane, C. 2007. Shyness: How normal behavior became a sickness. New Haven, CT: Yale University Press.

Lasch, C. 1978. *The culture of narcissism. American life in an age of diminishing expectations*. New York: W. W. Norton.

Leder, D. 1990. *The absent body*. Chicago, IL: University of Chicago Press.

Levinas, E. 1969. *Totality and infinity: An essay on exteriority*. Trans. A. Lingis. Pittsburgh, PA: Duquesne University Press.

Levine, R. 1997. *Geography of time*. New York: Basic Books.

Levine, R. 2005. A geography of busyness. *Social Research* 72: 355-70.

Lewis, B. 2006. *Moving beyond Prozac, DSM, and the new psychiatry*. Ann Arbor: University of Michigan Press.

Lipowski, Z. 1988. Somatization: The concept and its clinical application. *American journal of psychiatry* 14: 1358-68.

Lown, B. 1999. *The lost art of healing*. New York: Random House.

Marcel, G. 1950. *Mystery of being: Reflection and mystery. Vol. 1.* South Bend, IN: Gateway Editions.

May, P., and Tuma, H. 1964. The effect of psychopathology and Stelazine on length of hospital stay, release rate, and supplemental treatment of schizophrenic patients. *Journal of nervous and mental disease* 139: 362-69.

May, R. 1969. *Love and will*. New York: W. W. Norton.

McDaniel, P. 2003. *Shrinking violets and Caspar milquetoasts: Shyness, power, and intimacy in the United States, 1950-1995.* New York: New York University Press.

McHugh, P. 1999. How psychiatry lost its way. *Commentary* 108: 32-38.

Merleau-Ponty, M. 1962. *Phenomenology of perception*. Trans. C. Smith. New York: Rout-ledge.

Mitchell, A. 2016. Heidegger's breakdown: Health and healing under the care of Dr. V. E. von Gebsattel. *Research in phenomenology* 46: 70-97.

Mogull, S. 2008. Chronology of direct-to-consumer advertising regulation in the United States. *American medical writers association journal* 23(3): 106-9.

Mulhall, S. 2005. Human mortality: Heidegger on how to portray the impossible possibility of Dasein. In H. Dreyfus and M. Wrathall (eds.), *A companion to Heidegger.* Oxford: Black-well.

Nietzsche. F. 1968. *The will to power.* Trans. W. Kaufmann. New York: Vintage Books.

Nietzsche, F. 2001. The gay science. Trans. R. Polt. In C. Guignon and D. Pereboom (eds.), Existentialism: Basic writings. Indianapolis, IN: Hackett.

O'Nan, S. 1999. The lost world of Richard Yates: How the great writer of the age of anxiety disappeared from print. *Boston Review*, November/October. Accessed September 1, 2009.

Oldman, J. 2011. The illusions of psychiatry: An exchange. *New York Review of Books,* August 18.

Osnos, E. 2011. Americanitis vs. Chinitis. The New Yorker, January 4. Paris, B. 2008. Dostoevsky's greatest characters: *A new approach to "notes from the underground," crime and punishment, and the brothers Karamazov.* New York: Palgrave Macmillan.

Piguet, C. et al. 2009. Phenomenology of racing and crowded thoughts in mood disorders: A theoretical appraisal. Journal of affective disorders. https:// doi.org/10.1016/j.Jad2009.05.006.

Ratcliffe, M. 2008. *Feelings of being: Phenomenology, psychiatry, and the sense of reality.* Oxford: Oxford University Press.

Ratcliffe, M. 2013. *Why mood matters. In M. Wrathall (ed.), The Cambridge companion to Being and Time.* Cambridge: Cambridge University Press, 157-76.

Ratcliffe, M. 2015. *Experiences of depression: A study in phenomenology.* Oxford: Oxford University Press.

Ratcliffe, M. 2017. Selfhood, schizophrenia, and the interpersonal regulation of experience. In C. Durt et al. (eds.), *Embodiment, enaction, and culture: Investigating the constitution of the shared world.* Cambridge, MA: MIT Press.

Ratcliffe, M., and Broome, M. 2012. Existential phenomenology in psychiatric illness. In S. Crowell (ed.), *The Cambridge companion to existentialism.* Cambridge:

Cambridge University Press.

Ratcliffe, M., Ruddell, M., and Smith, B. 2014. What is a 'sense of foreshortened future?' A phenomenological study of trauma, trust, and time. *Frontiers in psychology* 5: 1016. https://doi.org/10.3389/fpsyg.2014.01026.

Rettew, D. 2000. Avoidant personality disorder, generalized social phobia, and shyness: Put-ting the personality back into personality disorders. *Harvard review of psychiatry* 8(6): 283 -97.

Ricoeur, P. 1981. *Hermeneutics and the human sciences*. Trans. J. Thompson. Cambridge: Cambridge University Press.

Richardson, F. 2012. Psychology and virtue ethics. *Journal of theoretical and philosophical psychology* 32(1): 24-34.

Rose, N. 2003. Neurochemical selves. *Society*, November/December: 46-59.

Rose, N. 2007. *The politics of life itself: Biomedicine, power, and subjectivity in the twenty-first century*. Princeton, NJ: Princeton University Press.

Rosenberg, R. 2013. Abnormal is the new normal. *Slate*. http://www.slate.com/articles/ health_and_science/medical_examiner/2013/04/diagnostic_and_statistical_manual _fifth_edition_why_will_half_the_u_s_population.html. Accessed on July 30, 2018.

Safranski, R. 1998. *Martin Heidegger: Between good and evil*. Trans. E. Osers. Cambridge: Cambridge University Press.

Sartre, J. P. 1956. Being and nothingness: An essay in phenomenological ontology. Trans. H. Barnes. Secaucus, NJ: The Citadel Press.

Sartre, J. P. 2001. The humanism of existentialism. In C. Guignon and D. Pereboom (eds.), Existentialism: Basic writings. Indianapolis, IN: Hackett.

Sass, L., and Parnas, J. 2007. Explaining schizophrenia: the relevance of phenomenology. In M. C. Chung, K. W. M Fulford, and G. Graham (eds.), *International perspectives in philosophy and psychiatry: Reconceiving schizophrenia*. New York: Oxford University Press.

Schmid, U. 2011. Heidegger and Dostoevsky: Philosophy and politics. Dostoevsky studies 15:37-45.

Schultz, D., and Flasher, L. 2011. Charles Taylor, phronesis, and medicine: Ethics and interpretation in illness narrative. *Journal of medicine and philosophy* 36: 394-409.

Schuster, S. 2017. 33 subtle ways anxiety affects your daily life. *The mighty.* Retrieved from https://themighty.com/2017/01/how-anxiety-affects-daily-life/.

Scott, S. 2005. The red, shaking fool: Dramaturgical dilemmas in shyness. *Symbolic interaction* 28(1): 91-110.

Scott, S. 2006. The medicalization of shyness: From social misfits to social fitness. *Sociology of health and illness* 28(2): 133-53.

Shenk, J. W. 2001. A melancholy of mine own. In N. Casey (ed.), *Unholy ghost.* New York: Harper Perennial.

Shorter, E. 1996. *A history of psychiatry: From the era of the asylum to the age of Prozac.* New York: John Wiley and Sons.

Showalter, E. 1985. *The female malady: Women, madness and English cultures, 1830-1980.* New York: Pantheon Books.

Shuster. D. 2011. Neurasthenic nation: America's search for health, happiness, and comfort, 1869-1920. *New Brunswick,* NJ: Rutgers University Press.

Simmel, G. 1997. The metropolis and mental life. In D. Frisby and M. Featherstone (eds.), *Simmel on culture.* London: Sage.

Sinaikin, P. 2010. *Psychiatryland: How to protect yourself from pill-pushing psychiatrists and develop a personal plan for optimal mental health.* New York: iUniverse.

Smith, P. 1988. *Discerning the subject.* Minneapolis: University of Minnesota Press.

Solomon, A. 2001. *The noonday demon: An atlas of depression.* New York: Simon and Schust-Spanbaeur, T. 2013. *I love you more.* Portland: Hawthorne Books.

Spiegel, A. 2005. *The dictionary of disorder.* The New Yorker, January, 56-63.

Stanghellini, G., and Rosfort, R. 2013. *Emotions and personhood: Exploring fragility-making sense of vulnerability.* Oxford: Oxford University Press.

Stenke, D. 2001. Poodle bed. In N. Casey (ed.), *Unholy ghost.* New York: Harper Perennial.

Stossel, S. 2015. *My age of anxiety: Fear, hope, dread, and the search for peace of mind.* New York: Vintage Books.

Styron, W. 1990. *Darkness visible: A memoir of madness.* New York: Modern Library.

Surgeon General. 1999. *Mental health: A report of the surgeon general.* http://surgeongeneral.gov/library/mentalhealth/chapter2/sec3.html. Accessed September

20, 2018.

Svenaeus, F. 2000. *The hermeneutic of medicine and the phenomenology of health: Steps towards a philosophy of medical practice.* Dordrecht: Kluwer.

Svenaeus, F. 2007. Do antidepressants affect the self? A phenomenological approach. *Medi-cine, healthcare and philosophy* 10: 153-66.

Svenaeus, F. 2011. Illness as unhomelike being-in-the-world: Heidegger and the phenomenology of medicine. *Medicine, healthcare and philosophy* 14(3): 333-43.

Szasz, T. 1961. *The myth of mental illness.* New York: Harper and Row.

Szasz. T. 2007. The medicalization of everyday life. Syracuse, NY: Syracuse University Press.

Talbot, M. 2001. The shyness syndrome. New York Times Sunday Magazine, June.

Taylor, C. 1985. *Human agency and language: Philosophical papers. Vol. 1.* Cambridge: Cambridge University Press.

Taylor, C. 2007. *The secular age.* Cambridge, MA: Harvard University Press.

Thomson, I. 2013. Death and demise in Being and Time. In M. Wrathall (ed.), *The Cambridge companion to Heidegger's Being and Time.* Cambridge: Cambridge University Press.

Tolstoy, L. 1994. *My confession, my religion.* Trans. I. Hapgood. Midland, MI: Avensblume Press.

Trawny, P. 2018. Thinking-time: Or, why do 'we' ask about the future of Heidegger's thinking. In R. Polt and G. Fried (eds.), *After Heidegger.* London: Rowman & Littlefield International.

Ulmer, D. K., and Schwartzburd, L. 1996. Treatment of time pathologies. *Heart and mind: the practice of cardiac psychology.* Washington DC: American Psychological Association.

Van Der Kolk, B. 2014. *The body keeps score: Brain, mind, and body in the healing of trauma.* New York: Penguin Books.

Vedantam, S. 2006. Experts defining mental disorders are linked to drug firms. Washington Post, April 19. http://www.washingtonpost.com/wpdyn/content/article/2006/04/19/AR2006041902560.html?noredirect=on. Accessed November 15, 2018.

Wallace, D. F. 2004. *Oblivion: Stories*. New York: Little, Brown and Company.

Wallace, D. F. 2006. *Consider the lobster: And other essays*. New York: Little, Brown and Company.

Weber, M. 1998. *The Protestant ethic and the spirit of capitalism*. Trans. T. Parsons. Los Angeles, CA: Roxbury Publishing Company.

Wessely, S. 1990. Old wine in new bottles: Neursathenia and 'Me.' *Psychological medicine* 20:35 -53.

White, C. 2005. *Time and death: Heidegger's analysis of finitude*. London: Ashgate.

Wrathall, M. 2001. Background practices, capacities, and Heideggerian disclosure. In M. Wrathall and J. Malpas (eds.), *Heidegger, coping, and cognitive science: A Festschrift for Hubert Dreyfus. Vol. 2*. Cambridge, MA: MIT Press.

Wurtzel, E. 1995. *Prozac nation: Young and depressed in America*. New York: Riverhead Books.

Wyatt, R. 1985. Science and psychiatry. In H. Kaplan and B. Sadock (eds.), *Comprehensive textbook of psychiatry*. Baltimore, MD: Williams and Wilkins.

Young, R. 2003. Patients like Linda. *Journal of the American medical association* 290(2): 165-66.

찾아보기

【ㄱ】

가브리엘 마르셀 248
가속 100, 104
간헐적 폭발성 장애 44, 212, 218
감정 56, 97
강박증 200
강제적 외향성 185, 187
개성 180
개성의 문화 229
개인주의 212, 217, 225
객관성 148
거기(Da) 99
거리두기 148
거리-없앰 61, 62
건강 156, 157
결단성 129, 130, 137
결핍 136
경험적 구조 50
고립감 64
고향상실 220
공간 248
공간 구성 61
공간성 60
공간적 61

공통 세계 68
공포 127
공-현존재 237
공황장애 105
과다성욕 장애 44
과학 194
과학적 방법 163
과학적 신뢰성 49
과학주의 26
과학주의의 부상 178
관계성 62
관리의료 시대 48
광장공포증 105, 249
교란 63, 100
구조 52, 53, 61, 106
권태 79, 80
그 까닭 109
근대 문명 192
근대성 183
근대화 191
근원적 토대 56
기계론적 49
기계론적 관점 147
기계론적 세계관 146
기농 236, 237, 238
기분 53, 54, 56, 80, 97, 98
깊은 권태 81

【ㄴ】

나의 몸 58
남북전쟁 179
내려놓음 135
낸시 안드레아슨 42
노먼 메일러 229
느려짐 100
능력 상실 79
니체 221

【ㄷ】

다니엘 칼랫 74
다중약물처방 45
다중약물치료 20
단성 112
단축된 미래감 110
달시 스텐케 83
대량 총격 사건 217
대상화 150
대중 심리학 산업 184
대 탈착 180
대화치료 38, 39, 111, 200
데이비드 새처 42
데이비드 포스터 월리스 102
데일 카네기 181
도구 154, 155
도구 분석 154
도널드 앤트림 109

도덕적 정당성 49
도스토예프스키 219, 220, 222, 223, 224
도시민 178
돈 드레이퍼 231
돌봄 138, 139
동료 환자 134, 135
동물 122
두뇌 노동자 196
드비히 빈스방거 22

【ㄹ】

래트클리프 57
랜드마크 포럼 184
레슬리 도먼 84
레이먼드 카버 103
로렌 모서 20
로버트 벨라 229
로버트 스피처 40, 174
로버트 아로노비츠 203
롤로 메이 230
르네 로스포르 27
리브리움(Librium) 182
리처드 예이츠 184
리처드 와이어트 41, 148
린다 204
립 히클리 219

【ㅁ】

마르시아 앤젤 73
마비적 감각 105
마크 프리먼 108
만성피로증후군 188, 193, 205, 207
매튜 랫클리프 27
매튜 브룸 27
맥휴 44
메다드 보스 24
메를로-퐁티 76
메리 맥컬리 175
무근거성 226
무시간적 경험 90
물리적 질환 42
물정신의학 37
미국 178, 184
미국 식품의약국(FDA) 48
미국인 180
미국인 고질병 193
미국적 자아 167
미국 정신의학 27, 29, 187
미국정신의학회(APA) 20
민감성 158
밀타운(Miltown) 182

【ㅂ】

반정신의학자 187
발리움(Valium) 183

방법주의 163
버나드 라운 258
범불안장애 44
베티 프리단 211
병 분류 201
본래성 136, 237
본질 86
분노 217, 227, 230, 231, 235
분노의 시대 218
불면증 44
불안 28, 97, 98, 101, 103, 108, 127, 128,
    184, 226, 241
불안 신경증 171, 199
불안장애 97
불안 치료 약물 184
비동조화 64
비어드 208, 210
비-정신병적(nonpsychotic) 장애 43
빅토르 게프자텔 24
빈스방거 23
빌헬름 딜타이 149

【ㅅ】

사건적 운동 147
사르트르 117
사실성 86
사실적 삶 122
사이드 허슬 209
사회공포증 44, 105, 171

사회 변동 191, 192

사회불안 187

사회 불안장애 172

살아 있는 몸 58, 145, 151

살아 있는 신체 76

살아 있음 136

상호신체성 103

상황적 처해 있음 55

생명 58

생물학적 20

생물학적 정신의학 27

생물학적 환원주의 195

샹카르 베단탐 49

서로-함께-존재 56

서사 119, 120

서사적 봉쇄 108

서사적 붕괴 107

서사적 욕망의 죽음 109

서사적 통일성 109

서사화 238

선구조 158

선 판단 146

설명 불가능한 증후군 202, 206

섬유근육통 188, 193, 204, 207

성과사회 233

세계 77, 78, 79, 108, 147

세계-내-존재 25, 26, 51, 54, 62, 88, 121, 160, 219, 240

세계-붕괴 127

세기말적 허무주의 221

셀렉사(Celexa) 241

소멸 125

소외 217

속도성 104

수전 케인 169, 181

수줍음 168, 169, 170, 178

수줍음의 의료화 170

순응주의 130

숨어있음 156

쉼 없음 104

스콧 스토셀 109, 182

스튜어트 오낸 184

시간 65, 90

시간성 64, 99

시간적 구조 107

시간적 긴박감 104

시간적 파열 66

시계 시간 65

신경력 191, 208

신경쇠약 30, 191, 192, 193, 194, 196, 197, 198, 199, 200, 209

신경쇠약 환자 199

신경 에너지 193

신경적 파산 198

신경전달물질 28

신경증 171

신경화학적 75

신체 76, 77, 100, 123, 246, 247, 248

신체 도식 77, 78

신체사물 123

신체성 58, 59, 76, 78

신체 질환 206

신체형 장애 201

신체화 202, 204, 206

실존 22, 66, 67, 154

실존적 52, 85, 132

실존적 감정 57

실존적 수축 105, 106

실존적 신체 존재 59

실존적 · 해석학적 현상학 50

실존주의적 127

심리치료 38, 200

심오한 권태 81

심장마비 243, 247

심장질환 260

심층적 구조 53

【ㅇ】

아동 정신의학 45

아무것도 느끼지 못하는 느낌 79

아서 프랭크 132

알프레드 휘트니 그리스월드 182

앞서-자신-안에서-이미-세계-속에-있음 107

애도 배제 44

앤드루 솔로몬 82

앤서니 기든스 183

야코프 몰레쇼트 195

약물 20, 45, 183, 187

약물치료 47

양극성 장애 45

어윈 스트라우스 99

언어 187, 205, 208

에일리어니스트 197

엘리자베스 워첼 77, 81

엠마누엘 레비나스 259

여성 210

역사성 239

역사적 구조 186

연성 과학 42

예기적 기대 110

예기적 불안 108

예지 101

오셔로프 39

오토 앨런 윌 175

외로움 64

외향성 164, 167, 168, 170

외향성 이상 169, 177, 178, 181

우리가 어떻게(how) 존재하는가? 51

우울증 59, 74, 75, 79, 80, 81, 84, 87, 88,
89, 93

운동과 살아 있는 공간 75

울리히 벡 183

원초적 시간성 65

윌리엄 스타이런 77

윌리엄 제임스 83, 193

유대인 236

유진 민코프스키 99

의료 모델 148

의료화 29, 37

의미구조 239

의미 맥락 80

의미 상실 79

의학적 모델 47

의학적 언어 202

의학적 용어 188

이기성 231

이야기화 238

이인증적 경험 82

이해 66, 67, 68

인간존재 50, 51, 54, 79

인문과학 30, 149, 151, 152

인식론적 해석학 148

인지 방해 99

일상인 23, 104, 117, 129, 131

일상인의 실질적 독재 63

일인칭 경험 74

일인칭 보고 84

임상의 111, 112, 138

【ㅈ】

자기계발서 184

자기-밖-있음 65

자기성 68, 85, 88

자기애 231

자기이해 235, 240

자기 자신 68, 175

자기-조직적 통일성 101

자기주장 훈련 184

자기-해석 112

자기 해석적 존재 203

자낙스(Xanax) 183

자동기계 92

자살 89

자아 개념 176, 179

자연과학 149, 150

자연주의 194, 195

자연주의적 50

자유 137, 212, 231

전환 장애 201

정서적 88

정서적 공포 133

정서적 평탄화 185

정신과 약물 조합 46

정신과 의사 40, 48, 152, 158, 159, 162

정신병리학 37, 51

정신신체 209

정신약리학 복합체 75

정신의학 19, 20, 26, 41, 46, 68, 163, 199,
201

정신장애 43, 44

정신질환 19, 20, 21, 28, 42, 43, 46, 51, 63,
68, 73, 148, 155

정체성 120, 122, 137

제롬 그루프먼 205

제인 케넌 85

조슈아 셴크 83

조지 M. 비어드 191

조지 드린카 196

조지프 피니 174

존엄성 92

존 올드햄 74

존재 25, 69, 122

존재 가능성 98

존재론적 개인주의 229

존재론적 의미 119

존재론적 존재 126

존재론적 죽음 113, 119, 123, 127, 132

존재론적 해석학 29, 148, 153

존재물음 121

존재 방식 21, 25, 153

『존재와 시간』 53, 55, 58, 113

존재 이해 122

존재할-수-없음 119

존 카푸토 124

졸로프트 84

졸리콘 세미나 24, 25, 26

주의력결핍 과잉행동장애(ADHD) 44, 45

죽음 113, 117, 118, 119, 123, 124, 125, 126, 128, 129, 136

『죽음에 이르는 병』 167

중립성 148

중증 우울장애 44

증후군 193

지루함 81

지오반니 스탄겔리니 27

『지하로부터의 수기』 220

지하인간 234

진단명 30

진단적 괄호 확장 172

진정성 217, 225, 227, 231, 232, 235

질병 42, 205

질병 분류 199

질환 205

【ㅊ】

찰스 기뇽 225

찰스 테일러 180

처해있는 상황 235

처해 있음 54, 55, 79

체스넛 로지 병원 39

체험 58

체현 57

체화 99

초월 67, 68, 86, 87

초조함 103

치료적 효용성 49

치유 255, 258, 259, 260

【ㅋ】

칵테일 46

칼 세데르스트룀 209

칼 야스퍼스 22

캐시 차마즈 132

크리스토퍼 래시 230

크리스토퍼 레인 174

키에르케고르 167, 168

【ㅌ】

타당성 199

타락 130

타자들과-더불어-존재함 62

탈동기화 100

탈맥락적 49

탈자적 65

탈-자태 239

탐구 153

토마스 푹스 27

톨스토이 125

톰 스팬바우어 157

【ㅍ】

파지 101

팍실(Paxil) 174

평준화 130

폐쇄애 111

포괄성 197

포스터 월리스 102, 103

폭력 231

폴 리쾨르 153

폴 벅 182

폴 스미스 111

표현 151

프랭크 134, 136

프레드릭 스베뉴스 27

프로이트 199

프로테스탄트적 정신 179

피에르 자네 200

피터 브레긴 75

피터 콘래드 48

피터 크레이머 74, 172

피투된 기투 65

피트 카이퍼 83

필립 애쉬 40

필립 쿠시먼 146, 180

필 시나이킨 45

【ㅎ】

하이데거 19, 21, 22, 23, 28, 31, 50, 61,
        67, 80, 87, 117, 118, 122, 132, 154,
        177, 220, 241, 242

한계상황 22

한병철 233

한스-게오르크 가다머 145

한스 콘 138

할레드 호세이니 101

할 수 없다 77

항우울제 84

항정신병약 사용량 46

해석학 28, 30, 155, 202

해석학적 의식 145

해석학적 접근 147

해석학적 정신의학 29, 30, 177, 178, 186,
        188, 208, 212, 239

해석학적 탐구 176

핵심 의견 선도자 48

허무주의 220, 221

현사실성 67

현상학자 92

현상학적 27, 28, 75, 76, 92, 242

현실감 상실 82

현실적 주체 104

현존재 52, 60, 67, 90, 91, 120, 121, 124, 125

현존재 분석 241

호기심 104

호프만-라 로슈 182

확실성 149

확정적 129

환기된 터 99

환원론적 49

환자 133, 158, 160, 162

회불안장애(사회공포증) 164

히스테리 199

【기타】

DSM 40, 41, 43, 97, 98, 110, 173

DSM-Ⅲ 170, 171, 172

DSM-Ⅳ 172

DSM-Ⅴ 51, 172, 218

MeToo 운동 217

경희대학교 인문학연구원 / HK+ 통합의료인문학연구단 / 통합의료인문학번역총서 04

마음의 고통을 이해하는 철학

등록 1994.7.1 제1-1071
1쇄 발행 2026년 3월 20일

기   획 경희대학교 인문학연구원 HK+통합의료인문학연구단
지은이 Kevin Aho
옮긴이 최우석
펴낸이 박길수
편집장 소경희
편집 · 디자인   조영준
관   리 위현정
펴낸곳 도서출판 모시는사람들
        03147 서울시 종로구 삼일대로 457(경운동 수운회관) 1306호
전   화 02-735-7173 / 팩스 02-730-7173
홈페이지 http://www.mosinsaram.com/

인   쇄 피오디북(031-955-8100)
배   본 문화유통북스(031-937-6100)

값은 뒤표지에 있습니다.
ISBN   979-11-6629-262-0   94000
세트   979-11-6629-082-4   94000

＊ 잘못된 책은 바꿔 드립니다.
＊ 이 책의 전부 또는 일부 내용을 재사용하려면 사전에 저작권자와 도서출판
  모시는사람들의 동의를 받아야 합니다.

이 책은 경희대학교 HK+통합의료인문학연구단 소속 HK연구교수로 재직할
당시, HK+ 통합의료인문학연구단의 연구비 지원을 받아 수행된 성과이다.

이 저서는 2019년 대한민국 교육부와 한국연구재단의 지원을 받아 수행된
연구임(NRF-2019S1A6A3A04058286).